dtv

Erfolg macht Menschen konzentrierter, klüger, selbstbewusster und aggressiver. Diese Veränderungen im Gehirn können wie eine Droge wirken. Und wie durch eine Droge kann man dadurch körperlich süchtig werden. Wenn man versteht, wie das zustande kommt und warum sich unter der Wirkung dieser »Droge« manche Menschen mehr verändern als andere, dann versteht man auch, warum die einen besser und die anderen schlechter damit umgehen können. Und warum wir selbst und unsere Mitmenschen – unsere Vorgesetzten, unsere Kollegen, unsere Freunde, unsere Familie – uns so verhalten, wie wir es tun.

Ian Robertson ist Professor für Psychologie am Trinity College in Dublin und Gründungsdirektor des dortigen Institute of Neuroscience. Er lehrt als Gastprofessor auch am University College London und an der Universität von Wales und forscht an der Universität Toronto. Sein Spezialgebiet ist die Neuropsychologie. Er war als Science Writer für die ›Times‹ tätig und hat über 200 Bücher und Fachartikel veröffentlicht. Seine populärwissenschaftlichen Bücher ›Mind Sculpture‹ und ›The Mind's Eye‹ wurden in viele Sprachen übersetzt.

Ian Robertson

MACHT

Wie Erfolge uns verändern

Aus dem Englischen
von Dagmar Mallett

Deutscher Taschenbuch Verlag

Dieses Buch ist als eBook erhältlich.

Ausführliche Informationen
über unsere Autoren und Bücher
finden Sie auf unserer Website
www.dtv.de

Ungekürzte Ausgabe 2014
Deutscher Taschenbuch Verlag, München
© 2012 by Ian Robertson
Titel der englischen Originalausgabe:
›The Winner Effect. How Power Affects Your Brain‹
(Bloomsbury, London 2012)
© 2013 der deutschsprachigen Ausgabe:
Deutscher Taschenbuch Verlag GmbH & Co. KG, München
Das Werk ist urheberrechtlich geschützt. Sämtliche, auch auszugsweise
Verwertungen bleiben vorbehalten.
Umschlagkonzept: Balk & Brumshagen
Umschlaggestaltung und -illustration: Max Meinzold
Satz: Bernd Schumacher, Obergriesbach
Druck und Bindung: Druckerei C.H.Beck, Nördlingen
Gedruckt auf säurefreiem, chlorfrei gebleichtem Papier
Printed in Germany · ISBN 978-3-423-34822-5

Für Fiona und unsere wunderbaren Kinder Deirdre, Ruairi und Niall, voll Liebe und Dankbarkeit

Inhalt

Vorwort 9

1 Das Geheimnis von Picassos Sohn 17
Werden wir als Gewinner geboren? 17 | Das abgetrennte Ohr
23 | Zu viel des Guten 37 | Die versteckte Leiter 40 | Der Fluch
des genetischen Fatalismus 57 | Der Fluch des Eltern-Ichs 62

2 Kuckuckseier im Gehirn 65
Ist Gewinnen eine Sache von Glück und Zufall? 65 | Mike
Tysons Tomatendosen 70 | Das Gehirn des Gewinners 77 |
Zu Hause ist es am schönsten 85 | Barack Obama, Hirn-
chirurg 97 | Glasdecken im Gehirn 102 | Die Lösung des
Rätsels der Cichliden 107

3 Bill Clintons Freund 111
Was Macht mit uns macht 111 | Die russische Sonnen-
wende 123 | Die Fehlbarkeit des Spielers 127 | Der Cojones-
Gipfel 131 | Der vorsichtige Buchhalter 135 | Der Killer-
Instinkt 142 | Drohung und Beschwichtigung im mensch-
lichen Dschungel 144

4 Rote Teppiche 155
Warum wollen wir gewinnen? 155 | Die Totentürme von
Glasgow 157 | Politiker und Paviane 162 | Dschingis Khan

und die Typistinnen 168 | Überleben, Ausweichen, Wider-
stehen, Entkommen 174 | Der psychologische Kreuzzug 182 |
Der schlimmste Stress 191

5 Fliegende Vorstandsvorsitzende 203
Hat das Gewinnen auch Nachteile? 203 | Wetterverkäufer
204 | Die Frau mit den ruhelosen Beinen 208 | Ruby, die
Herzensdiebin, und der Maharadscha von Patiala 213 | Ein
kostspieliger Putt 223 | Das Goldilocks-Prinzip 226 | Wer
nimmt den letzten Keks? 230 | Gruppendenken 243 | Das
Geheimnis der chinesischen Mutter 245 | p- und s-Macht 250

6 Siegerhirn 263
Im Krieg mit sich selbst 263 | Die bewaffnete Erbin 271 |
Der Schulhoftyrann als Gewinner 276 | Mama! Papa! Wir
entmachten euch! 283 | Machtprüfung 291 | Demokratie und
Humankapital 294 | Die Siegermenge 296 | Die Macht der
Gruppe 298 | Was macht einen Gewinner aus? 300

Nachwort 305

Danksagung 313

Weiterführende Literatur 317

Anmerkungen 319

Personenregister 331

Vorwort

Der Chef tobte vor Zorn. Nach dem Vorfall ließ er eine Mail verschicken, in der er mit schweren Konsequenzen drohte, falls das noch mal vorkommen sollte. Ein Geschäftsführer wird schließlich dafür bezahlt, dass er streng ist und dafür sorgt, dass das Personal spurt. Besonders, wenn es sich um eine Weltfirma handelt.[1]

Wie hatte das nur passieren können, und noch dazu im neuen Hauptsitz der Firma, wo die Büros der Geschäftsleitung, jedes mit einer atemberaubenden Glasfront, im weichen grünen Licht der Hügel badeten, über denen sie so vornehm thronten. Er hatte so viel Ärger mit den Architekten gehabt. Am Ende hatte er sogar die Wandfarbe selbst ausgesucht, nur um sicherzustellen, dass die Geschäftsleitung eine ästhetisch hundertprozentig gelungene Umgebung hatte, abgesondert von der nächsten Leitungsebene und dem Rest der Belegschaft.

Für High-Performer und Spitzenkräfte war eine solche *splendid isolation* unabdingbar. Nur so war die Brillanz der strategischen Führung sichergestellt, die die Substanz, sozusagen den Aktivposten, dieser Weltfirma darstellte. Für Menschen von diesem Format war *alles* wichtig. Da musste alles passen. Und deshalb hatte Goodwin auch den Leuten Konsequenzen angedroht, die dafür verantwortlich waren, dass in den Räumlichkeiten des Vorstands diese billigen Kekse serviert wurden, wie einer seiner Kollegen in seinem Buch berichtete.[2] Hatte er höchstselbst nicht

gerade eine riesige niederländische Firma erworben? Solche
Kekse konnten Geschäfte zum Scheitern bringen!

Der Chef hatte für Kritik nichts übrig. Warum auch? Seit er
die Firma führte, war ihr Wert in die Höhe geschossen wie eine
Rakete. Er bestand darauf, dass seine Führungskräfte alle die
gleiche Krawatte trugen, eine mit dem Firmenlogo. Und er war –
gelinde gesagt – überhaupt nicht glücklich darüber, als einer
seiner leitenden Finanzanalysten die Frechheit besaß, ihn als
Megalomanen zu bezeichnen.[3]

Kurz nachdem Sir Fred Goodwin in solchen Zorn über die
Kekse in seiner Firma, der Royal Bank of Scotland (RBS), geraten
war, musste die Bank einen Verlust von ungefähr 24 Milliarden
Pfund (ca. 28,8 Milliarden Euro) bekannt geben. Und wiederum
kurz danach wurde sie mithilfe von 53,5 Milliarden Pfund aus
Steuergeldern von der englischen Regierung quasi verstaatlicht.
Sir Fred verlor seinen Job.[4]

Die RBS war ein sehr profitables Unternehmen gewesen, bis
sie sich in gnadenloser Selbstüberschätzung und trotz der Skep-
sis der Finanzanalysten 2007 bei der niederländischen Bank
ABN Amro einkaufte. Ohne diese Entscheidung hätte sie wahrscheinlich den Crash von 2008 überlebt. Die Entscheidung war
ungefähr zur selben Zeit gefallen, als sich der Chef, abgesondert
vom Rest der Welt in seinem luxuriösen Büro in Edinburgh, mit
der Wandfarbe und den Keksen beschäftigt hatte.

Ursula war eines von drei Geschwistern mit zwei verschiedenen Vätern, die, wie auch bei vielen anderen Kindern in ihrer
Gegend, nicht viel zu ihrer Erziehung beigetragen hatten. Am
12. Februar 2011 fand man im Aufzug der Baruch Houses,
eines sozialen Wohnungsbauprojekts, in dem sie gelebt hatte,
die zusammengekrümmte Leiche einer 42 Jahre alten Frau. Sie
war erstochen worden.[5] Ein paar Tage später kam New-York-
Times-Reporter Michael Wilson zu dem Tatort in Manhattan,

um einen Artikel darüber zu schreiben. Das Haus war heruntergekommen. Bis auf den Tatort selbst waren alle Kabinen der Aufzüge mit Graffiti verschmiert und stanken nach Urin.[6] Am Ende seines Artikels berichtet Wilson von einem ehemaligen Anwohner, dem er begegnete, als er durch die Eingangshalle lief. Der Mann war kurz da gewesen, um seinen Vater zu besuchen. »Ich habe wirklich alle Hebel in Bewegung gesetzt, um hier rauszukommen«, zitiert ihn Wilson.

Im Jahr 2010, genau 30 Jahre, nachdem sie ein Praktikum bei Xerox gemacht hatte, war Ursula die Nummer 20 auf der Forbes-Liste der mächtigsten Frauen der Welt.[7] Als erste farbige Frau stand sie an der Spitze eines Unternehmens auf der Fortune-500-Liste, dem jährlichen Ranking der 500 größten amerikanischen Unternehmen. Es handelte sich um die Xerox Corporation. Ursula hatte nach der Schule einen Studienplatz am Polytechnic Institute of New York ergattert, und Xerox hatte im Rahmen seines Technik-Förderungsprogramms für Minderheiten eine Teilfinanzierung ihrer Graduiertenstelle an der Columbia University übernommen.[8] Sie hatte ihr Studium mit einem Master in Ingenieurwissenschaften abgeschlossen.

Die Mutter von Ursula Burns hatte jeden Cent zusammengekratzt, damit ihre Tochter auf die Catholic Highschool gehen konnte, eine katholische Mädchenschule in Manhattan. Ursula sollte aus der Armut und Aussichtslosigkeit ihres Wohnquartiers ausbrechen können. Ihr Schulabschluss ermöglichte ihr die Teilnahme an Förderangeboten der Columbia, wozu das besagte Praktikum bei Xerox gehörte.

Nach dem Abschluss ihres Studiums 1981 bekam sie einen Vollzeitjob bei der Firma. Nur neun Jahre später bot ihr das Vorstandsmitglied Wayland Hicks eine Stelle als Assistentin der Geschäftsleitung an. Zuerst war sie sich nicht sicher, ob das nicht auf einen ewigen Assistentenjob hinauslief, aber sie ging das Risiko ein und nahm den Job an. Im nächsten Jahr wurde sie

Assistentin beim Vorstandsvorsitzenden und CEO Paul Allaire, und im Jahr 1999 wurde sie als Geschäftsleitungsmitglied, als Vice President, verantwortlich für die internationale Produktion.

Am 21. Mai 2009 wurde Ursula Burns als Nachfolgerin von Anne Mulcahy, die in den Ruhestand ging, zur CEO ernannt. Damit war Burns nicht nur die erste farbige Frau, die eine Fortune-500-Firma führte, sie war auch die erste Frau, die einer Frau auf einer solchen Position nachfolgte.[9]
Diese zwei Geschichten werfen diverse Fragen auf: Was macht einen Sieger aus? Sind Menschen wie Fred Goodwin für den Erfolg geboren oder ist der Erfolg ein Ergebnis von Zufällen und Umständen? Wäre Ursula Burns so erfolgreich gewesen, wenn sie durch frühere Managementpositionen nicht die Möglichkeit gehabt hätte, Fähigkeiten zu entwickeln, die in einem anderen Fall nicht zur Entfaltung gekommen wären?

Warum haben manche Menschen einen solchen Drang, etwas zu erreichen, während andere vor Erfolg und Macht eher zurückscheuen? Was macht die Macht mit den Menschen – und was Machtlosigkeit? Lassen Erfolg und Macht einen länger und besser leben? Und wenn ja, warum? Ist Macht wirklich ein Aphrodisiakum, und wenn ja, wie und warum hat sie diese Wirkung?

Die Frage des Siegens betrifft fast jeden Teil unseres Lebens. Wer der Sieger ist, dieser Faktor prägt unser Leben fast mehr als jeder andere. Der Drang zu siegen ist so mächtig wie der Drang nach Sex. Wir alle wollen es, ob wir uns dessen bewusst sind oder nicht. Man vergegenwärtige sich nur die Wolken von Ehrgeiz, die über Büroschreibtischen wabern können; die Gefühle und Gefechte, die mit Beförderung und Aufstieg verbunden sind. In unverhüllter Form treten sie bereits zutage bei den Eltern am Rande eines Fußballplatzes, die an der Seitenlinie herumbrüllen, wenn ihr kleiner sieben Jahre alter Liebling mitspielt. Wofür brüllen sie? Für den Sieg. Den wollen sie unbedingt haben. Warum wollen wir unbedingt gewinnen und was macht uns zu Siegern? Darum geht es in diesem Buch.

In Kapitel 1 (*Das Geheimnis von Picassos Sohn*) befasse ich mich mit der Frage, ob man zum Siegen geboren ist. Das ist keine abstrakte Frage. Jeder sollte sie sich stellen, wenn es um die Vorstellungen vom eigenen Leben und – noch wichtiger – um das Leben der Kinder geht. Wenn man glaubt, dass man zum Erfolg geboren ist, dass er einem sozusagen in die Wiege gelegt wurde, ohne dass man etwas dafür tun muss, dann hat das auf manche Menschen eine demoralisierende und lähmende Wirkung. Ob man ein Sieger ist oder nicht, kann mit anderen Worten davon abhängen, was man über das Siegen denkt. Und diese vorgefasste Meinung kann sich allein dadurch, dass sie Einfluss auf die Arbeit unserer Gehirnzellen hat, als selbst erfüllende Prophezeiung erweisen.

Ich werde Sie auffordern zu überprüfen, was Ihre eigenen Vorstellungen von den Ursachen für Ihren persönlichen Erfolg oder Misserfolg sind und wie groß Ihr eigener Drang zum Siegen ist. Ich werde Sie auch ermutigen, darüber nachzudenken, wie Sie auf Erfolg und – noch wichtiger – auf Misserfolg reagieren, wie Ihr Gehirn mit diesen Schlüsselthemen für Ihr psychologisches Profil umgeht.

In Kapitel 2 (*Kuckuckseier im Gehirn*) geht es um die Folgen dieser Vorstellungen und um die Frage, inwieweit Erfolge von Zufällen und Umständen abhängig sind. Ursula Burns bestreitet ganz entschieden die Vermutung, dass ihre Erfolge bei Xerox etwas mit ihrem Geschlecht oder ihrer Herkunft zu tun haben, aber wäre sie genauso erfolgreich gewesen ohne einen so fortschrittlichen Arbeitgeber? Haben der Status und der Einfluss, den sie bei Xerox erreichte, die Fähigkeiten und Kompetenzen, die sie zu einer der 20 mächtigsten Frauen der Welt machten, nicht erst geschaffen oder zumindest ausgelöst?

Auf der Suche nach den Antworten werde ich Boxringe, Mäusekämpfe und die Hinterzimmer der Olympischen Spiele besuchen. Ich werde zeigen, dass Erfolgschancen in der Tat durch viele Faktoren geprägt sind, von der Herkunft bis zur Körperhaltung. Der innere Sieger kann durch subtile unbewusste Wirkungen, die mit Geschlecht, Rasse und Alter zu tun haben und die wir gar nicht wahrnehmen, befördert oder unterdrückt werden.

Kapitel 3 (*Bill Clintons Freund*) befasst sich mit der nächsten Frage, unter anderem am Beispiel von Bill Clintons Freund Tony Blair: Was macht Macht mit uns? Als einer der mächtigsten Männer der Welt zeigte Fred Goodwin gegenüber seinen Mitarbeitern ein Verhaltensmuster, das die meisten Menschen mit weniger Macht und Einfluss nicht an den Tag legen würden. Gibt es da einen Zusammenhang? Verändert Macht unsere Persönlichkeit und unser Verhalten? Sorgt Macht bei manchen Menschen – zum Beispiel bei Sir Fred – dafür, dass ihr Verhalten an irgendeinem Punkt ins Negative umschlägt? Ist das die zeitgenössische Variante des alten Spruchs »Macht korrumpiert«? Und was passiert da genau?

Die meisten von uns kennen Chefs, die mit Macht nicht gut umgehen können. Dazu werden Ihnen auch Beispiele einfallen. Und wenn Sie selbst ein Chef sind oder ein Elternteil, ein Lehrer, ein Polizist, ein Gefängniswärter, ein älterer Bruder, eine ältere Schwester, wie sind Sie mit der Macht umgegangen, die Ihnen dadurch zufloss? Haben Sie sich dadurch in irgendeiner Form verändert, zum Guten oder Bösen? Wahrscheinlich wissen Sie es nicht so genau. Sie werden sich nicht ständig bei Ihrer eigenen Machtausübung beobachten. Aber seien Sie versichert, Ihre Untergebenen, Kinder, Schüler, Studenten, Gefangenen, Geschwister achten wohl oder übel sehr genau darauf. Nach der Lektüre dieses Kapitels haben Sie wahrscheinlich eine etwas genauere Vorstellung davon, wie es mit Ihrem eigenen Bedürfnis nach Macht aussieht.

In Kapitel 4 (*Rote Teppiche*) befasse ich mich damit, warum wir so dringend siegen wollen und worin die Anziehungskraft von Macht besteht. Die Antworten darauf führen uns zu einer genauen Betrachtung des Ichs und seiner Verletzlichkeiten und wie unterschiedlich wir mit Stress umgehen. Wir untersuchen die Schlüsselaspekte unserer eigenen Grundhaltung genauer, die auch unsere Widerstandsfähigkeit prägt – und am Ende möglicherweise sogar die Länge unseres Lebens.

In Kapitel 5 (*Fliegende Vorstandsvorsitzende*) werden die Schattenseiten des Siegens genauer untersucht. Steigt Macht, die aus Erfolg resultiert, den Leuten in den Kopf und führt zu merkwürdigem und manchmal auch schädlichem Verhalten? Wenn Macht wirklich ein Aphrodisiakum ist, wie Henry Kissinger meinte, worin besteht dann eine solche Verbindung zwischen Sex und Macht?

Reagieren Männer und Frauen unterschiedlich auf Macht? Ist es ein Zufall, dass die schlimmsten Diktatoren meistens Männer sind, einfach ein Nebenprodukt der Tatsache, dass Frauen kaum so viel politische Macht bekommen? Wo überschneiden sich Macht und Moral? Macht Macht einen Menschen besser oder schlechter, moralisch gesprochen?

In Kapitel 6 (*Siegerhirn*) geht es um die Frage, was einen Sieger im Kern eigentlich ausmacht. Fast jeder hat irgendeine Art von Macht in seinem Leben. Alle zwischenmenschlichen Beziehungen enthalten auch ein Element des Machtkampfs. Wird in Beziehungen, in denen es ein Ungleichgewicht der Macht gibt, also zum Beispiel zwischen Eltern und Kindern oder jüngeren und älteren Geschwistern, das Verhalten alleine schon dadurch verzerrt, dass man der Mächtigere ist? Gehorcht die fiese ältere Schwester, die aber doch so nett zu ihren Freundinnen ist, den Gesetzen der Macht oder ist sie doch einfach nur eine Heuchlerin? Warum legen Menschen ein so offensichtlich widersprüchliches Verhalten an den Tag? Was spielt sich dabei in ihrem

Gehirn ab? Wie lässt sich so etwas wie mutwillige Grausamkeit verstehen, ob in der Ehe oder in der Politik?

Erfolg und Macht sind extrem wichtig für die Menschen und haben für jeden eine hohe persönliche Bedeutung. Wir können einen Eindruck davon bekommen, was sich bei solchen Prozessen in unserem eigenen Kopf abspielt. Deshalb werde ich Sie im Lauf der Lektüre immer wieder mal bitten, den einen oder anderen Test zu machen, durch den diese oft unbewusst ablaufenden Prozesse recht anschaulich gemacht werden können.

Zu verstehen, was einen Sieger ausmacht und was Macht bei uns auslöst, ist für den Einzelnen genauso wichtig wie für die gesamte Zukunft der menschlichen Rasse. Es handelt sich nicht nur um eine ethische oder theoretische Frage, sondern um ein sehr reales, körperliches Ergebnis des Zusammenspiels zwischen uns und unserer Umwelt. Wenn man sich der realen Ursachen von Macht und Erfolg bewusst ist, hat man mehr Kontrolle darüber, wie diese Phänomene uns selbst und unsere Umgebung beeinflussen.

1

Das Geheimnis von Picassos Sohn

Werden wir als Gewinner geboren?

Ein Vater mit seiner sechsjährigen Tochter an der einen und seinem achtjährigen Sohn an der anderen Hand tritt an das Tor des Herrensitzes und klingelt. Sie müssen lange warten; der Eukalyptusduft, den der stetige Regen freisetzt, hängt in der Luft. Schließlich späht der Butler zur Tür hinaus und fragt, ob sie angemeldet seien. Der Vater stammelt, ja, sie würden erwartet.

»Ich sehe nach, ob der Herr Sie empfangen kann«, erwidert der alte Mann. Sie warten und warten.

»Ihr wartet besser im Wagen«, murmelt der Vater, aber alle drei bleiben stehen. Der Bedienstete kehrt zurück, ein wenig verlegen.

»Der Herr hat heute leider keine Zeit. Er arbeitet.«

Gedemütigt schlurfen die drei zum Auto zurück. Über Jahre hinweg wiederholt sich beständig diese Szene. Manchmal hat der Herr Zeit für sie, manchmal nicht.

Am nächsten Wochenende passt es ihm dann. Der Vater scheucht die beiden Kinder ins Wohnzimmer des Großvaters; scheu umarmen sie den alten Mann mit den leuchtenden Augen. Bald ist ihre Befangenheit verflogen, und die Kinder schauen selbstvergessen und mit vorsichtiger Freude zu, wie der Großvater ihnen Tiere und Vögel aus Papier faltet. Auch der Vater entspannt sich in einem Moment familiärer Idylle und zieht geistesabwesend eine Nagelfeile hervor, um einen eingerissenen

Fingernagel zu glätten. Der alte Mann springt plötzlich auf und fährt ihn an: »Nagelfeilen sind lächerlich! Mach es wie ich, feil dir die Nägel an einer Mauerecke.«

Und von diesem Moment tat der über 30-jährige Paulo Picasso für den Rest seines Lebens genau das, ebenso wie er viele andere Gewohnheiten seines Vaters Pablo Picasso übernommen hatte – Fisch mit den Fingern zu essen war eine weitere dieser Idiosynkrasien. In ihrer Autobiografie von 2001, ›Und trotzdem eine Picasso‹, erinnert sich Paulos kleine Tochter Marina, wie sie sich »in Grund und Boden schämte«[1], wenn sie diese und zahllose ähnliche Szenen zwischen den beiden mit ansehen musste.

Paulo – der verängstigt aussehende, kostümierte Dreijährige im berühmten Bild ›Paul als Harlekin‹, das sein Vater 1924 gemalt hatte – lebte ziellos vor sich hin und trank. Es gelang ihm weder, eine feste Arbeitsstelle zu halten noch sich überhaupt ein von seinem übermächtigen, aber ablehnenden Vater unabhängiges Leben aufzubauen. Er konnte seine Familie nicht versorgen; seine beiden Kinder standen unter Aufsicht des Jugendamtes. Sein Sohn Pablito beging mit 24 Jahren Selbstmord; zwei Tage nach Pablo Picassos Begräbnis 1973 trank er Bleichmittel.

Paulo Picasso schien lebenslang unfähig, aus dem Schatten seines Vaters herauszutreten. Von einem wöchentlichen Bittsteller – eigentlich fast einem Bettler – avancierte er zum Teilzeitchauffeur. Als seine eigene Familie zerbrach, wurde er zum Sekretär und Vollzeitchauffeur seines Vaters, bei dem er auch wohnte. Pablo Picasso hielt es nie für nötig, seine Verachtung für die Ziellosigkeit seines Sohns zu verbergen. Marina Picasso erinnert sich an einen Besuch, bei dem Pablo Picasso seinen Sohn in ein Nebenzimmer beorderte. Sie und ihr Bruder hörten, wie er ihn anschrie: »Du kannst dich nicht einmal um deine Kinder kümmern! Du kannst deinen eigenen Lebensunterhalt nicht verdienen! Du bist mittelmäßig und wirst mittelmäßig bleiben. Ich verschwende mit dir meine Zeit. Ich bin El Rey, der König. Und du – du bist nur mein Ding!«[2]

Paulo Picasso wurde tatsächlich zum »Ding« seines Vaters. Nur zwei Jahre nach seinem Vater, mit 54 Jahren, am 5. Juni 1975, starb er, nach langen Erbschaftsstreitigkeiten in der Familie, die ihm schließlich fünf Sechzehntel des enormen Vermögens seines Vaters belassen hatte. Paulo Picassos Schicksal könnte keinen größeren Kontrast zum Leben seines berühmten Vaters bilden.

Inwieweit ist dieser Fall allgemeingültig als Beispiel für die Kinder erfolgreicher Eltern?

Das ist die Leitfrage dieses Kapitels: Warum blieb der Erfolg, den Pablo Picasso hatte, einer der berühmtesten Künstler der Welt, im Leben seines Sohns so völlig aus?

Denken Sie einen Moment über Ihren eigenen Erfolg in Ihrem bisherigen Leben nach. Worauf führen Sie ihn zurück? Ob Sie nun mächtig oder machtlos sind – woran liegt es Ihrer Meinung nach? Solche Fragen hat sich sehr wahrscheinlich auch Paulo Picasso gestellt; die meisten Menschen tun es irgendwann. Wie wir in diesem Kapitel sehen werden, haben unsere Antworten auf diese Fragen entscheidenden Einfluss darauf, ob wir zu Siegern werden.

Eine der häufigsten Antworten ist, dass man als Sieger oder Verlierer geboren werde. Die Ansicht ist weitverbreitet, dass man durch *Abstammung* zum Gewinner wird – ob nun als Politiker, Künstler, Geschäftsmann oder auf einem anderen Gebiet. Tatsächlich haben seit Tausenden von Jahren vererbte Gene und wohlarrangierte Heiraten die Karten des Erfolgs zugunsten weniger Privilegierter gezinkt, die eine Produktion von Hochleistungsmenschen hervorbrachten, die sich an der Rennpferdzucht und dem europäischen Adel orientierte. Einige Milliarden Menschen haben immer noch diese Ansicht und betrachten diejenigen, bei denen das nicht der Fall ist, als verrückt. Dieses Buch stellt ihre Überzeugungen infrage.

Die Vorstellung der bevorzugten Abstammung mag in den egalitären Ländern der Ersten Welt überholt erscheinen, aber wir legen dennoch – bewusst oder unbewusst – immer noch sehr viel Wert auf die Erbfaktoren Größe, Geschlecht und Rasse. Eine Umfrage von 2005 unter Fortune-500-Firmen[3] hat gezeigt, dass die überwältigende Mehrheit unserer mächtigen CEOs immer noch hochgewachsen, männlich und weiß ist. Eine andere Studie zeigt, dass der Intelligenzquotient bei der Auswahl von leitenden Angestellten besonders wichtig ist; dahinter steckt die Annahme vieler Menschen, dass Intelligenz, Befähigung und Genie gezüchtet, nicht erworben werden. Das Rätsel bleibt: Wenn der Erfolg so sehr von der Abstammung abhängt, warum bleiben dann so viele Menschen, die mit vorteilhaften Genen geboren werden – wie etwa Paulo Picasso – beim Wettlauf um ein erfolgreiches oder glückliches Leben am Wegrand zurück?

Vielleicht war Paulos Versagen ja eine seltene Anomalie? Eine Studie Morten Bennedsens und seiner Kollegen an der Universität Kopenhagen von 2007 widerspricht dieser Vermutung. Bennedsen untersuchte die Unternehmen erfolgreicher Gründer. Was geschah jeweils, wenn der Gründer die Firmenleitung an einen Sohn oder eine Tochter weitergegeben hatte, oder an jemanden, der nicht zur Familie gehörte?[4]

Wenn man als Gewinner geboren wird, dann sollten die Kinder von Gewinnern auch erfolgreicher als andere Menschen sein. Das stimmt aber nicht unbedingt. Bennedsen befasste sich bei mehr als 5 000 Firmen mit der Unternehmensentwicklung nach der Übergabe an einen neuen Geschäftsführer und kam zu einem dramatischen Ergebnis: Wenn ein Familienmitglied die Nachfolge antrat, sank die Gewinnspanne des Unternehmens nach der Übergabe um *mindestens* vier Prozent – und bei größeren Unternehmen in Wachstumsindustrien sogar noch stärker. Kinder erfolgreicher Eltern bekommen den Erfolg nicht garantiert. Aber Unternehmertum und Kunst sind ganz verschie-

dene Tätigkeitsbereiche, und Pablo Picasso war nicht gerade
ein typischer Vater. Haben Paulo Picasso und ein Firmenerbe
also wirklich irgendetwas gemeinsam? Doch, das haben sie; die
Gemeinsamkeit liegt in der Psychologie des Erfolgs begründet.

Im Jahr 1996 führten Suniya Luthar vom Teachers' College
der Columbia University und Karen D'Avanzo von der Yale
University eine Studie mit zwei Gruppen von 15 und 16 Jahre
alten Jugendlichen an zwei sehr unterschiedlichen Highschools
der nordöstlichen USA durch.[5] Eine der Schulen lag in einem
verarmten Innenstadtviertel, wo das Durchschnittseinkommen
niedrig war, der Anteil der Weißen nur 13 Prozent betrug und
jede fünfte Familie von Sozialhilfe lebte; die andere lag in einem
reichen Vorort mit einem der höchsten Durchschnittseinkommen landesweit. 82 Prozent der Schüler waren Weiße; Sozialhil-
feempfänger gab es so gut wie keine. Und doch fanden die Forscher heraus, dass die besser gestellten Jugendlichen viel stärker
unter Angstzuständen und Depressionen litten und mehr Ziga-
retten, Alkohol, Marihuana und andere illegale Drogen konsu-
mierten als ihre ökonomisch benachteiligten Gleichaltrigen (ein
Ergebnis, das sich bei anderen Studien in den USA und anderen
Ländern bestätigt hat[6]). Wie kommt das? Finden wir hier einen
Schlüssel für Paulo Picassos Versagen?

Auf den ersten Blick scheinen Pablo Picassos Reichtum, Ruhm
und außerordentliches künstlerisches Talent so weit entfernt
von den Bankern und Anwälten in einer US-amerikanischen
Vorstadt, dass es absurd erscheint, ihre Familien überhaupt miteinander zu vergleichen. Was Paulo Picasso zustieß, lag ja nicht
daran, dass er zu viel Geld gehabt hätte. Er fristete sein Leben
mit willkürlich hingeworfenen Almosen seines Vaters, der den
größten Teil seines Lebens auch sein Arbeitgeber war, und kam
mit seiner Familie bis kurz vor seinem Tod nicht aus der Armut
heraus. Aber er lebte im Schatten des extremen Reichtums, des

Ruhms und Genies seines Vaters. Wie ich in diesem Kapitel noch zeigen möchte, kann ein solches Schattendasein das Leben jener, die es führen, sehr ausweglos erscheinen lassen.

Suniya Luthar ging in ihren Folgestudien[7] der Frage nach, warum die Kinder wohlhabender und erfolgreicher Eltern sich wohl unglücklicher als die ärmeren Schüler fühlten. Ihre Schlussfolgerung stimmte mit einer Erkenntnis des Wirtschaftswissenschaftlers Staffan Linder zur Ökonomie des Erfolgs[8] überein. Linder hatte beobachtet, dass die Zeit erfolgreicher Menschen umso wertvoller ist, je mehr ihr Einkommen steigt. Vom ökonomischen Standpunkt aus ist es also für erfolgreiche Eltern nur logisch, das Familieneinkommen durch möglichst viel Arbeit zu maximieren und dafür die alltägliche Hausarbeit und die Kindererziehung an geringer bezahlte Hausangestellte und Dienste zu delegieren. Das stimmte mit Luthars Beobachtung überein, dass die reichen, als Sieger geborenen Kinder länger allein oder mit anderen Erwachsenen zusammen waren als die ärmeren Kinder, die mehr Zeit mit ihren Eltern verbrachten. Daher standen die reicheren Kinder ihren Eltern gefühlsmäßig ferner. Paulo Picasso bekam oft nicht einmal einen Termin bei seinem Vater, geschweige denn, dass er »Qualitätszeit« mit ihm hätte verbringen können.

Michael Kimmelman führte anlässlich der Eröffnung einer großen Picasso-Ausstellung im Museum of Modern Art in New York für die New York Times 1996 ein Interview mit Picassos ehemaliger Frau Françoise Gilot und den drei noch lebenden Kindern. Auf der Grundlage ihrer Antworten schrieb er: »Bezeichnenderweise malte Picasso seine Kinder nicht als Jugendliche oder junge Erwachsene. Einen Säugling zu bewundern war etwas ganz anderes als einen Teenager, und in seiner Kunst wie in seinem Leben sparte er nicht mit Aufmerksamkeit für Ersteren, fand aber keine Zeit für den Letzteren.«[9] Aber größere Kinder brauchen die elterliche Zuneigung genauso wie

Säuglinge, und Paulo Picasso wurde beim Warten darauf im Regen stehen gelassen. Das entfremdete ihn seinem Vater ganz ähnlich wie die reichen Kinder in Luthars Studie ihren Eltern.

Luthar schreibt, dass die wohlhabenden Eltern in ihrer Studie keineswegs selbstsüchtig oder gar absichtlich abweisend gegenüber ihren Kindern seien – ganz im Gegenteil: Wenn man sie fragte, warum sie viel und so lange arbeiteten, antworteten die meisten, sie täten es für ihre Kinder. Wie konnten sie, die selbst so viel erreicht hatten, ihren Kindern auch ein schlechteres Leben wünschen?

Pablo Picasso war allerdings kein überarbeiteter, ehrgeiziger Anwalt aus Manhattan, sondern ein gleichgültiger Vater, der sich narzisstisch um sein eigenes Genie kümmerte und viele zerbrochene Familien hinterließ. Luthars Studien hatten zwischen den erfolgreichen Vorstadteltern und ihren Kindern keine solchen unüberbrückbaren Abgründe aufgezeigt wie zwischen Pablo und Paulo. Es musste noch ein anderer Faktor eine Rolle spielen.

Das abgetrennte Ohr

Michelangelo Merisi da Caravaggio, ein sehr bedeutender Maler des späten 16. Jahrhunderts, war auf der Flucht aus Rom, wo er zum Tode verurteilt worden war. Dass er berühmt war und reiche Gönner hatte, konnte ihn nicht schützen. Auf seiner langen Flucht von Neapel über Malta nach Sizilien und zurück nach Neapel war er vom Pech verfolgt. Als er eines Nachts aus seiner Lieblingskneipe mit angeschlossenem Bordellbetrieb kam, der Osteria del Cerriglio am Hafen, wurde er von einer Gruppe Männer überfallen, die mit Schwertern auf sein Gesicht einhackten.[10]

Der Überfall war so brutal, dass schon Caravaggios Tod nach Rom gemeldet wurde – er war zu Lebzeiten ebenso berühmt wie berüchtigt –, und der Überfall war auch kein Zufall. Die Gewalt im Italien des 16. Jahrhunderts hatte eine innere symbolische Logik, und eine Entstellung des Gesichts wurde als *sfregio* bezeichnet. Der Angriff auf das Gesicht symbolisierte die Rache für eine Beleidigung der Ehre und des Ansehens desjenigen, der ihn in Auftrag gegeben hatte. So wurde der »Gesichtsverlust« des Beteiligten symbolisch, aber durch echte Wunden im Gesicht gerächt. Der Kunsthistoriker Andrew Graham-Dixon vermutet, dass es sich bei dem Auftraggeber um Giovanni Roero, den Conte della Vezza, gehandelt hat, den Caravaggio auf Malta so schwer beleidigt hatte, dass diese brutale Rache in den Hintergassen von Neapel durchaus die natürliche Folge sein konnte.[11]

Caravaggio erholte sich nie wirklich von dem Überfall. Er verließ Neapel zu Schiff, weil er glaubte, sein Todesurteil – für einen Mord während eines Tumults in Rom – sei aufgehoben. Aber als sein Schiff den kleinen Hafen Palo bei Rom erreichte, wurde er vom Hauptmann der Festung in den Kerker geworfen. Es ist unbekannt, ob der Kommandant von der Begnadigung noch nichts wusste oder ob Caravaggio aufgrund seines entstellten Gesichts mit einem ebenfalls flüchtigen Ritter verwechselt wurde, der von den päpstlichen Behörden gesucht wurde. Warum auch immer, Caravaggio wurde in der düsteren Burg eingekerkert, deren plumpe graue Bastionen 50 Kilometer nordwestlich Roms noch heute über dem Tyrrhenischen Meer aufragen. Als sich der Maler endlich mit Überzeugungskraft oder Geld aus dem Gefängnis befreien konnte, war sein Schiff bereits wieder abgefahren – und hatte eine Rolle mit seinen neuesten Gemälden an Bord.

Caravaggio war verzweifelt. Vier Jahre zuvor, 1606, war er aus Rom geflohen und hatte für die Kathedrale von La Valletta auf Malta die ›Enthauptung Johannes' des Täufers‹ gemalt. Das

Gemälde ist dort noch heute zu sehen, und Caravaggio erhielt als Belohnung dafür die Ritterwürde. Kurz danach wurde sie ihm schon wieder in aller Form aberkannt, vermutlich, weil er in eine Schlägerei verwickelt war. Auf seiner chaotischen Rundreise von Rom über Malta, Neapel und Sizilien zurück nach Rom wurden seine Gemälde immer düsterer und die Verwicklungen in seinem Leben immer schlimmer.

Aber auch jetzt noch hatte er einflussreiche Freunde, und nachdem die irrtümliche Todesmeldung berichtigt worden war, bekam er eine Art Begnadigung aus Rom und freies Geleit für die Rückkehr in seine Wahlheimat. Kardinal Scipione Borghese, der sich damals mit dem Aufbau der Kunstsammlung befasste, die heute die gleichnamige Galerie in Rom bildet, verband diesen Pardon allerdings mit der Bedingung, dass Caravaggio ihm eine Rolle seiner Gemälde für die Galerie bringen müsse. Ohne diese Bilder war das freie Geleit nicht garantiert und wieder drohte der Galgen.

Nun machte sich der verzweifelte, kranke und von seinen Verletzungen geschwächte Maler also auf den langen Weg zurück nach Porto Ercole, der letzten Zwischenstation des Schiffes vor Neapel. Irgendwie schaffte er es, die 100 Kilometer Sumpfland inklusive Banditen und Malariamücken zu überwinden, die zwischen ihm und dem Hafen lagen, wo er die Feluke mit seinen Gemälden noch abzufangen hoffte. Als er ankam, war sie bereits wieder abgesegelt. Caravaggio brach am Strand zusammen, wurde von Mönchen in ein Hospiz getragen und starb dort am 18. Juli 1610. Als Kardinal Borghese davon unterrichtet wurde, setzte er alle Hebel in Bewegung, um seiner Gemälde doch noch habhaft zu werden, die inzwischen an Bord der Feluke wieder nach Neapel gelangt waren. Am Ende bekam der Kardinal nur ein einziges der Bilder – es zeigte Johannes den Täufer –, das noch heute in der Villa Borghese in Rom zu sehen ist.

Wenn der Festungshauptmann von Palo nicht ganz so diensteifrig gewesen wäre, was für wundervoll düstere Bilder hätte das vernarbte 39-jährige Genie noch schaffen können! Aber was hat Caravaggios tumultuarisches Leben damit zu tun, ob man als Sieger geboren wird?

Am 11. November 1973 stieß eine Rezeptionistin der römischen Tageszeitung ›Il Messagero‹ im Posteingang auf einen merkwürdigen ausgebeulten Briefumschlag. Er enthielt einen unbeholfen getippten Erpresserbrief voller Rechtschreibfehler, eine lange braune Haarsträhne und … ein abgetrenntes Ohr.[12] Der Brief war bereits am 22. Oktober in Neapel abgestempelt worden und hatte drei Wochen gebraucht, um anzukommen. Der Absender kannte sich mit den tatsächlichen Laufzeiten der italienischen »Express«-Zustellung offenbar nicht gut aus.

Gail Harris, die Mutter von John Paul Getty III, identifizierte die Haarsträhne als die ihres 17-jährigen Sohnes, war sich aber nicht sicher, was das bereits in Verwesung übergegangene Ohr betraf, das sauber mit einem Rasiermesser oder einem Skalpell abgetrennt worden war. Sie hatte zwar bereits Lösegeldforderungen in Höhe von 17 Millionen Dollar erhalten, aber bis zum Auftauchen des ausgebeulten Briefumschlags hatten Polizei und Presse angenommen, dass der junge Getty seine Entführung nur vortäuschte und mit den angeblichen Tätern unter einer Decke steckte. Die italienische Presse nannte ihn den »goldenen Hippie«. Er hatte die Schule abgebrochen, auf der Piazza Navona im Zentrum Roms Schmuck verkauft, an linken Demonstrationen teilgenommen und die Besitzgier seiner reichen Familie gebrandmarkt.

Als die Gerichtsmedizin feststellte, dass das Ohr einem lebenden Menschen abgetrennt worden war, wurde die Sache dringlich. Der Vater des Entführten, Paul Getty jr., schaffte es kaum, seiner Frau Gail, die sich von ihm getrennt hatte, den Unterhalt zu zahlen, geschweige denn 17 Millionen Dollar aufzubringen.

Von dem Vermögen, das er von seinem Vater, dem Milliardär John Paul Getty, erhalten hatte, war nicht viel übrig. Großvater J. Paul Getty wiederum hatte sich bereits geweigert, das Lösegeld zu zahlen; er meinte, er habe schließlich noch 14 weitere Enkelkinder. Selbst als das abgetrennte Ohr auftauchte, musste seine Ex-Schwiegertochter ihn regelrecht anbetteln, damit er wenigstens einen Teil des reduzierten Lösegelds von drei Millionen Dollar zahlte – den Rest lieh er dem Vater des Entführten zu vier Prozent Zinsen. Als das Lösegeld endlich gezahlt war, wurde John Paul Getty III fünf Monate nach seiner Entführung schließlich freigelassen. Ein Lastwagenfahrer entdeckte ihn an der Autostrada südlich Neapel, wie er zitternd und traumatisiert im Unwetterregen stand; seine langen braunen Haare hingen nass über dem blutigen Schorf, der von seinem Ohr übrig geblieben war.[13]

Balthazar Getty, Sohn John Paul Gettys III, gefiel seine Suite nicht besonders, auch wenn sie die beste des luxuriösen und exklusiven Hotels La Posta Vecchia direkt am Mittelmeer war. Aber wenn sie für Naomi Campbell und Sean Connery gut genug war, dann war dies wohl auch der richtige Ort für ihn – einen Schauspieler, dessen Filmrollen sich bis dahin auf einen Tankwart in ›Natural Born Killers‹ und Nebenrollen in Fernsehserien wie ›Hawaii Fünf-Null‹ beschränkten –, um dort mitsamt seiner Frau, einem Model, und dem neugeborenen Baby abzuhängen. Das Hotel war 1640 als Landsitz mit Meerblick für die Familie Orsini errichtet worden, die es 1693 an die Odescalchi verkauft hatte. Diese hatten es bis 1960 in Besitz, als Balthazars Urgroßvater J. Paul Getty sen. es für 566 000 Dollar von Fürst Ladislao Odescalchi erworben hatte und großartig und luxuriös restaurieren ließ.

Während der Bauarbeiten wurden im Keller die Ruinen einer römischen Villa entdeckt, die, so vermuteten Archäologen, sehr gut Julius Cäsar gehört haben könnte. Der neue Besitzer, J. Paul

Getty sen., fand das nur passend; er meinte dazu: »Ich zögere überhaupt nicht, Getty Oil mit einem Imperium und mich selbst mit einem Cäsar zu vergleichen.«[14] Die Entdeckung fügte sich gut in seine Weltsicht ein; Freunden hatte er erzählt, dass er sich für eine Reinkarnation eines römischen Kaisers halte. Aber es genügte ihm offensichtlich, geistig wie als Grundbesitzer eine Verbindung zu Julius Cäsar geschaffen zu haben, denn er verbrachte nur 17 Nächte im La Posta Vecchia. Der unter Verfolgungswahn leidende Ölmagnat ließ die Fenster zum Meer mit Eisengittern versehen und verbarrikadierte sich angeblich jede Nacht mit einer geladenen Schrotflinte in seinem Schlafzimmer.

Gegenüber der Begrenzungsmauer vom La Posta Vecchia ragte ein weiteres Gebäude auf. Balthazar Getty kannte seine Geschichte wahrscheinlich nicht – er war nicht als großer Leser bekannt. (»Wenn ich etwas wissen möchte, frage ich einfach«, erwiderte er, als er gefragt wurde, ob er viele Bücher über die Getty-Dynastie gelesen habe.)[15] Dieses Bauwerk, das seinen Schatten über den Swimmingpool des Hotels und den üppigen Garten warf, war die Festung von Palo, in der Caravaggio zum letzten Mal in Haft gewesen war und die die Familie Odescalchi behalten hatte, als sie Balthazars mächtigem Großvater 1960 La Posta Vecchia verkauft hatte. Es warf einen düsteren Schatten über die üppigen Gärten des Hotels.

Die jüngeren Getty-Generationen waren heroinsüchtig.[16] Am 5. Februar 2011 starb Balthazars Vater John Paul mit 53 Jahren in seinem Haus bei London, nachdem er zuvor lange an Lähmungen und einer Sehbehinderung infolge eines Schlaganfalls gelitten hatte, der auf seinen früheren Drogenmissbrauch zurückzuführen war.[17] Das Phänomen drogensüchtiger, chaotisch dahinlebender Kinder reicher, erfolgreicher Eltern hätte Suniya Luthar nicht überrascht. Sie hatte die rastlose, launische Ängstlichkeit und den Geschmack an bewusstseinsverändernden Substanzen an den Kindern viel beschäftigter und abwesender Eltern ja kennengelernt. Ob Balthazars Abneigung gegen seine Luxussuite im La Posta Vecchia Symptom einer solchen Rastlosigkeit des reich Geborenen war oder ob die Geister der Gettys oder diejenigen Cäsars und Caravaggios ihn umtrieben, wer weiß?

Caravaggios Leben und das der Gettys sind um die grimmige Küstenfestung Palo herum miteinander verwoben. Caravaggios Ruhm und Erfolg – rein künstlerisch, nicht finanziell, das verhinderte sein Lebensstil – blühten ohne die Bürde, die erfolgreiche Eltern einem Kind auferlegen können: Im Gegensatz zu den reichen und erfolgreichen Vorfahren der Getty- und Picasso-Kinder wurde Caravaggios schon vorher nicht wohlhabende Familie in die Armut gestürzt, als in einer einzigen Nacht im Oktober 1577 sein Vater und sein Großvater der Pest erlagen. Hatte Caravaggio Glück, dass sein Vater weder ein großer Herr noch ein berühmter Künstler war? War es das Pech Paulo Picassos und der Getty-Kinder, reiche und berühmte Eltern zu haben?

Wenn das stimmt, stehen wir einem weiteren Rätsel gegenüber: Was genau an erfolgreichen Eltern ist es eigentlich, das ihre Kinder mitunter um die Früchte dieses Erfolgs bringt? Wie wirkt sich die Psychologie des Erfolgs durch die Generationen hindurch aus und kann sie das Geheimnis von Picassos Sohn zu erklären helfen? Das kann sie wohl, aber um das zu verstehen, müssen wir zunächst einen der wichtigsten Aspekte unserer Motivation und Persönlichkeit betrachten.

Lesen Sie bitte die folgenden Fragen durch und beantworten Sie ehrlich, wieweit sie auf Sie zutreffen.

1. Ist Ihnen Vorwärtskommen wichtiger als ein bequemes Leben?
2. Fühlen Sie sich unwohl, wenn Sie bei Ihrer Arbeit nur Durchschnittliches leisten?

3. Fühlen Sie sich rastlos und unruhig, wenn Sie glauben, Ihre Zeit zu verschwenden?
4. Versuchen Sie, bei allem, was Sie tun, immer der Beste zu sein?
5. Hätten Sie lieber einen talentierten, aber schwierigen Kollegen als ein netten, aber weniger kompetenten?
6. Sind Sie ehrgeizig?
7. Fühlen Sie sich unwohl, wenn Sie das Leben »nehmen sollen, wie es kommt«?
8. Planen Sie Ihre Karriere voraus?
9. Würden Sie es hassen, als »faul« zu gelten?
10. Fühlen Sie sich in irgendeiner Form »getrieben«?

Wie viele dieser Fragen haben Sie mit Ja beantwortet? Je mehr es sind, desto höher ist wahrscheinlich Ihre *Leistungsmotivation (achievement motivation)*. Die Fragen sind aus einem umfangreicheren Fragebogen, der nach seinem Autor, dem australischen Psychologen J. J. Ray, als *Ray Lynn AO Scale* bezeichnet wird.[18]

Wenn Sie viele der Fragen mit Ja beantwortet haben, werden Sie wissen, was ich meine, wenn ich sage, dass die Motivation, etwas zu leisten, manchmal fast wie ein körperlicher Zwang wirkt. Aber hat dieses Gefühl noch eine Grundlage außerhalb einer fruchtbaren Vorstellungskraft? Die Antwort lautet: Ja, das hat es.

Kei Mizuno und sein Kollege von der japanischen Osaka City University wollten herausfinden, ob sie die Leistungsmotivation bei der Arbeit im Gehirn *beobachten* könnten.[19] Die Versuchsteilnehmer, studentische Freiwillige, die in zwei Gruppen aufgeteilt wurden, füllten zunächst einen ähnlichen Fragebogen zur Leistungsmotivation aus. Dann bekamen sie vom Versuchsleiter eine schwierige Lernaufgabe gestellt, während gleichzeitig ihre Gehirnaktivität mit der sogenannten fMRI-Methode (für *Functional Magnetic Resonance Imaging*) gemessen wurde.

Entscheidend dabei war, dass die zwei nach dem Zufallsprinzip eingeteilten Gruppen verschiedene Belohnungen in Aussicht gestellt bekamen. Den Teilnehmern der ersten Gruppe wurde gesagt, dass sie umso mehr *Geld* bekämen, je besser sie abschnitten – bis zu einer Obergrenze von 75 Dollar. Der zweiten Gruppe, deren Aufgabe identisch war, wurde kein Geld versprochen, sondern die Aufgabe wurde als Intelligenztest dargestellt, und als einzige Belohnung gab es eine Darstellung ihres Abschneidens auf einer Grafik – je besser ein Teilnehmer abschnitt, desto mehr wurde eine bestimmte Anzahl von Quadraten blau eingefärbt.

Die Ergebnisse waren bemerkenswert. In der Gruppe mit der Geldbelohnung hatte die Leistungsmotivation der Studierenden auf dem Fragebogen keine Beziehung zur Gehirnaktivität in einem wichtigen Motivierungszentrum des Gehirns, dem sogenannten Putamen, das tief im Gehirn liegt und zum Corpus striatum gehört. Es ist ein entscheidender Bestandteil eines Belohnungsnetzwerks, von dem ich noch sprechen werde. Bei der Gruppe, die die Aufgabe als Intelligenztest auffasste, kam dagegen die Leistungsmotivation zum Tragen: Obwohl es keine konkrete Belohnung gab außer den blauen Quadraten, zeigte sich eine deutliche Beziehung zwischen der Aktivität des Putamens und der Leistungsmotivation. Je stärker der intellektuelle Antrieb der Teilnehmer war, desto stärker war dieses Schlüsselzentrum des Hirns für Motivierung und Belohnung »angeschaltet« – allerdings nur, wenn die Versuchspersonen glaubten, ihre Intelligenz werde getestet, nicht aber, wenn es nur um Geld ging.

Dieses Gefühl bei sehr motivierten Menschen, dass sie fast körperlich zum Erfolg getrieben werden, ist also keine Illusion: Je mehr wir vom Ehrgeiz angetrieben sind, desto stärker ist die neuronale Aktivität, die im Gehirn abläuft. Und der entscheidende Aspekt dieses Antriebs ist, dass er von *innen* kommt und eine *intrinsische* Motivation darstellt; er wird nicht *ausschließlich* von äußeren Anreizen ausgelöst.

Natürlich werden wir alle von einer Kombination innerer und äußerer Motivationen angetrieben; die häufigste externe Motivation ist Geld, aber wir arbeiten auch aus Furcht oder weil wir gelobt werden möchten. Ein guter Manager weiß, dass es einer ausgewogenen Kombination innerer und äußerer Anreize bedarf, um seine Belegschaft zu motivieren; die besten Manager wissen aber, wie man den geheimen Schalter der intrinsischen Motivation in den Köpfen ihrer wichtigsten Mitarbeiter umlegt. Ist dieser Schalter einmal aktiviert, wird jemand, der von großer Leistungsmotivation getrieben wird – wie die IQ-motivierten japanischen Studierenden –, sich mit ganzer Kraft in die Arbeit stürzen und kaum noch an die Bezahlung denken. Der Chef muss es nur vermeiden, den inneren Antrieb seiner Unter-gebenen durch externe Belohnungen zu untergraben. Ich erkläre später noch, wie das passieren kann.

Leistungsmotivation ist also ein entscheidender Faktor für Erfolg im Leben und Teil des Rezepts, wie man zum Sieger wird.

Über Paulo Picassos Leistungsmotivation wissen wir nichts. Sein Antrieb, ein Gewinner zu werden, wurde ganz offensicht-lich nicht von frühem Reichtum unterhöhlt; vielleicht war sein Alkoholismus eine Reaktion auf einen unterdrückten Drang, etwas zu erreichen. Akademische Leistungsmotivation wird von akademischen Belohnungen gefördert – gute Bewertungen und Lob vom Dozenten, zum Beispiel –, worauf sich ein Gefühl der Kompetenz und des Erfolgs gründet.[20] Entsprechendes gilt fast sicher auch in anderen Lebensbereichen, in denen viele von uns ebenso sehr wegen des schönen Gefühls, eine Arbeit gut erledigt zu haben, oder wegen des Lobs von Kollegen arbeiten wie für ihren Monatslohn. Vielleicht wurde Paulo Picasso für seine Leis-tungen, so bescheiden sie gewesen sein mögen, nie belohnt, und so aller Ehrgeiz, den er gehabt haben mag, ausgelöscht.

Außerhalb des fMRI-Scanners, draußen im wirklichen

Leben, sind die internen und externen Einflüsse nicht ganz so leicht zu trennen. Es ist zwar für Chefs, Lehrer und Eltern möglich, zwischen externen und internen Belohnungen zu unterscheiden, aber in der Realität können wir extrinsische Belohnungen wie Geld nie völlig von intrinsischen wie Zufriedenheit mit der Arbeit trennen – beide vermischen sich unvermeidlich. Selbst in Geschäftsbereichen, in denen finanzielle Bonuszahlungen dominieren, wie im Investmentbanking und bei anderen Finanzdienstleistungen, sind die Geldbelohnungen selten völlig extrinsisch, sondern dienen auch als entscheidende Status- und Erfolgssymbole, als Zeichen der eigenen Kompetenz, die sich bei ehrgeizigen Menschen tief in die Leistungsmotivations-Netzwerke des Gehirns eingraben.

Das wissen wir, weil wir über den Teil unseres Gehirns, der als Belohnungsnetzwerk bezeichnet wird, Bescheid wissen. Der Hauptzweck dieses Netzwerks ist es, uns ein gutes Gefühl zu geben, wenn wir etwas tun, was gut für unser eigenes Überleben und das unserer Gene ist – die wichtigsten Tätigkeiten in dieser Hinsicht sind Essen, Trinken und Sex. Hauptbetriebsstoff dieses Systems ist eine chemische Verbindung namens Dopamin. Die Befriedigung, die man empfindet, wenn man ein Stück Käsekuchen isst, an einem heißen Tag ein Glas Eiswasser trinkt oder nach dem Orgasmus in die Kissen zurücksinkt, stammt immer daher, dass im Belohnungsnetzwerk Dopamin freigesetzt wird.

Aber die meisten Menschen fühlen sich auch durch andere Dinge belohnt: Der goldene Stern, den der Lehrer auf das Schulheft des Fünfjährigen klebt, führt ebenso zu einer Dopaminfreisetzung im Belohnungsnetzwerk wie ein ausführliches schriftliches Lob der eigenen Arbeit durch den Abteilungsleiter. Versuchstiere, denen entsprechende Stimulatoren in ihr Belohnungsnetzwerk eingepflanzt wurden, lösen den Hebel, der einen Befriedigungsschub durch Dopaminausschüttung herbeiführt, immer wieder aus, vernachlässigen dabei sogar die Nahrungsaufnahme und sterben schließlich. Dieses Belohnungsnetzwerk war es, das Kei Mizuno mit der IQ-Übung im fMRI-Experiment anzapfte.

Kehren wir zur Frage der Boni als Antrieb im Finanzgewerbe zurück. Man kann nicht einfach sagen, dass es die Höhe dieser Boni ist, auf die es den Bankern und Tradern ankommt. Das wissen wir, weil Klaus Fließbach und seine Kollegen von der Universität Bonn gezeigt haben, dass das Belohnungsnetzwerk nicht nur von den Belohnungen ausgelöst wird, die man selbst empfängt, sondern – und das ist entscheidend – auch davon, was *andere Menschen* bekommen. Das beweist eine Studie, auf die ich in Kapitel 5 zurückkommen möchte.[21]

Wenn also die durch Geld motivierte Gruppe von Mizunos Versuchsteilnehmern gesehen hätte, dass andere Teilnehmer mehr als sie bekommen, hätte sich die finanzielle Belohnung bei ihnen von einer völlig extrinsischen in eine gemischt extrinsisch-intrinsische verwandeln können. Das wäre eine realistischere Simulation einer wirklichen Situation gewesen: Natürlich möchten wir gerne so viel wie möglich verdienen, vor allem aber mehr als der Nachbar. Und wir nehmen nicht hin, wenn es uns schlechter geht als ihm. Das erklärt, warum auch bereits unermesslich reiche Milliardäre fieberhaft weiter daran arbeiten, noch mehr Milliarden zu scheffeln: Es ist nicht die extrinsische Belohnung des Geldwerts, die sie motiviert, sondern der Drang nach *Erfolg* (gewöhnlich ist es auch ein Drang nach *Macht,* aber dazu kommen wir im nächsten Kapitel).

Leistungsmotivation spielt also nicht nur im akademischen Umfeld eine Rolle und manifestiert sich auch nicht nur im Gehirn. Die meisten Berufstätigen – von Lehrern, Bauern und Sekretärinnen bis zu Buchhaltern, Schauspielern und Elektrikern – laufen auf einem Doppelgleis der Suche nach extrinsischer *und* intrinsischer Belohnung. John Miner von der State University of New York und seine Kollegen haben gezeigt, dass bei neu gegründeten Firmen im High-Tech-Sektor die Leistungsmotivation der Gründer ein sicherer Indikator für die Gewinnentwicklung und die Personalstärke ist.[22] Auf der anderen Seite der Welt untersuchten J.J. Ray von der University of New South Wales und Satvir Singh von der indischen Guru Nanak Dev University die Leistungsmotivation von 200 Bauern im Pandschab. Sie fanden heraus, dass die Leistungsmotivation eines Kleinbauern vorausbestimmt, wie produktiv sein Hof in den nächsten fünf Jahren sein wird.[23]

Intrinsische Motivation – der Wunsch etwas zu tun, weil es das Gefühl von Kompetenz und Zufriedenheit verschafft – scheint im Gegensatz zur rein *extrinsischen* Belohnung, wie etwa Bezahlung, unseren tiefsten Ehrgeiz anzuzapfen. Gleichermaßen kann aber die Gewissheit, dass man einmal ein Milliardenvermögen erben wird, die Entwicklung dieser intrinsischen Motivation untergraben. Warum ist das so?

Nur sehr wenig von dem, was wir tun, ist zunächst intrinsisch motivierend – außer vielleicht solchen Grundtätigkeiten wie Sex und Essen. Also *erlernen* wir unsere Motivation als Kinder, indem wir etwas *tun,* beispielsweise auf einem Musikinstrument üben, und so allmählich ein Gefühl der Kompetenz und des Erfolgs bekommen, indem wir unsere Fertigkeiten nach und nach verbessern. Aber die meisten Kinder müssen *extern* angeregt werden, um die ersten Phasen durchzustehen, bevor die Aktivität *aus sich selbst heraus* befriedigend wird. Gewöhnlich werden kleine Kinder von den Eltern und Lehrern angefeuert, überredet oder gezwungen, die Anfangsphase durchzustehen. Ohne diesen äußeren Anschub kommen die Kinder vielleicht nie über die anfänglichen Schwierigkeiten hinweg und bis zu dem Punkt, an dem sie etwas selbst tun *wollen* – mit anderen Worten, bis zu dem Punkt, an dem die Aktivität intrinsisch befriedigend wird.

Das Wissen um sehr reiche Eltern kann die schwierigen frühen Phasen des Erlernens einer Fähigkeit unterminieren, bevor das Üben intrinsisch befriedigend werden kann. Warum sollte ich mich mit einem Universitätsstudium abmühen, wenn ich später sowieso alles erbe? Menschen *brauchen* den Anschub durch extrinsische Motivation, um dahin zu gelangen, dass sie sich kompetent und intrinsisch motiviert fühlen. Die jahrtausendealte Notwendigkeit, sich selbst versorgen zu können, wenn man sein Elternhaus verlässt, stellt für Millionen von Kindern und Jugendlichen überall auf der Welt diese extrinsische Motivation dar, aber manche Kinder sehr erfolgreicher Menschen haben diese Motivation einfach nicht, sodass sie sich unmotiviert und ziellos durchs Leben treiben lassen.

Paulo Picasso wurde vielleicht deshalb ein zielloser Erwachsener, weil er nie den nötigen Anschub bekam, über die Barriere in ein Gebiet vorzudringen, auf dem er sich selbst hätte motivieren und kompetent fühlen können. Das lag teilweise an der Bürde, die er in Gestalt eines genialen Vaters mit abnormaler Persönlichkeit trug, der sich kaum um ihn kümmerte, geschweige denn, ihm eine motivierende Richtung im Leben vorgegeben hätte. Aber selbst wenn reiche Eltern die Zeit finden, ihrem Kind diese unentbehrliche motivationsbildende Aufmerksamkeit zu schenken, kann das seinen Schatten vorauswerfende Millionenerbe die Anstrengungen der nichts ahnenden Eltern und die des Kindes zunichtemachen, jene Barriere zu überwinden, hinter der die intrinsische Motivation und der Drang nach Erfolg verinnerlicht werden.

Der Milliardär und Microsoft-Gründer Bill Gates hat dies und den potenziell demotivierenden Fluch einer gewaltigen Erbschaft vorausgesehen und bereits angekündigt, dass er seinen Kindern zwar eine gewisse Geldsumme hinterlassen werde, aber keinen bemerkenswerten Anteil seines enormen Vermögens.[24] Gates und seine Frau haben sich stattdessen verpflichtet, den Großteil ihres Reichtums für wohltätige Zwecke einzusetzen, und auch schon einige andere Milliardäre, darunter Warren Buffett und den Facebook-Gründer Mark Zuckerberg, für dieses Versprechen gewonnen.[25]

Aber ist diese Auffassung von Leistungsmotivation nicht zu einfach? Können wir Paulo Picassos totales Versagen im Leben wirklich darauf zurückführen, dass sein Vater ihm nie über die Barriere zur selbst motivierten Leistung hinweggeholfen hat? Nicht ganz – so einfach ist es mit der Leistungsmotivation tatsächlich nicht.

Zu viel des Guten

Eines Tages hörte ich zufällig mit, wie sich mein Kommilitone »Peter« mit einem Mädchen unterhielt. Er sprach sehr eindringlich davon, dass er unbedingt eine grundlegende wissenschaftliche Entdeckung machen wolle, eine, die die Welt verändern werde. Ich hatte ihn schon öfter so reden hören – er wollte offenbar ein zweiter Darwin werden. Stattdessen exmatrikulierte »Peter« sich weniger als ein Jahr später – anscheinend hatte er plötzlich seine Motivation verloren.

Als schlauer Bursche, der er war, begann er allerdings sofort auf einem ganz anderen Gebiet zu arbeiten und hatte es binnen weniger Jahre dort bis ganz nach oben geschafft. Wenn ich ihn, was nur selten vorkam, einmal traf, machte er allerdings einen rastlosen und unzufriedenen Eindruck. Schließlich schrieb er sich wieder an der Universität ein und erwarb einen Abschluss in einem wieder ganz anderen Fach. Er wurde sogar Jahrgangsbester, fing in seinem neuen Fachgebiet zu arbeiten an, bekam eine gute Stelle in einem führenden Zentrum – nur um erneut zu kündigen und sich wieder einem seiner früheren Fächer zuzuwenden.

»Peter« erzählte mir, dass sein Chef ihm, als er wieder einmal die Kollegen mit einer plötzlichen Kündigung erstaunte, gesagt habe, er, »Peter«, wirke leicht depressiv. Und das war er wohl auch. Ständig nagte die Überzeugung an ihm, dass er das unerreichbare Ziel schaffen müsse, das er sich selbst gesetzt hatte: ein fundamentaler Durchbruch in der Biologie. Nicht, dass er damit überfordert gewesen wäre. Wenn er in der Biologie geblieben wäre, hätte er es tatsächlich schaffen können; die geistigen Fähigkeiten dazu hatte er. Aber in der Naturwissenschaft kann man den Erfolg genauso wenig vorausplanen wie im Geschäftsleben – es gehört immer eine Menge Glück zu einem wirklich großen Erfolg, auch wenn Durchhaltevermögen und Entschlossenheit die eigenen Chancen durchaus verbessern. Wie es der Hollywood-Produzent Samuel Goldwyn ausdrückte: »Je härter ich arbeite, desto mehr Glück habe ich.«

Die eigene Motivation zu bewahren heißt daher, die intrinsische Befriedigung zu genießen, die sich aus der Bewältigung der täglichen Aufgaben ergibt – wie die japanischen Studierenden, die sich für einen Test begeisterten, bei dem sie nur symbolische Punkte erringen konnten. Wenn man sich nur auf ein fernes, großes Ziel konzentriert, entwertet man selbst seine täglichen kleinen Erfolge und erklärt sie für wertlos.

So ist es wohl auch »Peter« ergangen – das Gefühl der Rastlosigkeit, das man ihm anmerkte, stammte daher, dass sein Belohnungsnetzwerk nicht auf die Bewältigung kurz- oder auch mittelfristiger Herausforderungen ansprach, weil sie alle im Vergleich zu seinem enormen selbst gesteckten Ziel so wertlos waren wie Lehman-Brothers-Anteile Ende 2008. Kein Wunder, dass er chronisch unzufrieden war – alle seine Erfolge waren in seinen Augen nur Misserfolge.

Der angesehene Harvard-Psychologe David McClelland studierte jahrzehntelang die Motivation zum Erfolg und fand heraus, dass die Erfolgreichsten – also die Gewinnertypen – am ehesten jene waren, die wie das Mädchen Goldilocks in dem bekannten englischen Märchen ihr Porridge weder zu heiß noch zu kalt haben wollten. Diejenigen, die schließlich am meisten erreichten, waren meist Menschen, die sich *gemäßigte* Herausforderungen gestellt hatten, also solche, die zwar nicht leicht, aber doch zu bewältigen waren.[26] Versagen ist fast unvermeidlich, wenn man von Anfang seine Ziele so niedrig ansetzt, dass man nicht zu versagen erwartet. Wenn man sich seine Ziele aber zu hoch setzt, so wie »Peter«, dann kann das ähnlich lähmend wirken.

Die Kinder sehr erfolgreicher Eltern finden es mitunter sehr schwierig, in die Goldilocks-Zone des Ehrgeizes zu finden. Wenn die Eltern Genies sind, wie tritt man dann aus dem Schatten ihres übermächtigen Erfolgs heraus? Wie kann man sich in einem solchen Fall Ziele setzen, die standhalten können und nicht trivial und wertlos wirken? Selbst mit einem liebevolleren Vater als Pablo Picasso ist es für ein solches Kind sehr schwer, es im Leben selbstständig zu etwas zu bringen und intrinsische Befriedigung und das Gefühl von Kompetenz aus Leistungen zu ziehen, die bescheidener als die des begnadeten Elternteils sind.

Paulo Picasso war kein Gewinnertyp. Er versagte als Familienvater und starb mit 54 als schwerer Alkoholiker. Der mögliche Lebenserfolg dieser Familie wurde vom übermächtigen Schatten verhindert, den das Genie des großen Malers warf. Haben wir also das Geheimnis von Picassos Sohn gelöst? War es unvermeidlich, dass er zum Verlierer wurde, weil alles, was er leisten konnte, gegen das Schaffen seines Vaters ziemlich kläglich aussehen musste?

Vielleicht ist auch das Teil der Geschichte. Aber dann müssten eigentlich alle Kinder von Siegern als Verlierer enden, und das trifft ja nicht zu. Demgemäß muss noch ein weiterer Faktor eine Rolle spielen. Möglicherweise zerstört der Ruhm die Familie,

und die Unterbrechung der normalen Beziehungen innerhalb
der Familie macht es den Kindern unmöglich, erfolgreich zu
werden. Auch dafür spricht einiges. Auf jeden Fall entstanden in
Pablo Picassos zahlreichen, komplizierten Familienbindungen
große Probleme, die bis heute nachwirken. Doch es gibt auch
viele erfolgreiche Menschen, die in schwierigen Familienverhält-
nissen aufgewachsen sind; der bekannteste von ihnen ist natürlich US-Präsident Barack Obama, dessen kenianischer Vater die
Mutter des zukünftigen Präsidenten verließ, als dieser noch ein
Säugling war. Auch eine kaputte Familie erklärt das Geheimnis
also nicht.

   Was aber dann?

Die versteckte Leiter

Im Jahr 47 v. Chr. wurde Julius Cäsar mit 53 Jahren Diktator von
Rom. Die Diktatur wurde eigentlich jeweils nur für sechs Monate
verliehen, aber drei Jahre später, 44 v. Chr., ließ Cäsar sich dieses
Amt auf Lebenszeit übertragen und feierte das Ereignis, indem
er eine Statue von sich selbst aufstellen ließ, deren Inschrift *Dem
unbesiegten Halbgotte* lautete. Er hatte allerdings nicht mehr viel
von der lebenslangen Diktatur, weil er noch im selben Jahr, an
den berühmten Iden des März, von einer Gruppe republikani-
scher Verschwörer erdolcht wurde. J. Paul Getty, der sich mit
seiner Schrotflinte hinter den Gitterfenstern von La Posta Vecchia verschanzte und, so hieß es, von Polenta und Feigen lebte,
sagte von sich selbst nicht nur, er gleiche einem Kaiser, sondern
er sei einer – nicht weniger als die Reinkarnation Hadrians, des
genialen Eroberers, der uns den Hadrianswall in Britannien und
das Pantheon in Rom hinterlassen hat.

   Im antiken Rom herrschte großes Misstrauen gegenüber

Alleinherrschern, wie Julius Cäsar zu seinem Schaden heraus-
fand. Die Römer hatten recht mit diesem Misstrauen, weil es das
universelle Schicksal von Kaisern wurde, sich für von Gottes
Gnaden eingesetzt, wenn nicht sogar selbst für einen Gott zu
halten. Wer wäre überrascht, wenn sich J. Paul Getty im einsamen Luxus seiner abgeschotteten Villa tatsächlich für derart
abgehoben und mächtig gehalten hätte, dass göttlicher Wille
dahinterstehen musste?

Die Beschreibung, wie ihr Vater Paulo mit ihr und ihrem
Bruder Pablito einmal wöchentlich zu Picassos Landsitz La
Californie bei Cannes fuhr, um Geld für die Familie zu erbet-
teln, und wie sie manchmal nicht vorgelassen wurden, weil, wie
man ihnen sagte, »die Sonne nicht gestört werden darf«, stammt
aus den Memoiren von Marina Picasso. Sein Gefolge hielt den
großen Künstler also für eine gottgleiche Gestalt, wenn nicht
sogar für einen Gott – denn was ist die Sonne anderes als die
unabdingbare, ewige Quelle aller Energie der Welt? Pablo selbst
nannte sich, wenn er von seinem Genie sprach, bescheidener-
weise nur El Rey, den König.

Wie soll ein Sohn oder eine Tochter, deren Vater sich für einen
Sonnengott hält, gegen seinen oder ihren unbedeutenden Platz im
Sonnensystem ankämpfen? Ist das die Lösung für das Geheimnis
von Picassos Sohn? Fühlen die Kinder von »Kaisern« sich durch
die anscheinend göttliche Großartigkeit der Leistungen ihrer
Eltern unweigerlich zur Bedeutungslosigkeit verdammt? Für
einige trifft es zu – doch einige Kinder sehr bedeutender Menschen erreichen auch selbst einiges im Leben. Lachlan Murdoch,
der Sohn des Medienmoguls Rupert Murdoch, ist ein Beispiel,
wie auch Hans Einstein, der Sohn Albert Einsteins, der sich als
bedeutender Hydraulikingenieur einen Namen machte. Beide
Söhne hatten eine schwierige Beziehung zu ihren Vätern, aber
das ruinierte ihr Leben nicht derart, wie es bei Paulo Picasso der
Fall war.

Vielleicht hängt es damit zusammen, wie das Kind den Erfolg des Siegertypen wahrnimmt? Die Psychologin Fiona O'Doherty vom Beacon Hospital in Dublin hat das Phänomen des Versagens bei den Kindern besonders erfolgreicher Eltern untersucht.[27] Sie meint: »Stellen Sie es sich so vor: Das Kind sieht Vater oder Mutter hoch oben im Baum des Erfolgs und fragt sich, wie er oder sie wohl dorthin gekommen ist. Der Vater oder die Mutter selbst weiß natürlich, dass er oder sie eine steile Leiter mit vielen kleinen Sprossen emporgeklettert ist, die aus Glück, Hartnäckigkeit, Können und Geschick bestanden. Aber einige erfolgreiche Menschen verstecken, wenn sie oben sind, die Leiter. Damit will ich ausdrücken, dass sie vor lauter Selbstzufriedenheit ob ihrer Größe bewundert werden wollen, und diese ›Größe‹ soll bitte schön nicht durch das prosaische Bild von tausend Sprossen einer wackeligen Leiter entwertet werden.«

Und wie könnte man die Leiter besser verstecken, als wenn man seine Leistungen als gottgegeben oder, noch schlimmer, sich selbst zum Gott erklärt? Dieser Illusion sind viele Kaiser erlegen, wie es Cäsars Statue des »unbesiegten Halbgottes«, J. Paul Gettys Behauptung, er sei eine Reinkarnation Hadrians, und Pablo Picassos Selbstbezeichnung als »König« zeigen. War also Paulo Picasso zum Versagen verdammt, weil ihm der Erfolg seines Vaters als der eines von Gott begünstigten Genies erscheinen musste, dem er niemals gleichkommen würde? Vielleicht ja, aber jetzt stellt sich die Frage, warum manche Eltern »die Leiter verstecken«.

»Terry« war ebenfalls ein Kommilitone. »Terry« sah nicht viel anders aus als wir alle, aber irgendwie schien ihn jeder zu kennen, wie er mit nachdenklichem Blick über den Campus schlenderte. »Terry« war Promotionsstudent, aber in der Bibliothek traf man ihn nie an – er musste wohl nicht lernen. Alle hielten ihn für ziemlich schlau. Aber am Ende erreichte »Terry« gar nicht so viel – er wurde kein weltberühmter Professor, nicht mal ein Assistenzprofessor mit Dreijahresvertrag. »Terry« schlug sich ganz gut durchs Leben und galt weiterhin als, na ja, schlau, aber er war beileibe kein Gewinnertyp im üblichen Wortsinn. Was war passiert? War »Terry«, schlau wie er war, nicht zum Sieger geboren? Warum hatte ein so vielversprechender Mensch keinen Erfolg?

Bevor wir uns den Gründen für »Terrys« Schicksal zuwenden, werfen wir noch einen Blick auf »Tony«. Das war ein 16-jähriger, der in eine Klinik überwiesen wurde, als ich dort ein Praktikum als Klinischer Psychologe absolvierte. »Tony« war gesund, kräftig und gut aussehend, aber er hatte einen etwas gehetzten und stumpfen Blick – er war bleich, wirkte abwesend. Er kam aus einer viel besser gestellten Familie als die meisten Kinder, die ich in der Klinik sah. »Tonys« vorbildlich wirkende Eltern waren ebenfalls blass und derart besorgt, dass sie ihren Sohn sogar in diese psychologische Klinik nach London brachten. Aber wo lag das Problem? »Tony« war in der Schule nicht besonders gut, er war mürrisch und unmotiviert. Während unseres Gesprächs sagte er kaum etwas, sondern schaute teilnahmslos und ziemlich traurig vor sich hin.

Ich hatte, ehrlich gesagt, keine genaue Vorstellung, was ich in diesem Fall unternehmen sollte. Konnte ich denn etwas unternehmen? Dann rückte sein Vater damit heraus, dass … Aber bevor ich verrate, was er sagte, möchte ich Sie gerne zu einer Reise in Ihre Kindheit mitnehmen.

Denken Sie bitte an Ihre Schulzeit zurück. Lesen Sie die nachfolgenden Sätze und vervollständigen Sie sie möglichst so, wie Sie damals geantwortet hätten.

1. Wenn Sie Mathematik schwierig finden, dann weil …
a. *… Sie nicht genügend dafür gelernt haben.*
b. *… die Aufgaben zu schwierig waren.*

2.   Wenn Sie bei einem Test gut abschneiden, dann weil …
a.   *… Sie fleißig dafür geübt haben.*
b.   *… weil der Test so einfach war.*

3.   Wenn Sie bei einem Test besser als erwartet abschneiden, dann weil …
a.   *… Sie sich mehr Mühe gegeben haben.*
b.   *… Ihnen jemand geholfen hat.*

4.   Wenn Sie eine Aufgabe leicht lösen können, dann weil …
a.   *… Sie sich wirklich darauf konzentriert haben.*
b.   *… Sie nicht besonders schwer war.*

5.   Wenn Sie Lehrstoff vergessen, dann weil …
a.   *… Sie sich nicht genügend Mühe beim Auswendiglernen gegeben haben.*
b.   *… der Lehrer ihn schlecht erklärt hat.*

6.   Wenn jemand Sie für dumm hält, dann …
a.   *… können Sie ihn mit etwas Anstrengung eines Besseren belehren.*
b.   *… weil manche Leute einen eben immer für dumm halten.*

Wie hätten Sie in Ihrer Rolle als Schüler geantwortet? Häufiger mit *a* oder *b*? Diese Fragen entsprechen denen, die Virginia Crandall und ihre Kollegen vom Fels Research Institute in Ohio 1965 Schülern gestellt haben, um herauszufinden, wie sie selbst über ihre schulischen Leistungen dachten.[28] Aber erst 13 Jahre später sollte sich herausstellen, wie wichtig diese Fragen waren. Machen wir uns ruhig die Mühe, diese Studie im Detail anzuschauen, weil sie bemerkenswerte Erkenntnisse über unseren psychischen Zustand in der Kindheit gewährt.

Im Jahr 1978 benutzten Carol Diener und Carol Dweck von

der University of Illinois Crandalls Fragebogen in einer Studie zum Problemlösungsverhalten bei Kindern.[29] Siebzig Elfjährige bekamen dabei eine Reihe Karten vorgelegt, die jeweils zwei Figuren zeigten. Die Kinder sollten die Karte auswählen, die die korrekte Lösung einer Aufgabe darstellte, die sie zuvor mit einer ganzen Reihe von Karten herauszufinden versucht hatten. Jede Figur bestand aus einem äußeren Umriss, zum Beispiel einem Quadrat oder Dreieck, und einer darübergelegten inneren Figur, zum Beispiel einem Punkt oder Stern, und trat in Rot oder Blau auf. Ein Kind konnte zum Beispiel zu dem Ergebnis kommen, die »Regel« für die richtige Antwort sei »Dreieck«, und anschließend stets die Antwortkarte wählen, die ein Dreieck enthielt, gleich welche Farbe und Innenfigur. Das Ganze ähnelte den Problemlösungsaufgaben, die in vielen IQ-Tests vorkommen. Auf Seite 46 sehen Sie die Abbildung einiger typischer Aufgaben (Rot und Blau des Originals sind hier durch Weiß und Grau ersetzt).

Wenn Sie glauben, es gehe um die gemeinsame Form, dann nehmen Sie vielleicht an, das Dreieck sei die richtige. In diesem Fall würden Sie bei der ersten Karte »links« antworten, bei der zweiten ebenso, bei der dritten mit »rechts« und bei der vierten wieder »links«. Wenn Sie dagegen meinen, dass es um die Farbe geht und die korrekte Antwort »Grau« lautet (statt Rot und Blau der Studie haben wir ja nur Grau und Weiß zur Verfügung), dann müssten Sie bei der ersten und zweiten Karte »rechts«, bei der dritten ebenso und bei der vierten »links« antworten. Wenn Sie schließlich die Innenfigur für entscheidend und »Stern« für die richtige Antwort hielten, dann wären Ihre Antworten »links«, »rechts«, »rechts«, »rechts«.

Die Kinder wurden vom Versuchsleiter in die Aufgaben eingewiesen, bekamen nach jeder Karte eine Rückmeldung und erhielten, wenn notwendig, Hinweise wie: »Die richtige Antwort ist eine der beiden Formen, entweder das Quadrat oder das Dreieck. Schau mal, ob du die richtige herausbekommst. Die gilt

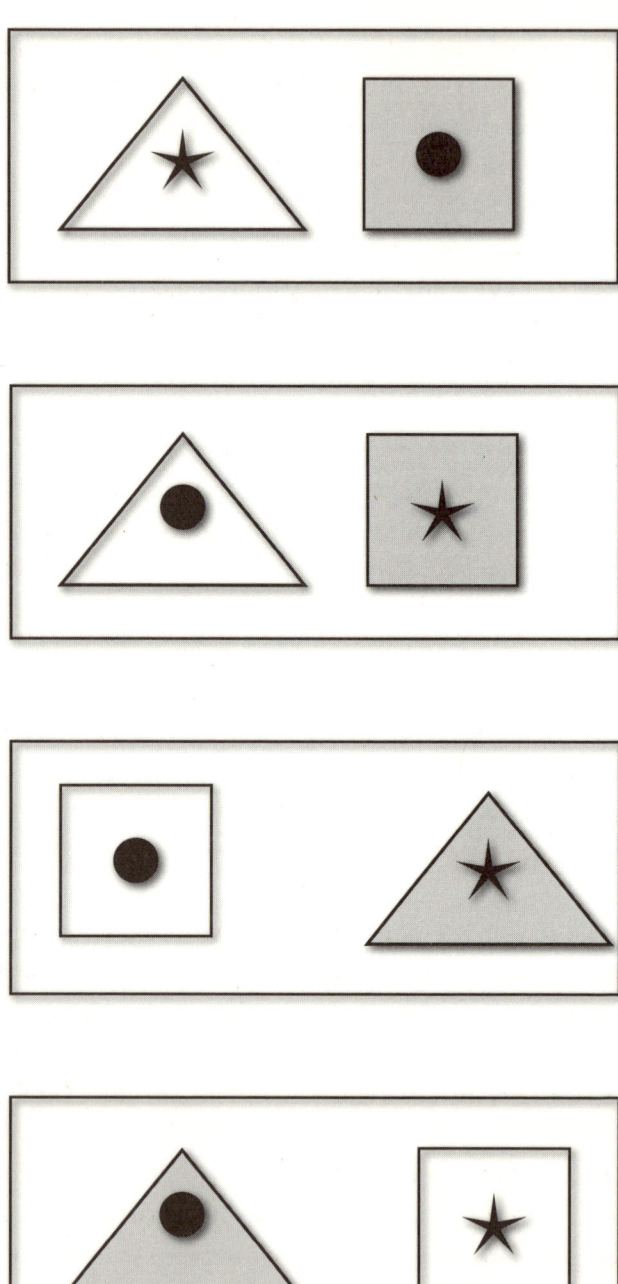

dann für alle Karten.« Am Ende lösten alle Kinder die Aufgabe, indem sie nach dem Prinzip von Versuch und Irrtum vorgingen und nach jedem Versuch gesagt bekamen, ob sie richtig geraten hatten. Aber dann wurde es schwieriger.

In der nächsten Runde erhielten die Kinder wieder 20 ganz ähnliche Karten, aber jetzt bekamen sie nur noch nach jedem vierten Mal die Rückmeldung »richtig« oder »falsch« – also für drei Viertel ihrer Versuche keine Rückmeldung, sollten aber trotzdem versuchen, die richtige Antwort zu erraten. Eine Reihe von 20 Karten war lang genug, dass sie verschiedene Möglichkeiten ausprobieren konnten. Alle Kinder, das darf man nicht vergessen, hatten zuvor schon gelernt, wie man diese Aufgaben löste – keines hatte sich als unfähig dazu erwiesen. Der Unterschied war jetzt nur, dass sie mit sehr viel weniger Feedback bei der Sache bleiben und über die 20 Versuche hinweg auf die richtige Lösung kommen mussten.

Für Aufgaben dieser Art gibt es effektive und ineffektive Lösungsstrategien. Julie schaut sich die erste Karte auf der Abbildung an – links ein weißes Dreieck mit einem Stern in der Mitte und rechts ein graues Quadrat mit einem Punkt in der Mitte. Sie soll entweder die linke oder rechte Form als richtige Antwort auswählen. Wenn sie glaubt, dass »Farbe« der entscheidende Faktor für die richtige oder falsche Antwort ist, dann legt sie sich vielleicht für ihre Antworten immer auf die graue Figur fest. Wenn die Rückmeldung lautet, dass sie falsch liegt, dann weiß sie erst einmal, wie so oft im Leben, nicht, was sie falsch gemacht hat. Vielleicht ist der entscheidende Faktor wirklich die Farbe, und sie hat nur die falsche gewählt. Sie könnte also beim nächsten Mal Weiß probieren oder aber testen, ob der äußere Umriss der entscheidende Faktor ist, und sich für das graue Quadrat entscheiden. Dann könnte sie aber auch den inneren Umriss wählen, den Punkt in der Mitte in diesem Fall. Kinder, die effektive Problemlösungsstrategien beherrschen, probieren so eine Idee nach der anderen aus, bis mehrere Feedbacks eintreffen, dass sie richtig liegen.

Ineffektive Strategien dagegen waren solche, die überhaupt nicht zu einer korrekten Antwort führen konnten – so wählte James zum Beispiel immer Weiß, gleichgültig, welche Rückmeldung er bekam, Mary wechselte immer zwischen links und rechts, und Jack wählte stets die Figur zur Linken aus.

Denken Sie jetzt wieder an die sechs Fragen zurück, die Sie so beantworten sollten, als ob Sie noch zur Schule gingen. Haben Sie mehr zu den *a*- oder den *b*-Antworten tendiert? Wenn Sie oft mit *a* geantwortet haben, dann hätten Diener und Dweck Sie als »bewältigungsorientiert« eingestuft, mit vielen *b*-Antworten aber als »hilflos«. Welcher Typ waren Sie? Ob Sie ein *a*- oder *b*-Antwort-Kind waren, hätte für Diener und Dweck große Auswirkungen auf Ihre Leistung gehabt.

Nach einem »Versagen« – also einer negativen Rückmeldung – wechselten die *a*-Antwort-Kinder häufiger zu einer effektiven Problemlösungsstrategie, während die *b*-Antwort-Kinder sich hilflos wie ein Kaninchen im Scheinwerferlicht verhielten und ihre Strategie nicht verbesserten. Die meisten verschlechterten sich sogar, indem sie zu einer anderen ineffektiven Strategie wechselten, etwa, immer dieselbe Form oder abwechselnd links und rechts zu wählen, ohne das Feedback zu berücksichtigen.

Bedenken Sie, dass sowohl die »bewältigungsorientierten« wie die »hilflosen« Kinder in der Übungsphase die Aufgaben gleich gut gelöst hatten – beide Gruppen waren *gleichermaßen* intelligent. Was sie voneinander unterschied, war ihre *Reaktion auf Versagen*. Als sie nach dem Test gefragt wurden, woran es ihrer Meinung nach gelegen hatte, wenn sie Probleme gehabt hätten, erwiderte nicht weniger als die Hälfte der *b*-Antwort-Kinder: »Weil ich nicht schlau genug bin.« Wie viele *a*-Antwort-Kinder glaubten das? Keins! Noch einmal, es bestand kein Unterschied in der Intelligenz der beiden Gruppen.

Und wie antworteten die »bewältigungsorientierten« Kinder, wenn sie nach dem Test gefragt wurden: »Woran, glaubst du, lagen deine Probleme?« Ungefähr ein Viertel der Kinder meinte, sie hätten sich nicht genug Mühe gegeben, ein Fünftel glaubte an Pech, ein weiteres Fünftel hielt den Test für schwerer als den Übungsdurchlauf und noch ein Fünftel die Versuchsleiter für unfair. Keines dieser Kinder hielt sich selbst für zu dumm, anders als die *b*-Antwort-Kinder.

Bei einer weiteren Studie sollten die Kinder ihre Gedanken laut äußern, während sie die Aufgaben lösten, und wieder zeigten sich dramatische Unterschiede. Mehr als die Hälfte der »bewältigungsorientierten« Kinder sagten sich selbst Sätze vor, die ihnen tatsächlich weiterhalfen, zum Beispiel: »Je schwieriger es wird, desto mehr Mühe muss ich mir geben«, oder: »Ich sollte erst überlegen, bevor ich es probiere.« Die große Mehrheit der »bewältigungsorientierten« Kinder äußerte zwar Sätze wie: »Ich konzentriere mich ja gar nicht«, aber keine demoralisierenden wie: »Ich gebe auf«, die man von mehreren der »hilflosen« Kinder hörte. Die genauso intelligenten, aber sich wie ein Kaninchen im Scheinwerferlicht verhaltenden Kinder wurden von ihrer »Hilflosigkeit« zu Sätzen gebracht, die nicht nur irrelevant waren, sondern sie vom Lösen der Aufgabe abhielten. Ein *b*-Antwort-Kind zum Beispiel, das sich auf »braun« als (falschen) Lösungsansatz festgelegt hatte, sagte wiederholt »Schokoladenkuchen« zu sich selbst.

Bei einem weiteren Forschungsprojekt zwei Jahre später[30] testeten Diener und Dweck abermals »hilflose« und »bewältigungsorientierte« Kinder mit denselben Aufgaben, unterbrachen sie aber direkt nach einem fehlgeschlagenen Versuch bzw. mitten in einem gelungenen und fragten sie, wie sie selbst ihr Abschneiden beurteilten. »Hilflose« Kinder unterschätzten die Anzahl ihrer bisherigen Erfolge und schrieben diese Erfolge nicht ihren Fähigkeiten zu; sie erwarteten auch in Zukunft nicht erfolgreich zu sein. Die »bewältigungsorientierten« Kinder wurden dagegen durch erfolglose Lösungsversuche nicht mutlos und blieben optimistisch, was ihre zukünftigen Erfolge anging.

Aber kommt es auf solche Reaktionen auf Erfolg oder Versagen bei schulischen Prüfungen wirklich an und, falls ja, können die Eltern hier etwas verbessern? Wie wir noch sehen werden, sind solche Tests sehr relevant und die Eltern können durchaus etwas tun.

Hier folgen noch einige Aussagen. Bitte überlegen Sie sich, inwieweit Sie mit der jeweiligen Behauptung übereinstimmen.

1. Die Intelligenz jedes Menschen liegt mehr oder weniger fest, man kann sie kaum verändern.
2. Gleichgültig, wie viel man lernt, man kann seine Intelligenz nicht verändern.
3. Man kann etwas zur Steigerung seiner Intelligenz tun.
4. Wie intelligent man auch schon sein mag, man kann immer noch intelligenter werden.

Sie werden sehen, dass diese Fragen viel mit denen gemeinsam haben, die den Kindern gestellt wurden, während sie die IQ-Test-artigen Fragen beantworteten. Carol Dweck hatte Crandalls Fragebogen auf eine Hauptfrage zusammengestrichen – *die Einstellung der Menschen zu ihrer eigenen Intelligenz*. Mit einigen Fragen ähnlich den oben gestellten wollte sie herausfinden, wie *hilflos* die Menschen sich ihrer eigenen intellektuellen Leistung gegenüber verhielten – beziehungsweise, wie sehr sie sie *beeinflussen* zu können glaubten. Man kann es auch so ausdrücken, dass manche Menschen ihre Intelligenz als eine *Wesenheit* begriffen – als ein *Ding*, über das sie nur wenig oder gar keine Kontrolle hatten. Andere dagegen sehen sie als etwas *Steigerbares*. Diese Unterscheidung glich stark denen, die hilflose und bewältigungsorientierte Kinder in der eben beschriebenen Studie von Diener und Dweck trafen.

Lisa Blackwell von der Columbia University tat sich mit Dweck und anderen zusammen, um zu überprüfen, ob die Theorien der Menschen über ihre Intelligenz weitergehenden Einfluss auf ihr Leben haben.[31] Sie verfolgten die schulische Laufbahn von fast 400 12- bis 13-Jährigen, die gerade in die Junior High School eintraten. Als Blackwell die Lernfortschritte derjenigen Kinder, die ihre Intelligenz als »Ding« begriffen, mit denen derjenigen, die Intelligenz als »steigerbar« sahen, verglich, stieß sie auf etwas Erstaunliches.

Im September des siebten Schuljahrs schnitten beide Gruppen bei Mathematikklassenarbeiten vergleichbar gut ab. Im Frühling des achten Schuljahrs dagegen zeigten diejenigen Kinder, die ihre Intelligenz als »Ding« ansahen, das sie nicht kontrollieren konnten – gleichgültig, wie intelligent sie tatsächlich waren –, keine Veränderung in ihren Leistungen. Diejenigen Kinder, die glaubten, Intelligenz sei etwas, das man verbessern könne, verbesserten ihre Mathematiknoten kontinuierlich.

Das galt sogar für Schüler, die im siebten Schuljahr noch ziemlich schlecht in Mathematik gewesen waren – wenn sie ihre Intelligenz als steigerbar ansahen, verbesserten sich auch ihre Noten, während selbst Schüler mit guten Noten, die aber ihre Intelligenz als unveränderlich ansahen, auf ihrem Leistungsniveau stagnierten.

Und damit sind wir wieder bei dem, was »Tonys« Vater mir in der Klinik erzählte und was mich schlagartig »Tonys« mürrische Motivationslosigkeit verstehen ließ. Sein Vater sagte nämlich: »Wir sind einmal auf einer Ausstellung bei uns in der Stadt an einem Stand von ›Mensa‹ vorbeigekommen, und ›Tony‹ hat einen Intelligenztest mitgemacht – die haben uns gesagt, sein IQ sei sehr hoch und er solle für einen richtigen Test wiederkommen.« Aha!

»Mensa« ist eine Organisation für die oberen zwei Prozent der Absolventen bestimmter IQ-Tests. Wenn man Mitglied bei »Mensa« wird, entscheidet man sich gleichzeitig dafür, öffentlich das Etikett »Ich habe einen hohen IQ« zu tragen. Raten Sie mal, welcher Vereinigung mein Doktoranden-Kommilitone »Terry« angehörte? Klar, »Mensa«. Woher ich das weiß, wo ich ihn doch nur vom Sehen kannte? Weil er sichergehen wollte, dass auch jeder kapierte, wie schlau er war, erwähnte er immer wieder einmal unauffällig seine Mitgliedschaft bei »Mensa«. Das sprach sich herum.

Der Schüler »Tony« dagegen war leicht überdurchschnittlich intelligent – das wiederum weiß ich, weil ich den *Wechsler Intelligence Scale* für Kinder mit ihm durchführte, einen sehr umfassenden, zeitaufwendigen und im Einzelgespräch durchgeführten Test, der die geistigen Fähigkeiten hinsichtlich vieler Funktionen überprüft –, aber auf keinen Fall ein Superhirn. Der Test, den er am »Mensa«-Stand absolviert hatte, war eine Reihe von Rätseln, die mit Papier und Bleistift zu lösen waren und wahrscheinlich Ähnlichkeit mit Carol Dieners beschriebenem Figurentest hatten. »Tonys« Eltern war zwar erklärt worden, dass dieser Test nur eine grobe Vorauswahl traf und sie für einen richtigen IQ-Test ihres Sohns noch einmal wiederkommen sollten, aber sie hatten nur gehört, ihr Sohn sei »hochintelligent«, und ließen den von den Veranstaltern empfohlenen IQ-Test nicht durchführen. Das Problem war nur, dass »Tony« zwar ziemlich intelligent war, aber keinen besonders herausragenden IQ hatte – und selbst, wenn es so gewesen wäre, tut es, wie wir gesehen haben, vielen Menschen gar nicht gut, so »etikettiert« zu werden.

All das hatte schwerwiegende Folgen für »Tony«. Beim IQ muss man stets bedenken, dass diejenigen Psychologen, die am meisten von ihm halten, ihn größtenteils für ererbt halten – mit anderen Worten, für eine gegebene *Wesenheit*. Und wie Carol Dwecks Forschungen ergeben haben, neigt man zum Versagen, wenn man erst einmal davon überzeugt ist, dass man seine Intelligenz ein für alle Mal mitgegeben bekommt und sie nicht ändern kann.

»Tony« enttäuschte seine Eltern – und sich selbst – permanent durch seine völlig akzeptablen, aber eben nur durchschnittlichen schulischen Leistungen. Die Erwartungen seiner Eltern machten seinen angeblichen IQ zu einem Ding – einer grundlegenden Eigenschaft wie seiner Größe, seinem Geschlecht und seinem Äußeren. Aber diese zu einem grundlegenden Bestandteil seiner Selbstwahrnehmung gewordene Annahme *Ich bin hochintelligent* wurde jeden Tag aufs Neue von der Realität seiner Leistungen in der Schule und der Enttäuschung seiner Eltern darüber angegriffen. Kein Wunder, dass der arme Junge so unglücklich wirkte.

»Terry« galt als besonders intelligent, aber wenn man andere Studierende fragte, woher sie das eigentlich wüssten – hatte er zum Beispiel einen bahnbrechenden Aufsatz oder ein Buch geschrieben? –, runzelte der oder die Betreffende die Stirn und murmelte dann: »Aber er ist doch Mitglied bei ›Mensa‹.« Unter den Umständen wäre es für »Terry« ein sehr großes Risiko, seinen berühmten IQ tatsächlich zu demonstrieren. Wenn nun sein hypothetisches Buch kein internationaler Erfolg wäre? Nicht nur das Buch würde untergehen – sondern auch ein Schlüsselbestandteil seines Ichs! Diesem Risiko ging er aus dem Weg.

Martin Covington von der University of California in Berkely hat gezeigt, dass Menschen wie »Terry«, die ihre Leistungen als Manifestation dieser Wesenheit namens Intelligenz sehen, dazu neigen, sich auf »Performanz«-Ziele festzulegen.[32] Diese Art von Ziel hat noch eine andere Bezeichnung: »Ich-Ziel«. Für »Tony« und »Terry« war ihre Leistung nicht nur Ausdruck einer Fähigkeit, sondern einer zentralen Eigenschaft ihres Ichs. Sieht man den Intellekt erst einmal so, wird seine Demonstration durch Anwendung ein großes Risiko, weil jedes Mal das gesamte

Selbstwertgefühl auf dem Spiel steht. Kein Wunder, dass »Terry« davor zurückschreckte, seine funkelnde Intelligenz jemals wirklich zu zeigen. Menschen wie »Terry« sind darauf fixiert, besser als andere Menschen abzuschneiden und immer der Erste zu sein. Ihnen geht es um das Ergebnis, was verständlich ist, denn jedes Ergebnis ist ein öffentlicher Test ihres Egos. Wenn sie nicht sicher sind, die anderen schlagen zu können, lassen sie daher den Versuch lieber sein.

Meine erfolgreicheren Kommilitonen, die nicht von solchen Vorstellungen der Intelligenz als Wesenheit und Bestandteil des Ichs verfolgt wurden, waren, um es in Covingtons Begriffen auszudrücken, nicht performanz-fokussiert, sondern lern-fokussiert. Ihr Ziel war die Bewältigung der schwierigen Aufgaben, denen sie gegenüberstanden – sie waren die *a*-Antwort-Kinder, die sich selbst zumurmelten: »Ich muss mich besser konzentrieren«, anstatt etwa: »Ich kann das sowieso nicht.« Wenn der Versuchsleiter ihnen, wie in Dieners Studie, eine negative Rückmeldung gäbe, hätten sie einmal tief Luft geholt und sich besser konzentriert, vielleicht sogar mit einem Glitzern in den Augen.

»Terry« und »Tony« dagegen wären »hilflose« *b*-Antwort-Schulkinder gewesen, wenn Carol Diener sie getestet hätte. Hätte ihnen der Versuchsleiter gesagt, ihre Lösung sei falsch, dann hätten sie Herzklopfen bekommen, nicht mehr klar denken können und ein schrecklicher Verdacht wäre in ihnen hochgestiegen: »Vielleicht bin ich zu dumm!« »Terry« hätte vielleicht ohne zu überlegen geantwortet und dann dem Lehrer gesagt, er sei immerhin Mitglied bei »Mensa«; »Tony« wäre vermutlich noch tiefer in dumpfes Brüten über diesen erneuten Angriff auf sein zerbrechliches Ich versunken.

Und hätten »Terry« und »Tony« an der Hirnaktivitätsstudie mit bildgebenden Verfahren teilgenommen, die Jennifer Mangels und ihre Kollegen an der Columbia University durchführten[33], dann hätten wir diese Verwundbarkeit ihres Ichs direkt im

Gehirn beobachten können. In dieser Studie wurde die elektrische Hirnaktivität bei zwei Gruppen Studierender aufgezeichnet – einmal von einer *b*-Antwort-Gruppe, die Intelligenz als feststehend betrachtete, und dann von einer *a*-Antwort-Gruppe, die Intelligenz als steigerbar ansah.

Bei einem Test, den wir in meinem Labor oft anwenden, bekommt die Versuchsperson eine Abfolge von Tönen vorgespielt und soll einen Knopf drücken, wenn ein etwas abweichender Ton erklingt. Dieses Geräusch ruft in den aufgezeichneten Gehirnwellen einen großen Ausschlag im hinteren Bereich des Gehirns hervor – in der Neurologie nennt man diese Welle »P3b«. Von Zeit zu Zeit schieben wir allerdings einen ganz und gar andersartigen »Ausreißer«-Ton ein – etwa ein seltsames Knirschen. Als Reaktion auf einen solchen Ton sieht man eine völlig andere Art Aktivitätsschub im Gehirn, die sogenannte »P3a«-Welle. Diese Welle bezeichnet eine Reaktion des Gehirns, die ungefähr »Moment mal, was war das denn?« bedeutet und hauptsächlich im Vorderhirn lokalisiert ist.

Mangels und ihre Kollegen ließen die Studierenden einen Test zum Allgemeinwissen ausfüllen – die Fragen lauteten zum Beispiel: »Wie heißt die Hauptstadt von Australien?« –, während ein EEG-Aufzeichnungsgerät die Hirnaktivität protokollierte, und verglichen die beiden Gruppen miteinander. Und was geschah, wenn die Versuchsteilnehmer die Rückmeldung erhielten, dass sie falsch geantwortet hatten? Die Gruppe »Intelligenz ist feststehend« zeigte eine viel stärkere Vorderhirnreaktion mit P3a-Welle als die Gruppe »Intelligenz ist steigerbar«. Für Erstere war also das negative Feedback ein wirklich unerwartetes, schockierendes Ereignis. Wir sahen hier unmittelbar die Bedrohung des Ichs, die sich in den Hirnwellen spiegelte.

Aber noch aufschlussreicher war ihre Reaktion auf verstärkendes Feedback, wenn sie also gesagt bekamen, dass sie richtig geantwortet hätten – »Canberra« zum Beispiel als Antwort auf die Australienfrage. Die Gruppe »Intelligenz ist steigerbar« zeigte eine starke Zunahme von Hirnaktivität, die wir als zusammenhängend mit dem Erfassen und Speichern von Informationen kennen, dem sogenannten Encoding. Sie ist in den Schläfenlappen und Teilen der Frontallappen lokalisiert.

Das Gehirn dieser Gruppe saugte die Rückmeldung gierig auf, und das zahlte sich im weiteren Verlauf des Tests aus, weil sie plötzlich befähigt waren, Fragen richtig zu beantworten, die sie im ersten Durchgang noch nicht hatten beantworten können. Und wie stand es mit der anderen Gruppe und ihren von der P3a-Welle angegriffenen Egos? Anscheinend war deren Gehirn zu sehr mit dem Problem beschäftigt, dass das Ich etwas falsch gemacht hatte, um das Feedback verarbeiten zu können, das ihnen hätte helfen können, in den folgenden Durchgängen besser zu werden. Die Encoding-Reaktion der Schläfen- und Frontallappen fiel geringer aus als bei der anderen Gruppe, und das hieß auch, dass diese Versuchspersonen nicht aus dem Feedback auf ihre falschen Antworten lernten.

Hier sehen wir also, warum »Terry« und »Tony« erfolglos bleiben mussten – das Erlebnis, etwas falsch gemacht zu haben, war ein solcher Angriff auf ihr Ich, dass die Fähigkeit des Gehirns, aus Fehlschlägen zu lernen und die intellektuellen Fähigkeiten zu verbessern, darunter litt. Diese Reaktion war allerdings nicht unvermeidlich oder angeboren, sondern nur eine Annahme, und Annahmen kann man ändern, manchmal sogar ganz einfach und schnell. Ich erklärte also »Tony« und seinen Eltern, dass er zwar ziemlich intelligent, wenn auch kein Genie sei und dass es keinen Grund für ihn gebe, warum er in der Highschool mit Fleiß und Durchhaltevermögen nicht gut abschneiden sollte. Seine Eltern waren zwar etwas geknickt, und »Tony« selbst wirkte zu Anfang ein bisschen schockiert, aber nach einer Weile sah er aus, als habe man ihm eine Last von den Schultern genommen.

Meine »Therapie« für »Tony« bestand einfach darin, ihm die *a*-Antwort-Annahme über seine Fähigkeiten beizubringen: Ich sagte ihm, dass seine geistigen Fähigkeiten gesteigert werden könnten, und zwar mit Fleiß, Anstrengung und der Auffassung von Schwierigkeiten als Herausforderungen. Ich glaube, mein Ansatz begann zu wirken; leider musste ich dann im Zuge meiner Ausbildung an eine andere Klinik wechseln und weiß nicht, wie die Geschichte weiterging. Aber es gibt keinen Grund, warum ein Kind, das seine Fähigkeiten als feststehend und gegeben ansieht, nicht lernen könnte, zu der nützlicheren und weniger hinderlichen Sichtweise überzugehen und zu lernen, dass Erfolg genauso ein Produkt der Bemühungen wie der Voraussetzungen ist. Aus der Ansicht einer festgelegten Intelligenz geborene Gedanken wie »Ich bin schlecht in Mathe« oder »Ich bin unsportlich« müssen durch »intelligenzsteigernde« Gedanken wie »Ich fand Mathe in der Schule zu schwierig und habe das Interesse daran verloren« oder »Ich muss mir eine Sportart suchen, die meinen Fähigkeiten entspricht« ersetzt werden.

»Terry« und »Tony« litten unter einem Fluch – unter der hinderlichen Annahme, dass ihre geistigen Fähigkeiten unwandelbar festgelegt seien. Dieser Fluch ist heutzutage sehr häufig und wirkt weit über den Bereich der Intelligenz hinaus – ich meine das niederdrückende Gewicht namens genetischer Fatalismus.

Der Fluch des genetischen Fatalismus

Die Sequenzierung des menschlichen Genoms hat die Verbreitung eines zentralen Glaubenssatzes unserer Zeit noch beschleunigt – nämlich, dass sehr vieles, was wir sind und tun, in unseren Genen festgelegt sei. Dies ist eine Form des biologischen Schicksalsglaubens. Die meisten Genetiker sind vorsichtig mit Aussagen darüber, inwieweit komplexe Verhaltensweisen und persönliche Eigenschaften genetisch bestimmt sind. Der Mensch hat nur etwa 20 000 bis 30 000 Gene, und das sind viel zu wenige, um all die wundervollen Ausdrucksweisen menschlichen Verhaltens zu beschreiben. Und wir haben uns genetisch so entwickelt, dass wir aus unserer Umgebung lernen können. Also argumentieren kluge Genetiker eher für eine Kombination aus Natur und Erziehung anstatt für einen Gegensatz von Natur und Erziehung. Es gibt allerdings auch Psychologen und Psychiater, die aus vielen verschiedenen Gründen den Einfluss der Gene auf psychische Probleme, die Persönlichkeit und die Intelligenz stark übertrieben darstellen. Ja, in allen diesen Bereichen gibt es genetische Faktoren, aber nur in sehr wenigen sind die Gene der alleinige oder auch nur bestimmende Faktor. Aber das Problem mit der Annahme, dass die Gene über Intelligenz, Persönlichkeit und psychische Probleme entscheiden, ist, dass sie uns hilflos macht. An seinen Genen kann man nichts ändern. Wenn Sie sich der Ansicht namhafter Genetiker anschließen, dass Ihr Verhalten größtenteils genetisch determiniert sei, dann wird diese Ansicht wahrscheinlich zu einer sich selbst erfüllenden Prophezeiung.

Wir haben gesehen, wie »Terry« und »Tony« dadurch gehandicapt waren, dass sie ihre geistigen Fähigkeiten als unveränderbar ansahen, und wie genetischer Fatalismus ein Kind ganz vom Lernen abbringen kann, sowie es einen kleinen Rückschlag dabei erleidet. Wir sollten ein Kind nie für seine Intelligenz loben, sondern für seinen Eifer, sein Durchhaltevermögen oder seine Geschicklichkeit, sonst riskieren wir, es dem Fluch des genetischen Fatalismus auszuliefern.

Anstatt Kinder zu loben, weil sie klug sind, sollten wir sie für ihren Mumm loben. Angela Duckworth und ihre Kollegen von der University of Pennsylvania haben entdeckt, dass Hartnäckigkeit und Durchhaltevermögen ein besonders signifikanter Faktor bei den Examensergebnissen der Studierenden

US-amerikanischer Eliteuniversitäten der sogenannten Ivy League waren, sogar schon bei den Rechtschreibkenntnissen 7- bis 15-jähriger Schüler.[34] Die Forscher maßen den Mumm anhand zweier Elemente, nämlich die zeitliche Beständigkeit von Interessen und die Kontinuität der Bemühung. Die Fragen zur Interessenbeständigkeit lauteten etwa: »Ich habe Mühe, bei Projekten am Ball zu bleiben, die mehr als einige Monate dauern«, die Fragen zur Kontinuität etwa: »Wenn ich etwas anfange, bringe ich es gewöhnlich auch zu Ende, ich gebe mir Mühe und lasse mich nicht entmutigen.« Kinder wie Erwachsene, die hier hohe Punktzahlen erreichten, hatten größere Chancen, Gewinner zu werden, als andere.

Kurz gesagt: Der Fluch des genetischen Fatalismus unterminiert den Mumm, und der ist eine der wichtigsten Zutaten des Lebens – nicht nur bei akademischen Karrieren, sondern bei der Arbeit, in Beziehungen, bei Stressbewältigung und der Heilung von Krankheiten.

Die Forschung steht kurz vor einem Durchbruch bei der Entwicklung einer Diagnosemethode für eine Hirnerkrankung, die der Alzheimerkrankheit sehr ähnlich ist – Ablagerungen, die als Amyloid-Plaques und Neurofibrillenbündel bezeichnet werden. Es wird nicht mehr lange dauern, bis man uns einen entsprechenden Scan verordnen kann, wenn wir meinen, an Gedächtnisschwäche zu leiden, um festzustellen, ob wir einen dieser Schlüsselbestandteile der Alzheimerkrankheit haben. Hoffentlich folgt darauf dann die Entwicklung neuartiger Therapien, mit denen die Krankheit schon im Anfangsstadium gestoppt werden kann, bevor zu viel Schaden im Gehirn entsteht. Das Problem ist, dass die gegenwärtig verfügbaren Behandlungsmethoden keine durchschlagenden Wirkungen bringen und diese Diagnose daher heute düstere Aussichten mit sich bringt.

Aber ist die Sache wirklich so einfach? David Bennett und seine

Kollegen am Medical Center der Rush University in Chicago[35] befassten sich mit einer Gruppe an Alzheimer erkrankten alter Menschen. Zunächst stellten die Forscher deren Gedächtnis- und kognitive Fähigkeiten zu Lebzeiten fest. Nachdem die Versuchsteilnehmer gestorben waren, untersuchten sie dann das Ausmaß der Schädigung ihres Gehirns. Man könnte jetzt erwarten, dass der Grad der festgestellten Befähigung mit dem Ausmaß dieser Schädigung korrelierte. Das stimmte auch – aber nicht bei allen.

Die relativ isoliert lebenden älteren Menschen, nämlich solche mit der kleinsten Anzahl an Familienmitgliedern und engen Freunden, die sie mindestens einmal im Monat trafen, zeigten in der Tat geringere geistige Fähigkeiten, anders aber diejenigen mit ausgedehnten sozialen Netzwerken in Freundeskreis und Familie – bei ihnen gab es keinen Zusammenhang zwischen den Ablagerungen im Gehirn und den geistigen Fähigkeiten.

Die geistige Herausforderung, Stimulierung und Unterstützung, die uns der Kontakt zu Freunden und Familie bringt, scheint also das Gehirn dazu zu bringen, trotz alzheimerartiger Schädigungen weiter ziemlich gut zu funktionieren. Das Gehirn kann sich leicht umstrukturieren, auch im hohen Alter, und die Ablagerungen zeigen offenbar weniger Auswirkungen, wenn das Gehirn durch ein umfangreiches soziales Netzwerk stimuliert und daher besser vernetzt wird. Das heißt nicht, dass Alzheimer heilbar ist, indem man sich mit Familie und Freunden umgibt, das nicht – aber man bleibt trotz der fortschreitenden Veränderungen im Gehirn geistig leistungsfähiger.

Wenn ich als einer der Ersten den neuen Gehirnscan auf Frühsymptome der Alzheimerkrankheit hätte durchführen lassen, noch bevor es eine medikamentöse Behandlung gab, dann wäre die Versuchung groß gewesen, dem deprimierenden Fatalismus nachzugeben, dass mein Schicksal jetzt besiegelt sei und ich nichts mehr dagegen tun könne. Das ist aber nicht unbedingt so. Obwohl unsere Fähigkeiten sehr stark von biologischen Vorgängen beeinflusst werden – wie bei der Alzheimerkrankheit –, ist unser Gehirn einfach zu komplex, um je völlig auszutrocknen und ein völliges Aufgeben zu rechtfertigen.

Fatalismus – ob genetisch oder biologisch – kann uns also behindern und ist in vielen Fällen wissenschaftlich nicht gerechtfertigt. Viele Menschen aber behindern sich selbst, indem sie annehmen, ihre Persönlichkeit und ihr Verhalten seien festgelegte »Wesenheiten«, die sie kaum kontrollieren könnten. Und wenn wir das glauben, dann können wir sie auch nicht kontrollieren.

Carol Dweck[36] hat beispielsweise gezeigt, dass Schüler, die an einer neuen Schule von ihren Mitschülern abgelehnt werden, eine verstärkte Tendenz zum Rückzug zeigen und einen erneuten Versuch zur Kontaktaufnahme vermeiden, wenn sie glauben, dass ihr Scheitern an ihnen lag. Wenn sie glauben, nicht gut mit anderen Kindern zurechtzukommen (eine »Wesenheits«-Theorie), anstatt zu denken, »das war eben eine verschworene Clique – ich versuche es bei ein paar anderen Schülern« (eine Theorie der Veränderbarkeit), dann können sie in eine Spirale der sozialen Zurückweisung geraten. Dann sind sie dauerhaft unbeliebt, da sie alles vermeiden, was Nähe schaffen könnte – nur weil ihr fatalistischer Glaube an die Unveränderlichkeit ihrer Fähigkeiten und Eigenschaften sie behindert und hilflos macht.

Genetische Fatalisten glauben, dass sie eine festgelegte »Dosis« von Attributen mitbekommen haben – Intelligenz, Geschicklichkeit, Persönlichkeit, Selbstbeherrschung, Glück –, und diese Annahme unterminiert unweigerlich jeden Versuch, sich zu verändern oder zu verbessern, und damit ihre Chancen, ein Gewinner zu werden. Wie soll man sich als Sohn der leibhaftigen »Sonne« Pablo Picasso nicht entmutigt fühlen, denn ein sonnengleich strahlendes Genie kann ja nur von Geburt an so gewesen sein und hat sich nicht selbst »gemacht«. Für Paulo hatte der Erfolg seines Vaters offenbar nichts mit solchen anscheinend belanglosen Fakten zu tun wie, dass Pablos Vater Kunstlehrer

gewesen war und er selbst als Kind unentwegt zeichnete und
malte – Tausende und Abertausende Stunden besessener, konzentrierter Übung. Der Sohn oder Enkel einer Reinkarnation
Hadrians muss für die Gettys genauso entmutigend gewesen
sein. Wie kann man darauf hoffen, irgendeinen selbstständigen
Erfolg im Leben zu verbuchen, wenn der große Mann ernsthaft
erwogen hatte, dass seine eigenen Erfolge auf übernatürliche
Kräfte zurückzuführen seien?

Wie Anders Ericsson von der Florida State University sagt,
beginnt das Genie erst nach 10 000 Stunden Übung.[37] Natürlich
haben die meisten sehr Erfolgreichen eine günstige Vererbung
und Umgebung, aber ohne Übung und Hartnäckigkeit wird
man kein Genie – weder ein Mozart noch ein Rostropowitsch,
weder ein Einstein noch ein Picasso. Diese 10 000 Stunden sind
die Sprossen der Leiter, die manche Genies hinter sich hoch-
ziehen; sie verstecken die Leiter, um es mit Fiona O'Doherty zu
sagen, und machen es ihren Kindern dadurch sehr schwer.

Ich habe vorhin die Frage gestellt, warum so viele erfolgreiche
Eltern die Leiter verstecken. Die erste Antwort lautet, dass sie
ihren Erfolg etwas in sich selbst zuschreiben – einer Wesenheit.
Sie staunen über ihren spektakulären Erfolg in der Welt und
müssen zu der Vermutung gelangen, dass sie eben geborene
Genies seien – mit anderen Worten: Ihr Glaube an den geneti-
schen (oder gottgegebenen) Fatalismus lässt ihnen keine andere
Wahl, als die Leiter zu verstecken – in ihren Augen hat es keine
Leiter gegeben, die ihnen auf die Höhen des Erfolgs geholfen hat.

Der Fluch des Eltern-Ichs

Es gibt aber noch einen zweiten Grund, warum manche Eltern
»die Leiter verstecken«, und zwar einen, für den Väter anfälliger

als Mütter sind. Es geht um den Einfluss, den der Erfolg auf das
Ich hat – er kann manche Eltern so wichtigtuerisch machen, dass
sie den Gedanken nicht mehr ertragen, Glück oder Anstrengung
hätten eine Rolle dabei gespielt. Solche Egos wollen nicht hören,
dass ihr Erfolg auch ihren Kindern prinzipiell offensteht, wenn
sie sich an prosaische Grundsätze wie harte Arbeit und Ausschau nach günstigen Gelegenheiten halten: Ein Ich, das sein
Genie als »Wesenheit« betrachtet, begreift es als Selbsterhaltung,
die Leiter ganz gewöhnlicher Anstrengung zu leugnen und den
Erfolg Vererbung oder göttlichem Eingreifen zuzuschreiben. Die
verführerische Illusion eines gottgegebenen Genies ist, psycho-
logisch gesehen, das gemeinsame Schicksal von Pablo Picasso
und J. Paul Getty. Es ist ein schreckliches Schicksal, einen Gott
als Vater zu haben.

Aber warum bringt der Erfolg solche Persönlichkeiten hervor?
Wie dieses Kapitel gezeigt hat, werden Gewinner nicht als solche
geboren. Also erhebt sich die Frage, ob Erfolg ein Ergebnis von
Umständen ist – von zufälligen Ereignissen, die unser Schick-
sal prägen. Und das bringt uns zum »Rätsel des Wechselbalg-
Fischs«.

2

Kuckuckseier im Gehirn

Ist Gewinnen eine Sache von Glück und Zufall?

In den warmen, seichten Gewässern des ostafrikanischen Tanganjika-Sees kommt das Männchen von *Haplochromis burtoni,* einer afrikanischen Cichliden-(Buntbarsch-)Art, in zwei Varianten vor. Eine davon, der T-Fisch, ist blau oder gelb und trägt einen piratenhaften schwarzen Streifen um die Augen. Die zweite Variante, der NT-Fisch, ist unauffällig grau und ähnelt in der Farbgebung damit stark den Weibchen seiner Art.

Wie es sich für die »gute Partie« gehört, die sich jede zukünftige Buntbarsch-Schwiegermutter für ihre Tochter wünscht, ist der durchschnittliche T-Fisch sehr gut gebaut und für die Weibchen äußerst attraktiv. Außerdem verhält er sich aggressiv gegenüber NT-Fischen, wie es bei seiner überlegenen Abstammung auch nicht anders zu erwarten ist.

Der NT-Fisch ist dagegen unterwürfig und unfruchtbar – er verkriecht sich mit seinen verkümmerten, nutzlosen Hoden in den Schatten und verhält sich möglichst unauffällig. Der blendend aussehende T-Fisch prahlt derweil vor den Weibchen und verbreitet seine wertvolle, hochwertige DNA in einem dankbaren Genpool. »Und das ist auch gut so«, denkt der echte Eugeniker, der Erfolg für angeboren hält. »Ich warne ja die ganze Zeit davor, welche Katastrophe droht, wenn biologisch minderwertige Exemplare sich zu schnell vermehren«, überlegt er vielleicht und fühlt diesen einsamen Mut in sich, der entsteht, wenn er es wagt, sich gegen politische Korrektheit aufzulehnen, die von keiner Ahnung im Hinblick auf Biologie und Evolution getrübt ist. »Der Mensch könnte sich vom Cichliden durchaus etwas abgucken.« Haben wir hier nicht ein herausragendes Beispiel für die gnadenlose Effizienz der Evolution vor uns? Die Besten der Spezies sind durch ihre Selektionsanpassung und gute Abstammung zu erblichen Herrschern ihres Gebietes geworden, und in allen Hierarchien dieser Art haben die Herrscher ihre Vasallen – und das sind die NT-Fische.

Aber habe ich diese Geschichte nicht an der falschen Stelle untergebracht? Sollte sie nicht im vorigen Kapitel stehen, in dem es um geborene Siegertypen geht? Geht es hier nicht wieder um das Konzept des geborenen Gewinners, indem uns die T-Cichliden demonstrieren, dass einige Fische zum Herrschen bestimmt und die anderen zum Schattendasein verdammt sind? Vielleicht ja – außer, dass hin und wieder etwas sehr Seltsames geschieht.

Von Zeit zu Zeit machen NT-Fische nämlich im Verlauf einiger Stunden eine erstaunliche Verwandlung durch: Allmählich wird ihr stumpfes Grau durch leuchtendes Aquamarin oder Sonnenaufgangsgelb ersetzt. Und während der NT-Fisch langsam die Farbe eines T-Fisches annimmt, wachsen seine Hoden und Ströme von Testosteron verändern seine Persönlichkeit dramatisch: Der harmlose Dr. Jekyll aus Robert Louis Stevensons berühmter Erzählung wird durch physiologische Veränderungen plötzlich zum gefährlichen, räuberischen Mr. Hyde. Seine neu gewonnene Fruchtbarkeit macht ihn zu einem aggressiven Schürzenjäger von Fisch, der den Frauen den Kopf verdreht und seine früheren NT-Kollegen beiseitescheucht. Und dann kommt die süße Rache an den anderen T-Fischen, von denen er sich früher alles gefallen lassen musste und mit denen er jetzt gleichzieht.

T- und NT-Cichlidenmännchen gehören definitiv zur selben Art, und die Verwandlung spielt sich in wenigen Stunden ab. Was geht hier vor? Irgendetwas lässt eine Zellgruppe im Hirn des NT-Fisches auf ihre achtfache Größe anschwellen. Diese Zellen sondern ein bestimmtes Sexualhormon ab, das sogenannte Gonadotropin-Ausschüttungshormon – und diese Substanz verursacht die magische Verwandlung in Farbe, Hodengröße, Wesensart und Fruchtbarkeit. Manchmal, allerdings seltener, tritt auch die umgekehrte Verwandlung ein: Ein protziger T-Fisch verliert plötzlich seine Farbe und sieht entsetzt seine Männlichkeit auf fast nichts zusammenschrumpfen. Was passiert hier? Was verursacht diese Veränderungen? Etwas im Futter? Eine Art Fische-Wechseljahre? Oder sind es Veränderungen in Chemie und Temperatur des Wassers? Oder gibt es irgendwelche anderen zufälligen Umweltveränderungen?

Natürlich zeigen auch erwachsene Menschen bemerkenswerte Veränderungen, wenn auch nicht ganz so dramatische wie die NT-Männchen. Was verursacht diese Veränderungen? Sind sie in sich genetisch vorbestimmt? Das ist ziemlich unwahrscheinlich – eine Veränderung in der Umwelt oder in den Lebensumständen wäre eine sehr viel plausiblere Vermutung, wenn sich bei einem erwachsenen Menschen starke Veränderungen zeigen. Das bringt uns zu der Frage, die im Mittelpunkt dieses Kapitels steht: Bestimmen unsere zufälligen Erlebnisse und die Veränderungen unserer Umwelt, ob wir zu Siegern oder Verlierern werden?

Um diese Frage zu beantworten, begeben wir uns auf das Parkett einer finanziellen Institution in London, wo Devisen, Anleihen, Commodities und Futures gehandelt werden.

Das Jahr 2006 musste den Tradern und Bankern der Welt nach dem Crash von 2008 wie ein weit entfernter, glücklicher, aber fantastischer Traum erscheinen. Damals hatte der Finanzmarkt dann und wann einen Schluckauf – zum Beispiel den Zusammenbruch von Enron –, aber im Großen und Ganzen war 2006 eine Zeit des Überflusses, besonders für die Trader von New York und London mit ihren Gucci-Anzügen und Porsches.

Aber im Leben eines Traders geht es immer auf und ab, und sein Vermögen und Lebensstil hingen auch damals von den verhältnismäßig sanften Wellenschlägen des Marktes ab. Im relativen finanziellen Frieden dieser Prä-Lehman-Epoche vor der Apokalypse begann eine Gruppe von Forschern aus Cambridge eine Studie mit 17 männlichen Londoner Tradern, während sie ihre Geschäfte machten. Die Forscher maßen acht Tage lang morgens und abends den Testosteronspiegel der Teilnehmer. Die 17 Trader hatten an manchen Tagen einen höheren, an anderen Tagen einen niedrigeren Testosteronspiegel, und im Durchschnitt machten sie Gewinne an Ersteren, nicht an Letzteren. Das Testosteron machte sie wagemutiger und kämpferischer, und das wiederum brachte ihnen höheren Profit, mehr Bonuszahlungen und vielleicht schon die Anzahlung für den nächsten Porsche.

Testosteron ist ein Hormon, das sowohl bei Männern wie bei Frauen den Sexualtrieb steigert und sie außerdem aggressiver macht, indem es die Chemie des Gehirns verändert.[1] Bemerkenswerterweise scheint es aber auch, wie die Forscher aus Cambridge zeigen konnten, mit dem *Gewinnen* verknüpft zu sein: Ein höherer Testosteronspiegel am Morgen kündigte bevorstehende höhere Profite an diesem Tag an. Testosteron schien den Risikohunger zu verstärken – daher die Bereitschaft, sich tollkühn Gewinne zu sichern.

Glichen die erfolgreichen Trader den T-Cichliden – durchsetzungsstark, aggressiv, risikobereit und erfolgreich, mit ihren bunt gemusterten Krawatten und Hosenträgern? Ja, und diese Eigenschaften schienen sich außerdem noch täglich zu verändern, wenn auch nicht so dramatisch wie bei den T-Cichliden. Aber wer weiß, vielleicht waren die Krawatten an den weniger profitträchtigen Tagen ja nicht ganz so grell. Das Geheimnis der T-Cichliden scheint seine Parallelen beim Menschen zu haben. Aber *warum* erleben wir – und das gilt für Männer wie Frauen – diese Testosteronschwankungen mit all ihren Folgen? Um diese

Frage zu beantworten, machen wir eine kleine Zeitreise zurück zu einem berühmten Fußballspiel.

Am 17. Juli 1994 fand im Rose-Bowl-Stadion von Pasadena in Kalifornien das Endspiel der Fußballweltmeisterschaft statt, bei dem Brasilien und Italien gegeneinander antraten. Für beide Länder war dieses Spiel enorm wichtig. Italien war im Halbfinale der vorigen WM in Rom 1990 nach einem dramatischen Elfmeterschießen ausgeschieden, als Roberto Baggio den letzten Elfmeter über die Latte geschossen hatte und das Spiel mit 3:4 gegen Argentinien endete. Das war großes Pech für Baggio, aber nicht so groß wie das des Kolumbianers Andrées Escobar, dessen Mannschaft am 22. Juni gegen die USA bereits in der Vorrunde ausschied, weil er ein Eigentor geschossen hatte. Zehn Tage nach der beschämten Heimkehr seiner Mannschaft wurde er in Medellín vor einer Bar erschossen. Im Sport ist das Gewinnen etwas, das sehr ernst genommen wird.

Für die mehreren Hundert Millionen Italiener und Brasilianer, die an diesem schwülheißen Sonntag dem Spiel zusahen, war es ein sehr persönliches, oft verzweifelt intensives Anliegen, ihre Mannschaft gewinnen zu sehen. Forscher der Georgia State University nahmen vor dem Spiel Speichelproben von brasilianischen Fans in einer Sportsbar und von italienischen Fans in einer nahe gelegenen Pizzeria, um den Testosteronspiegel der Männer zu ermitteln.[2] Direkt nach dem Spiel – Brasilien gewann im Elfmeterschießen – maßen sie erneut. Bei den brasilianischen Fans war er im Durchschnitt um 28 Prozent gestiegen, bei den italienischen dagegen um 27 Prozent gefallen.

Auch im Verhalten unterschieden sich beide Nationalitäten. Einige Brasilianer feierten so heftig auf der Straße, dass sie verhaftet wurden, während die Italiener deprimiert und apathisch wirkten. Einige besonders Entmutigte mussten die Forscher bis auf den Parkplatz verfolgen, um die zweite Speichelprobe zu bekommen. »Der Testosteronspiegel und das mit ihm verbundene Machtgefühl steigen, wenn sich die Versuchspersonen im widergespiegelten Ruhm sonnen können, und sinken, wenn sie eine stellvertretende Niederlage erleiden«, schlossen sie.[3]

Das ist der erste Baustein für die Lösung des Rätsels um den »Wechselbalg-Fisch« und die Londoner Börsenhändler – verursacht das *Gewinnen selbst* den Testosteronanstieg, der Körper, Geist und Verhalten umformt? Bevor wir uns wieder unseren T-Fischen zuwenden, besuchen wir noch einen Boxring in Philadelphia.

Mike Tysons Tomatendosen

Es ist der 19. August 1995, und Mike Tyson spürt für wenige Sekunden den hartnäckigen, heißen, trockenen Wüstenwind auf den Wangen, als er aus seiner Limousine steigt und durch eine Seitentür die MGM Grand Arena in Las Vegas betritt. Drinnen brüllen 17 000 Fans – sie wollen das meiste aus den damals haarsträubenden 49,95 Dollar machen, die ihre Eintrittskarten gekostet haben. Es ist Tysons erster öffentlicher Boxkampf, seitdem er nach drei langen Jahren im Gefängnis wegen der Vergewaltigung einer 18-Jährigen auf Bewährung freigekommen ist. Selbst in diesen wenigen Sekunden muss der Partylärm von Las Vegas einen Mann, den seine eigenen Partys schließlich ins Gefängnis gebracht haben, nervös machen.

Sein Gegner, der irischstämmige Bostoner Peter McNeeley, hüpft und zappelt nervös in seiner Ringecke. Ohne Zweifel hofft er, dass drei Jahre Gefängniskost und grelles Neonlicht dem Gegner etwas die Luft abgelassen haben. Aber der tobende Jubel, der Tyson den Gang entlang in den Ring trägt, ist trotzdem einschüchternd heftig.

Die erste Runde wird eingeläutet, und sofort rast McNeeley

mit fliegenden Fäusten los – »wie ein Kamikaze-Derwisch«, so beschreibt ihn der berühmte schottische Sportreporter William McIlvanney – und trotz Tysons plumper und schlecht abgestimmter Schläge dauert es nur 89 Sekunden, bis McNeeley disqualifiziert wird, weil sein verzweifelter Manager regelwidrig durch die Seile greift, um seinen geschlagenen Schützling zu retten.[4] Die Zuschauer heulen vor Wut und Enttäuschung.

Es ist der 16. Dezember 1995. Diesmal empfängt Tyson die nasse Kälte des Ostküstenwinters, als er von seiner Limousine zum Eingang der CoreStates Spectrum Arena im Süden Philadelphias geht, um seinem zweiten Gegner seit der Entlassung aus dem Gefängnis gegenüberzutreten, einem gewissen Buster Mathis, jr. Dieses Mal dauert der Kampf immerhin drei Runden. Wie McIlvanney bemerkt, war »Tyson eher in Gefahr durch die baumelnden Brüste seines Gegners als durch das gelegentliche ziellose Flattern federleichter Fäuste«. Dass Tyson überhaupt bis in die letzte Minute der dritten Runde brauchte, um seinen übergewichtigen Gegner zu besiegen, war so peinlich, dass es auch der stets selbstsichere Promoter Don King nicht schönreden konnte.

Dass King nicht wollte, dass Tyson seinen Karriere-Neustart gegen einen amtierenden Champion begann, ist leicht zu verstehen. Aber würden denn zwei Kämpfe gegen »Tomatendosen« – wie man solche hoffnungslos unterlegenen Gegner im Boxerslang nennt – den ehemaligen Weltmeister nicht eher lächerlich machen, als ihm zu neuem Ruhm zu verhelfen? Und würde solche Verachtung nicht das Selbstvertrauen Tysons schwächen und sein Comeback gefährden?

Kings lange, abenteuerliche Erfahrung im Profiboxen und sein Bauchgefühl sagten ihm etwas anderes. Aber warum? Um diese Frage zu beantworten, müssen wir uns ins Chicago des Jahres 1951 begeben.

Nach dem Zweiten Weltkrieg fragten sich viele Forscher, was Menschen eigentlich motiviert, und besonders, warum einige versuchen, die anderen zu beherrschen. Zu Beginn der 50er-Jahre beschäftigte sich Professor H.G. Landau von der University of Chicago mit der Frage, warum Tiere Hierarchien bilden. Die meisten Spezies, von Hühnern bis zum Menschen, organisieren sich so, und Landau fragte sich, wieso eigentlich.

Adolf Hitler war erst fünf Jahre tot, und die Erinnerung an das bösartige Machtgefüge des Dritten Reiches spielte sicher eine Rolle bei der Entscheidung des Ausschusses, Landaus Projekt zu finanzieren. Angesichts der blinden Obrigkeitshörigkeit und der dadurch verursachten Grausamkeiten, an die sich die Überlebenden des Krieges nur zu gut erinnerten, erschien die Erforschung von Hackordnung nicht nur für die Zeitgeschichte von Bedeutung, sondern auch für die Tagespolitik. Stalins totalitäre Sowjetunion hatte erst im Jahr zuvor erfolgreich ihre erste Atombombe gezündet.

Hitler verfälschte Darwins Evolutionstheorie zu einer grausamen Ideologie, mit der die Ausrottung des rassisch und biologisch »lebensunwerten Lebens« gerechtfertigt werden sollte. Sie war eine radikale Umsetzung eines im Westen verbreiteten »eugenischen« Ansatzes in der Betrachtung des Menschen, bei dem man im Grunde, wenn auch nicht so gnadenlos wie in der Nazi-Ideologie, ebenfalls davon ausging, dass Hierarchien und Rangordnungen hauptsächlich auf Unterschieden in ererbten Fähigkeiten beruhten. Genau wie Hühner ihre offensichtliche natürliche und der Spezies nützliche Hackordnung hatten, hatte der Mensch, so die konventionelle Ansicht vor dem Krieg, die seine in Form von Schichten und Klassen.

Professor Landau war ein Biologe, der sich daranmachte, die Mathematik der Hierarchie zu ergründen. Anfang 1951 erschien sein erster Aufsatz mit dem Titel ›On dominance relations and the structure of animal societies‹. I. Effect of inherent characteristics‹ (›Über Dominanzbeziehungen und die Struktur von Tiergesellschaften. I. Der Effekt inhärenter Eigenschaften‹) im

›Bulletin of Mathematical Biophysics‹.[5] Wie aus dem Titel hervorgeht, beruhte sein erster Versuch, die Herausbildung stabiler Hierarchien oder Hackordnungen zu erklären, auf »inhärenten Eigenschaften«, also Merkmalen wie Größe, Gewicht, »Sexualhormonkonzentration« (zum Beispiel dem Testosteronspiegel) und anderen größtenteils ererbten Eigenschaften, die uns auf eine bestimmte Stufe in der natürlichen Sozialhierarchie stellen sollten.

Landau rechnete sein Modell durch und kam zu dem Schluss, dass sich eine Hierarchie nicht schon dann bildet, wenn es *ausschließlich* inhärente/ererbte Merkmale sind, die einer Schar Hühner oder ein Dorf voller Menschen voneinander unterscheiden. Verschiedene Verteilungsmuster stabiler Fähigkeiten und Neigungen führten beim Menschen nicht automatisch zur Herausbildung von Hierarchien. Nein, um diese zu erklären, braucht man noch einen weiteren Faktor, und über den stolperten Don King und andere Boxpromoter Jahrzehnte später.

Professor Landaus zweiter Artikel[6] trug den Titel ›On dominance relations and the structure of animal societies: II. Some effects of possible social factors‹ (›Über Dominanzbeziehungen und die Struktur von Tiergesellschaften. II. Einige Effekte möglicher sozialer Faktoren‹). Darin schilderte er die Entdeckung einer Hierarchie, die entsteht, weil der Sieg eines Tieres über ein anderes die Chancen steigert, auch den nächsten Kampf zu gewinnen. Professor Landau hatte – mit rein statistischen und mathematischen Modellen – den »Gewinnereffekt« entdeckt. Er war als Wissenschaftler zu vorsichtig, um darüber zu spekulieren, warum ein Sieg die Chancen auf den nächsten steigert; alles, was er sagen konnte, war, dass eine Regel erforderlich war, um zu erklären, wie Hierarchien entstehen und überdauern.

Es vergingen noch einige Jahre, bevor die Biologie in ihren Experimenten bestätigt fand, was Landau aus seinen mathematischen Gleichungen vorausgesagt hatte.

Es ist unwahrscheinlich, dass die Boxmanager der Welt sich über Professor Landaus Arbeiten auf dem Laufenden gehalten hatten, aber Don King hatte trotzdem seine Arrangements so getroffen, dass Mike Tyson am 16. März 1996 wieder die heiße, trockene Wüstenluft von Las Vegas atmete und unter dem röhrenden Löwen der MGM Grand Arena stand. Dieses Mal traf er nicht auf eine »Tomatendose«, sondern auf den amtierenden WBC-Weltmeister, den Londoner Frank Bruno. Und Tyson schlug ihn in der dritten Runde k. o.; der auf Bewährung Entlassene war wieder Weltmeister. Landaus mathematisch errechnete Voraussage, dass es einen »Gewinnereffekt« geben müsse, erfuhr unter den blinkenden Neonlichtern von Las Vegas eine triumphale Bestätigung. Hatte die Forschung inzwischen Belege für Professor Landaus Berechnungen gefunden?

Das hatte sie, aber erst 17 Jahre nach Landaus Nachkriegsstudien überprüfte Arthur McDonald von der University of South Dakota Landaus Hypothese am Verhalten des notorisch aggressiven Grasbarsches *(Lepomis cyanellus)*.[7] Zunächst beobachtete er einige dieser Fische drei Tage lang sehr sorgfältig, um anhand ihrer Interaktionen festzustellen, welche die dominanten und welche die unterwürfigen Exemplare waren. Dann teilte er die dominanten Fische in drei Gruppen auf: Eine wurde fünf Tage lang isoliert, während eine zweite in ein Aquarium mit größeren Fischen und die dritte in eines mit kleineren Fischen gegeben wurde.

Nach fünf Tagen wurden die Fische in ihr ursprüngliches Aquarium zurückgesetzt und das Angriffsverhalten erneut beobachtet. Und genau wie Landau vorausgesagt hatte, waren die dominanten Fische, die fünf Tage mit größeren Fischen zusammen gewesen waren, sehr viel weniger angriffslustig und konnten weniger andere Fische besiegen als vor ihrem »Verlierer«-Erlebnis. Ihre Artgenossen, die mit kleineren Fischen zusammen gewesen waren, kamen dagegen aufgeheizt und aggressiv zurück und zeigten sich dominanter als vorher.

Das war es auch, was Don King für Mike Tyson arrangiert hatte – McNeeley und Mathis waren die kleinen Fische, die Tysons Gewinnereffekt aufbauten und ihm so halfen, seinen Weltmeistertitel zurückzugewinnen. Landau hatte wirklich recht gehabt, wie auch zahlreiche folgende Experimente mit anderen Spezies bestätigten. Ein typisches Beispiel sind zwei Mausmännchen, die ins Mäuseäquivalent eines Boxrings gesetzt wurden. Die Experimentatoren hatten die ansonsten gleichen Chancen im Kampf manipuliert, indem sie einem der Tiere ein Beruhigungsmittel ins Futter gemischt hatten. Wenig überraschend gewann die nicht sedierte Maus, aber die Konsequenzen dieser Schiebung zeigten sich erst im nächsten Kampf. Als die Gewinner jetzt einer starken, unsedierten und rücksichtslosen Maus gegenüberstanden, gewannen sie diese Kämpfe öfter, als wenn sie das Erlebnis des Sieges über die sedierte Maus nicht gehabt hätten.

Obwohl der Gewinnereffekt bei einer Spezies nach der anderen nachgewiesen wurde, blieb eine Frage – was verursachte ihn? Es dauerte nicht lange, bis die Forscher die »Sexualhormone« untersuchten, die Landau nur als inhärente, gegebene Faktoren gesehen hatte. Aber unser Körper enthält Hormone nicht so wie ein Krug eine bestimmte Menge Milch, denn Hormone und Verhaltensweisen hängen eng miteinander zusammen, und es stellte sich heraus, dass das Verhalten und der Hormonspiegel in Wechselwirkung miteinander stehen und beides einander beeinflusst.

Eine Studie nach der anderen zeigte, dass ein Gewinnerlebnis einen starken Anstieg des Testosteronspiegels verursachte und dass dies ein Hauptgrund dafür war, dass eine Maus dann auch den nächsten, nicht manipulierten Kampf gewann: Der Testosteronschub machte sie weniger ängstlich, aggressiver und weniger schmerzempfindlich. Testosteron machte sie böse und hart.

Es ist klar, dass Testosteron hilft, einen Gegner k. o. zu schlagen – aber ist es auch für zivilisiertere Tätigkeiten relevant? Spielt es eine Rolle im Alltag, zu Hause oder im Büro? Professor Alan Mazur von der Syracuse University trug zur Beantwortung dieser Frage bei, indem er sich mit einer der zivilisiertesten und scheinbar friedlichsten Beschäftigungen des Menschen befasste.

Mazur und seine Kollegen überredeten 16 Turnierspieler eines Schachclubs dazu, vor, während und nach ihren Spielen bei einem wichtigen Turnier Speichelproben abzugeben, und maßen jeweils den Testosteronspiegel.[8] Wie sich herausstellte, stieg dieser bei den Siegern der Partien jeweils stark an; außerdem zeigte sich aber auch, dass bei den Spielern, die *vor* dem Turnier den stärksten Anstieg gehabt hatten, die Gewinnchancen deutlich stiegen – genau wie bei den Londoner Börsenhändlern.

Der Gewinnereffekt tritt also nicht nur bei aggressiven Herausforderungen ein. Im Alltagsleben fordern wir – besonders die Männer, aber dazu später noch ausführlicher – einander ständig heraus und konkurrieren miteinander. Und wie wir aus diesen Auseinandersetzungen hervorgehen, hängt nicht nur von unserem Geisteszustand und unserer Hormonaktivität vorher ab, sondern auch davon, ob wir bereits in der Vergangenheit gewonnen haben. Nur wenige Menschen haben allerdings einen Don King, der ihnen zu diesem Zweck »Tomatendosen« vorsetzt, leicht zu besiegende Gegner, die uns mit Testosteron aufpumpen, damit wir gegen die Frank Brunos bestehen können.

Wenn die Maus, der Boxer oder der Schachspieler einen manipulierten Kampf gewinnt, bleibt der Testosteronschub, den dieser Sieg auslöst, auf irgendeine Weise erhalten bis zum nächsten, echten und harten Gegner – Tage, Wochen oder Monate später. Der Hormonschub des Gewinners baut einen aggressiven Kampfgeist auf, der die Siegeschancen in einem echten Kampf stark erhöht. Der Sinn der ungleichen Fights zwischen Tyson und seinen »Tomatendosen« wäre also erklärt – außer, dass wir jetzt immer noch das Problem haben, warum eigentlich ein Testosteronschub, der durch einen einzigen Sieg ausgelöst wird, monatelang Folgen zeigen kann. Wie genau hat das durch den Gewinnereffekt ausgeschüttete Testosteron Tyson dabei geholfen, seinen Kampf zu gewinnen?

Das Gehirn des Gewinners

Die Kalifornische Maus *(Peromyscus californicus)* aus der Gattung der Weißfußmäuse lebt monogam und ist ebenso territorial und streitlustig wie der Cichlidenfisch veranlagt. Und genau wie Mike Tyson zeigt sie sehr deutlich den Gewinnereffekt, indem sie einen harten Kampf eher gewinnt, wenn sie zuvor in einem leichteren gesiegt hat. Dem neugierigen Wissenschaftler bietet sie aber einen entscheidenden Vorteil gegenüber Forschungen an Tyson – man kann untersuchen, was in ihrem Gehirn vorgeht, während der Gewinnereffekt wirkt.

Matthew Fuxjager und seine Kollegen von der University of Wisconsin in Madison ließen männliche Mäuse drei Siege gegen andere Mäuse erringen und untersuchten dann, wie viele Androgenrezeptoren sich in wichtigen Bereichen ihrer Gehirne fanden. Androgenrezeptoren sind Andockstationen für Testosteron, und je mehr es davon gibt, desto stärker wirkt ein Testosteronschub im Gehirn.

Fuxjager und sein Team entdeckten, dass der Sieg in mehreren Wettkämpfen die Anzahl der Androgenrezeptoren in einem Teil des Gehirns stark erhöhte, der für soziale Aggression zuständig ist und in Teilen des Belohnungs- und Motivationsnetzwerks, dem *Nucleus accumbens* und dem ventral-tegmentalen Areal. Dann aber stießen die Forscher auf etwas Seltsames.

Die Kalifornische Maus ist nicht nur monogam und streitlustig, sondern anscheinend auch ein Lokalpatriot. Fuxjager entdeckte nämlich, dass der Gewinnereffekt Marke Tyson bei ihr nur dann eintrat, wenn sie die Gegner im eigenen Revier geschlagen hatte. Auswärtssiege halfen ihr in folgenden Kämpfen nicht weiter. Was ging hier vor?

Ein weiterer Blick ins Gehirn der Kalifornischen Maus zeigt uns, dass sich zwar die Androgenrezeptoren in den Hirnbereichen für soziale Aggression nach jedem Sieg vermehrten, zu Hause wie auswärts, dies aber nicht für die Androgenrezeptoren in den Motivationsarealen des Gehirns zutraf. Diese vermehrten sich nur nach Heimsiegen, nicht nach Auswärtssiegen, und nur die Veränderungen in den Motivationsarealen korrelierten mit der Fähigkeit zu siegen.

Siege – aber nur Heimsiege – veränderten also Struktur und Chemie des Mäusehirns, und zwar nicht, indem einfach das Aggressionspotenzial erhöht wurde, sondern zusätzlich auch Motivation und Kampfgeist.

Es mag seltsam erscheinen, dass es für Veränderungen des Gehirns eine Rolle spielt, wo man sich zufällig befindet, und merkwürdig, dass Fuxjagers Mäuse diese entscheidenden Veränderungen nur zeigten, wenn sie zu Hause kämpften. Aber auch im Vietnamkrieg hatte sich etwas Ähnliches ereignet. Man schätzte damals, dass über 50 Prozent der dort eingesetzten US-Soldaten Heroin nahm und etwa ein Fünftel davon abhängig war. Eine nach Amerika überschwappende Welle von Heroinsüchtigen durch die heimkehrenden Soldaten blieb allerdings aus,[9] und die meisten Abhängigen überwanden ihre Sucht, als sie wieder zu Hause waren. Das bereitete den Suchtexperten nicht wenig Kopfzerbrechen. Sie betrachteten Heroinsucht als eine biologisch determinierte Krankheit, die, einmal erworben, nur sehr schwer wieder loszuwerden war.

Shephard Siegel von der kanadischen McMaster University löste dieses Problem.[10] Er untersuchte Abhängigkeit bei Ratten und wusste, dass bei Tieren und Menschen, die süchtig werden, die »Toleranz« gegenüber der Droge zunimmt, sodass sie immer höhere Dosen brauchen, um denselben Effekt zu erzielen. Seine süchtig gemachten Ratten »tolerierten« große Heroinmengen, die eine nicht süchtige Ratte umgebracht hätten. Angesichts dessen fragte sich Siegel, warum so viele heroinabhängige Menschen an Überdosen sterben – das sollte eigentlich nicht passieren, wenn der Körper sich an die Droge gewöhnt hat.

Siegels Durchbruch kam, als er Ratten in einer bestimmten Umgebung heroinsüchtig und damit tolerant machte – in einem Käfig in einem bestimmten Raum mit seinen Farben und Gerüchen. Nachdem die Ratten an große Heroindosen gewöhnt waren, gab er ihnen eine große Testdosis – der einen Hälfte im selben Raum, in dem sie süchtig gemacht worden waren, der anderen Hälfte in einem anderen Raum mit anderen Farben und Gerüchen. Das Ergebnis war erstaunlich: Während ein Drittel der Ratten im selben Raum an einer Überdosis starb, waren es im anderen Raum zwei Drittel. Eine bloße Veränderung der Umwelt führte also zu einer Verdoppelung der Sterberate. Die fundamentalsten biologischen Vorgänge – wie die Reaktion des Körpers auf eine tödliche Droge – konnten, wie Siegel zeigte, durch Lernen und Umgebung verändert werden.

Und damit war auch Siegels Frage beantwortet, warum es bei abhängigen Menschen zu Überdosen kommt: Nimmt ein Süchtiger seine Droge normalerweise in einer bestimmten Umgebung ein – zum Beispiel in seinem Schlafzimmer –, dann stellt der Körper sich darauf ein, dass in dieser »Schlüssel«-Umgebung Heroin in den Blutstrom gelangt, und löst eine physiologisch kompensierende Gegenreaktion aus, die den Effekt der Droge auf das Gehirn abschwächt. Das ist natürlich nicht das, was sich der Abhängige wünscht – er will high sein –, also muss er die Dosis ständig erhöhen, um die Gegenreaktion seines Körpers und Gehirns zu übertrumpfen.

Nehmen wir jetzt aber an, dass der Abhängige beim Kauf seines Nachschubs bereits dringend eine neue Dosis braucht. Er kauft also bei irgendeinem Straßendealer und spritzt sich das Heroin möglichst schnell, an einem unvertrauten Ort – zum Beispiel im Badezimmer einer billigen Absteige. Das wäre dann, so Siegel, die Entsprechung einer hohen Dosis bei einer Ratte, deren Käfig in einem ihr nicht vertrauten Raum steht. Der arme Süchtige spritzt sich seine gewohnte Ladung Heroin, die ihn aber diesmal ins Koma versetzt. Einige Stunden später findet ihn dann ein entsetzter anderer Hotelgast. Die neue Umgebung – eine fremde Toilette mit anderem Aussehen, Gerüchen und Geräuschen – hatte seinen Körper daran gehindert, sich auf die Droge vorzubereiten und sie zu tolerieren; die gewohnte Dosis wirkt stärker und damit tödlich.

Die aus Vietnam heimkehrenden Soldaten verließen damit ihre ungewöhnliche und belastende Umgebung. Der »Raum«, in dem sie süchtig geworden waren, bestand aus der Hitze, der Angst, den Anblicken, Geräuschen und Gerüchen von Vietnam im Krieg. Sie kehrten in eine so andersartige Umgebung heim, dass es dort keinen der Schlüsselreize für ihre Heroinsucht mehr gab. Die Toleranz gegenüber dem Heroin war nicht mehr gegeben, so können wir aus Siegels Forschungen schließen, und auch das Verlangen, das das dunkle Fundament dieser Toleranz bildet. Die Soldaten hatten ihre Abhängigkeit in der Schwüle der Reisfelder Vietnams hinter sich gelassen wie die abgestreifte Haut einer tödlichen Schlange.

Siegels Studie zeigt uns, dass sogar die Chemie unserer Körper an die physischen, sozialen und psychischen Gegebenheiten unserer Umgebung angepasst ist. Könnte das auch für die Chemie des Gewinnens gelten? War Mike Tysons testosterongesteuerter Gewinnereffekt ein weiteres Beispiel für die Formung der Chemie von Gehirn und Körper durch die Umgebung?

Fuxjagers brillante Studie zeigte, dass es sich tatsächlich so verhielt: Durch Heimsiege wurde die Hirnchemie verändert – das Gehirn selbst veränderte sich, indem neue Androgenrezeptoren geschaffen wurden. Hätte das ein Forscher mit einer neuen Stammzelltherapie erreicht, hätte er weltweit Schlagzeilen gemacht und den Nobelpreis in der Tasche gehabt.

Auf den Schlachtfeldern von Vietnam und in den Boxringen von Las Vegas werden Gehirne umgebaut wie durch eine Stammzelltherapie. Aber sie unterliegt einer merkwürdigen Art von Chemie, einer Art Chamäleon-Chemie, indem die Hirnsubstanz selbst durch die Umwelt verändert wird. Unser Gehirn wird von der physischen, sozialen und psychologischen Umwelt präzise geformt.

Und das beantwortet die zweite Frage zum Gewinnereffekt – warum sollte sich die Wirkung von Tysons Siegen über McNeeley und Mathis bis zu seinem Kampf gegen Bruno, also monatelang, erhalten? Wenn wir Fuxjagers Resultate verallgemeinern können, sieht es so aus, als hätten die Siege über die »Tomatendosen« Tysons Gehirn tatsächlich physisch verändert, indem sie die Zahl der Androgenrezeptoren in den Motivationszentren erhöhten.

Jeder Wettkampf – ob Boxen oder Schach – sorgt für einen Anstieg des Testosteronspiegels. Als Tyson gegen Bruno antrat, schütteten die Gehirne beider Männer wie üblich Testosteron aus. Aber Tysons Gehirn – immer vorausgesetzt, Fuxjagers Ergebnisse lassen sich auf Menschen übertragen – hatte womöglich zusätzliche Rezeptoren, die das Testosteron aufsaugten und seinen Effekt auf das Gehirn und damit den Kampfgeist verstärkten.

Der Gewinnereffekt funktioniert also nicht einfach über die Aufrechterhaltung eines sehr hohen Testosteronspiegels bis zum nächsten Kampf – das könnte zu Herzschädigungen oder auch Verletzungen durch übermäßige Aggressivität führen. Ja, Siege steigern den Testosteronspiegel in gewissem Maße auch dauer-

haft. Aber der tatsächliche Effekt besteht in der physischen Veränderung des Gehirns, das in einer Art Turboladung mehr Kraft
aus derselben Menge Sprit gewinnt.

Diese Veränderungen sind allerdings kontextabhängig. Kontext heißt in diesem Fall die physische Umgebung – Anblicke,
Geräusche und Gerüche wie die im vietnamesischen Dschungel und für Mike Tyson wahrscheinlich die Geräusche und
Gerüche des Boxrings. Kontext steht auch für Menschen – die
Anwesenheit eines Partners, eines Gegners, eines Chefs – oder
eine ganze Institution wie eine Firma oder eine Schule. Am
bedeutsamsten ist aber vielleicht der Kontext der mentalen
Landschaft, also der Annahmen, Emotionen, Gefühle – manche bewusst, die meisten unbewusst –, die ein Erlebnis oder
einen Wettkampf prägen.

Das ist eine wirklich grundlegende Entdeckung: Wir sind mit
der Welt um uns herum so total verbunden, dass ihre Veränderungen sich bis in die Proteinmoleküle unseres Gehirns direkt
auswirken. Das Gewinnen ist nur ein wichtiges Ergebnis dieses
Netzes von Wechselwirkungen zwischen unserem Gehirn und
seiner Umwelt. Und bevor Sie morgen früh entscheiden, was Sie
anziehen, bedenken Sie einen weiteren Aspekt der Umgebung,
der Ihren Erfolg beeinflussen könnte.

Als der Weißrusse Viktor Sujev bei den Olympischen Spielen
2004 in Athen in den Ring stieg, um gegen Odlanier Solís aus
Kuba um die Goldmedaille zu kämpfen, wusste er noch nichts
von seiner Benachteiligung. Solís gewann den Boxkampf mit 22
zu 13 Punkten und hörte sich auf der obersten Stufe des Sieger-
treppchens stolz seine Nationalhymne an, während Sujev eine
Stufe tiefer traurig seine Silbermedaille umklammerte. Sein
Handicap war das Trikot, das er trug.

Sujev war nämlich ein blaues Trikot zugewiesen worden;
nicht, weil das zu seinen blauen Augen passte, sondern weil die

Wettkampforganisation dies durch Los bestimmt hatte. Sein Gegner hatte das Glück gehabt, das rote Trikot zu bekommen: Beim Boxen, wie auch im Taekwondo und im Ringen (griechisch-römisch und Freistil) trugen olympische Wettkämpfer immer entweder Rot und Blau. Die Trikots wurden ausgelost.

Russell Hill und Robert Barton von der britischen University of Durham entdeckten etwas Wichtiges über diese Trikotfarben, als sie sich die Ergebnisse der Athener Olympiade in diesen Sportarten ansahen. Sie suchten sich zunächst Kämpfe zwischen etwa gleichwertigen Gegnern aus, indem sie deren Leistungsspiegel vor den Olympischen Spielen miteinander verglichen. Bei den etwa gleich starken Wettkämpfern zeigte sich nun etwas Erstaunliches: Diejenigen mit dem roten Trikot gewannen in 62 Prozent aller Kämpfe, die mit dem blauen nur in 38 Prozent.[11]

Das war kein Scheineffekt, wie Hill und Barton anhand weiterer Studien an Fußballmannschaften feststellten. Bei Fußballturnieren muss eine Mannschaft manchmal ihre traditionelle Trikotfarbe wechseln, wenn sie derjenigen des Gegners zu sehr ähnelt. Hill und Barton schauten sich während der Fußball-Europameisterschaft 2004 an, wie es den Mannschaften erging, die jeweils eine bestimmte Farbe – besonders Rot – trugen. Überraschung: Teams mit roten Trikots spielten besser und schossen mehr Tore.

Um das zu verstehen, stellen Sie sich zwei Männer vor, die einander aggressiv in die Augen starren. Ein Mann hat ein rotes Gesicht, der andere ein weißes. Welche Emotionen ordnen wir diesen beiden zu? Die meisten Menschen würden sagen, dass der Rotgesichtige wütend und der mit dem weißen Gesicht vor Angst blass ist. Unsere genetischen Vorfahren, die solche Signale sehr gut einordnen konnten, setzten sie ein, um ängstliche, bleiche Gegner einzuschüchtern. Das sicherte nicht nur das Überleben des Siegers bis zum nächsten Kampf, sondern verschaffte ihm auch bessere Chancen bei den Weibchen und somit mehr Gelegenheit, seine Gene weiterzugeben.

Und so kommt es, dass die Farbe Rot fest in unseren Genen verankert ist – es genügt, diese Farbe zu tragen, um dem Gegner einen Nachteil zu verschaffen, weil sie im Gehirn automatisch Assoziationen von Dominanz und Niederlage auslöst. Beim Träger kann sie natürliche leistungssteigernde Stoffe wie Testosteron ausschütten und sie beim Gegner wiederum vermindern.

Rot hat auch die Konnotation der Gefahr – wahrscheinlich, weil es die Farbe von Blut ist. In Situationen wie beim Shopping macht es die Menschen nervös. Wie Joseph Bellizzi von der Arizona State University gezeigt hat, neigten Kunden in einer überwiegend mit Rot gestalteten Ladenzeile eher zu Kaufentscheidungen als in einer überwiegend mit Blau gestalteten.[12]

Rot steht in der gesamten Natur für Dominanz. Sarah Pryke von der Macquarie University in Sydney befasste sich mit der Gould Amandine (*Erythrura gouldiae* bzw. *Chloebia gouldiae*), einer australischen Prachtfinkenart. Diese Art kommt in einer rot- und einer schwarzköpfigen Morphe vor. Die Rotköpfigen gewinnen bei Streitigkeiten – etwa um Futter – fast immer. Pryke setzte der Hälfte einer Gruppe von Jungvögeln, deren Farben noch nicht entwickelt waren, eine rote Maske auf und fand heraus, dass diese einfache Verwandlung sie in aggressive und dominante Siegertypen verwandelte.[13]

Sara Khan und ihre Kollegen vom Dartmouth College in New Hampshire entdeckten bei wilden Makaken in Puerto Rico etwas Ähnliches. Sie untersuchten, wie häufig diese Halbaffen Nahrungsmittel von einem Forscher stahlen, der T-Shirt und Baseballmütze entweder in Rot oder aber in Grün oder Blau trug. Wie sich herausstellte, wurde der Forscher in Rot sehr viel seltener Opfer eines Apfelraubs.[14]

Das bringt uns etwas näher an eine Lösung des Cichliden-

Rätsels. Die NT-Cichliden, die sich so mysteriös in die prächtig gefärbten T-Männchen verwandelten, verdankten ihre Umfärbung ja nicht einem wohlwollenden Wassergott. Was geschah also mit ihnen? Um dieses Geheimnis zu ergründen, müssen wir uns mit einem ungewöhnlichen Gipfeltreffen der Präsidenten Amerikas und der damaligen Sowjetunion kurz nach dem Mauerfall befassen.

Zu Hause ist es am schönsten

Es war der 2. Dezember 1989, und Laurie G. Firestone, im Weißen Haus als »Social Secretary« für gesellschaftliche Anlässe zuständig, hatte ein üppiges Bankett für den historischen Gipfel von US-Präsident George Bush und dem sowjetischen Präsidenten Michail Gorbatschow zusammengestellt. Da kam überraschend die Nachricht, dass Gorbatschow abgesagt hatte. Das Bankett fiel aus. Firestone beschreibt die Ereignisse in ihrem Buch ›An Affair to Remember: State Dinners for Home Entertaining‹. Was war geschehen?

In den Wochen vor dem Gipfel hatte die Welt mit angehaltenem Atem zugesehen, wie das sowjetische Imperium zerfiel. Die sozialistischen Diktaturen Osteuropas gerieten eine nach der anderen in politische Wirren, wie es sie seit dem Ende des Zweiten Weltkriegs nicht mehr gegeben hatte. Für das sowjetische Reformprogramm der Perestroika war es entscheidend, dass sich Präsident Gorbatschow mit seinem amerikanischen Kollegen Bush traf, um über eine neue Weltordnung zu beraten und die möglichen Gefahren der drohenden Instabilität abzuwehren.

Trotz der Dringlichkeit des Gipfels kamen die Vorbereitungen lange nicht voran. Lag es an einer entscheidenden politischen oder militärischen Streitfrage? Vielleicht waren die Berater eines oder beider Präsidenten gegen das Treffen und versuchten, es zu verhindern? Fürchtete Gorbatschow etwa ein Attentat?

Nichts dergleichen. Die beiden Seiten konnten sich einfach nicht auf einen Tagungsort einigen. Die alte politische Ordnung zerbrach gerade; wackelige Diktaturen lösten sich auf und hinterließen Bunker voller Atomwaffen, von denen man nicht mehr wusste, wer genau sie kontrollierte. Das Chaos drohte, das Risiko war enorm. Aber Michail und George fanden keinen gemeinsamen Treffpunkt.

Sie hatten die ganze Welt zur Verfügung. Es war mitten im Winter auf der Nordhalbkugel, und sie hätten sich jeden sonnigen Strand und jedes von singenden Vögeln erfüllte Tal aussuchen können, um entspannt, der beißenden Kälte Washingtons und Moskaus entronnen, die Sicherheit der Welt zu beraten. Und wo trafen sie sich schließlich zu ihrem Gipfel im kalten Dezember? Auf zwei Kriegsschiffen in der bitterkalten Winterbrise der Bucht von Marsaxlokk auf Malta im schiefergrauen Mittelmeer.

Nun kamen die Matrosen der USS »Belknap« unverhofft in den Genuss von Laurie Firestones Staatsbankett, während Michail Gorbatschow schaudernd und seekrank auf dem sowjetischen Kreuzer »Maxim Gorki« hockte: Er hatte zu viel Angst vor den sieben Meter hohen Wellen des Oststurms, um die Überfahrt in einer Barkasse zur »Belknap« zu wagen. Präsident Bush und sein Stab beschlossen schnell, dass sie eben zu Gorbatschow fahren mussten, wenn er nicht zu ihnen kommen konnte – und sie stellten sicher, dass auch jeder Fotoreporter mitbekam, wie furchtlos und kraftvoll sich der amerikanische Präsident in der Barkasse barhäuptig dem Sturm entgegenstemmte, um dem seekranken Gorbatschow einen Gefallen zu tun.[15]

Auf dieser als Seasick Summit (»Seekrankheitsgipfel«) in die Geschichte eingegangenen Konferenz besprachen die Mächtigen Themen von Afghanistan bis Europa und erklärten, so die allgemeine Auffassung, den Kalten Krieg damit praktisch für beendet. Aber warum nur taten sie das auf zwei schwankenden Schiffen in winterlich stürmischen Gewässern?

Hier hilft uns die Kalifornische Maus weiter. Wie Matthew Fuxjagers Studien gezeigt haben, verändern nur Heimsiege das Gehirn, nicht Siege an sich. Bushs und Gorbatschows Berater kannten zwar diese Studien nicht, aber genau wie Don King und seine Boxpromoter-Kollegen wussten sie, wie man gewinnt. Es ist durchaus möglich, dass beide Politiker am Sport gelernt hatten, wie hilfreich es ist, auf eigenem Territorium zu spielen. Das ist in den meisten Sportarten so. Nick Neave und Sandy Wolfson von der britischen Northumbria University fanden heraus, dass beispielsweise im Fußball die Spieler der Heimmannschaft vor dem Spiel mehr Testosteron im Speichel haben als die der Gastmannschaft; besonders hoch ist der Testosteronspiegel bei wichtigen Spielen gegen große Rivalen.[16]

Ein Heimspiel gibt vielen Sportlern den Vorteil, den auch die Kalifornische Maus nutzt, wenn sie zu Hause gewinnt: Dann entwickelt, wie wir gesehen haben, ihr Gehirn neue Rezeptoren, die ihren Siegeswillen stärken und ihre Chancen gegen den nächsten Gegner erhöhen. Möglicherweise geschieht etwas Ähnliches, wenn Menschen einander zu sportlichen Wettkämpfen herausfordern.

So erklärt sich, warum manche Spiele eine so starke Eigendynamik gewinnen. Wenn beide Mannschaften einander als wichtige Rivalen betrachten, werden die Motivationsschaltungen richtig aufgedreht und die Spieler geben alles. Manche Mannschaften haben mehr vom Heimvorteil als andere: Im europäischen Fußball gewinnen Balkanmannschaften wie Serbien viel öfter zu Hause als solche aus Nordeuropa.[17] Manche Mannschaften werden offenbar durch ihre Heimat stärker »angefeuert« – vielleicht wegen stärker ausgeprägtem Nationalismus –, die Gehirne der Spieler verändern sich durch Heimsiege stärker, was zu einem größeren Heimspielvorteil insgesamt führt. Im Sport ist das alles nachvollziehbar – aber gilt es auch für beleibte Diplomaten und alternde Präsidenten, die über Fragen der Weltpolitik verhandeln? Womöglich schon.

Graham Brown von der University of British Columbia und Markus Baer von der Washington University beobachteten Studenten der Betriebswirtschaft während einer sehr realistischen Handelssimulation. Die Studierenden sollten in ihrer Rolle als Einkäufer einer großen Hotelkette oder als Großhändler möglichst gute Preise für Kaffee aushandeln.[18] Die Verhandlungen fanden dabei entweder im eigenen Büro des Studierenden, in einem neutralen oder in dem des Handelspartners statt. Das Ergebnis war erstaunlich. Ob als Käufer oder Verkäufer: Auf eigenem Territorium schlossen die Studierenden bessere Geschäfte ab – zu niedrigen Preisen, wenn sie kauften, und zu hohen, wenn sie verkauften – als auf neutralem Gebiet oder »auswärts«.

Dieser Heimvorteil ist auch für die Politik bewiesen worden. Dass sich Stalin mit seinem Wunsch durchsetzte, die Verhandlungen um Gebietszuweisungen nach dem Zweiten Weltkrieg auf sowjetisch besetztem Gebiet in Potsdam stattfinden zu lassen, war möglicherweise entscheidend für die Nachkriegsgeschichte, behaupten zumindest einige Wissenschaftler.[19] In der Geschichte internationaler Verhandlungen galt es schon immer als wichtig, dem Gegner keinen Heimvorteil zu gewähren. So trafen sich zum Beispiel am 7. Juli 1807 die Kaiser von Frankreich und Russland, Napoleon I. und Alexander I., zum Friedensschluss nach einem blutigen Krieg auf einem Pontonboot in der Mitte der Memel bei Tilsit; der Fluss markierte damals die Grenze zwischen ihren beiden Einflussgebieten.

Als Präsident Bush also die ölige, schwankende Gangway der »Maxim Gorki« hinaufstieg und Laurie Firestone traurig die Reste ihres von den Seeleuten der »Belknap« verzehrten Staatsbanketts betrachtete, hatte keines der Verhandlungsteams einen

Heimvorteil. Vielleicht trug dies sogar zum Erfolg des Gipfels bei. Bush befand sich zwar auf einem sowjetischen Kriegsschiff, aber für Gorbatschow löschte die Demütigung, wie er seine erzwungene Absage des Besuchs auf dem amerikanischen Schiff vermutlich empfand, jedes testosteronsteigernde Gefühl aus, das er auf seinem eigenen Schiff empfunden hätte.

Kommen wir so der Lösung des Geheimnisses der Cichliden näher? Hat deren mysteriöse Verwandlung vielleicht etwas mit dem Heimvorteil zu tun? Bevor wir uns dieser Frage zuwenden, befassen wir uns noch etwas näher mit den Effekten des Gewinnens. Was geht im Geist vor, um diesen Gewinnereffekt zu erklären?

Erinnern Sie sich an das Spiel Schere, Stein, Papier? Versuchen Sie einmal Folgendes: Zuerst halten Sie Ihre Hand in der Position »Schere« und lassen sie so, während Sie sich selbst die folgenden Fragen beantworten. Inwieweit treffen, auf einer Skala von 1 bis 5 (mit 1 = gar nicht und 5 = sehr stark) die folgenden Eigenschaften auf Sie zu?

Halten Sie sich selbst für

a) *entschlossen?*
b) *hartnäckig?*
c) *zögernd?*
d) *ängstlich?*
e) *geschätzt?*
f) *respektiert?*
g) *unterschätzt?*
h) *beleidigt?*

Nun bringen Sie Ihre Hand in die Position »Stein« und lassen sie so, während Sie dieselben Fragen ein zweites Mal beantworten.

Halten Sie sich selbst für

a)   *entschlossen?*
b)   *hartnäckig?*
c)   *zögernd?*
d)   *ängstlich?*
e)   *geschätzt?*
f)   *respektiert?*
g)   *unterschätzt?*
h)   *beleidigt?*

Gab es einen Unterschied in Ihren Selbstbewertungen? Eigentlich soll dieser Versuch mit einer Gruppe durchgeführt werden, wobei jeweils die Hälfte der Teilnehmer eine der beiden Positionen hält; vielleicht ist Ihnen kein Unterschied aufgefallen, da Sie beide Rollen spielen mussten. Als aber Thomas Schubert und Sander Koole von der Vrije Universiteit in Amsterdam diesen Versuch mit Gruppen von Männern durchführten, denen nach dem Zufallsprinzip entweder die Handhaltung »Stein« oder »Schere« zugewiesen wurde, fanden sie heraus, dass die Männer, die eine Hand zur Faust ballten, sich selbst für entschlossener und geschätzter hielten als diejenigen, die eine »Schere« machten.[20] Was hat das zu bedeuten?

Bevor ich das erkläre, probieren Sie bitte noch etwas anderes aus. Nehmen Sie einen Bleistift zwischen die Zähne. Lassen Sie die Lippen geöffnet. Danach nehmen Sie den Bleistift zwischen die Lippen. Wenn Sie einige Hundert Menschen bitten, ihre Stimmung zu beschreiben, während sie den Bleistift zwischen den Zähnen oder den Lippen halten, dann werden Sie auf eine geringe, aber statistisch signifikante Stimmungsaufhellung in der ersten Stellung stoßen. Die Erklärung dafür entspricht der des Schere-Stein-Experimentes.

Geist, Gehirn und Körper sind intensiv miteinander verbunden. Stellen Sie sich einen Moment lang vor, Sie heben einen schweren Koffer vom Boden – schließen Sie die Augen, stemmen Sie sich gegen das imaginäre Gewicht. Jetzt treten fast alle Hirnareale in Aktion, die auch in Wirklichkeit aktiviert werden, und zusätzlich zeigen die Muskeln Ihres Körpers winzige Bewegungen, während Sie sich vorstellen, einen Koffer zu heben – mit anderen Worten, der Körper unterstützt Ihre Vorstellung.

Aber es funktioniert auch andersherum: Unsere Gedanken und Emotionen werden durch die Gesten und Ausdrücke ausgelöst, die sie normalerweise begleiten. Wenn ich niedergeschlagen bin, ziehen sich meine Mundwinkel nach unten – wenn ich diese Mundstellung künstlich auslöse, indem ich einen Bleistift zwischen die Lippen nehme, werde ich ein bisschen trauriger als vorher. Ziehe ich jedoch meine Mundwinkel künstlich nach oben, indem ich den Bleistift zwischen die Zähne nehme, löse ich ein bisschen Fröhlichkeit und die mit ihr korrespondierende Aktivität im Gehirn aus.

Und so ist es auch, wenn man eine Faust ballt: Bei Männern steht die geballte Faust für Drohung und Dominanz primitiven körperlichen Wettstreits, der bei Jungen viel häufiger als bei Mädchen vorkommt. Es ist unwichtig, ob es kulturelle oder biologische Gründe sind: Bei Männern hängt die geballte Faust mit Selbstsicherheit und Dominanz zusammen, bei Frauen nicht. Darauf komme ich in Kapitel 5 noch zurück.

Wenn wir uns ein Video brasilianischer Fans während des Endspiels der Fußballweltmeisterschaft 1994 anschauten, sähen wir darin zahlreiche im Triumph geballte Fäuste. Sehen Sie sich irgendeine Demonstration oder Siegeskundgebung irgendwo auf der Welt an, und es ist überall dasselbe: Die Faust ist das universelle Zeichen des Sieges und der Macht. Deshalb versuchen Sprecher auf einer Protestversammlung stets, das Publikum zu Triumphgeschrei mit geballter Faust zu bewegen. Allein schon die Geste steigert das Machtgefühl des Einzelnen und damit das Vertrauen in die Wirksamkeit seiner Aktionen, ob in der Politik, der Industrie oder Gesellschaft. Als Brasilien in diesem Endspiel Italien besiegte, war das ein wirkliches Ereignis mit sehr realen positiven psychologischen Folgen für die Fans und greifbaren wirtschaftlichen Vorteilen für ihr Land. Der Anstieg des Testosteronspiegels, den sie zeigten, ist angesichts des wichtigen Sieges nicht überraschend.

Die geschilderten, anscheinend ganz trivialen psychologischen Experimente, in denen die Teilnehmer eine Faust ballen und sich anschließend selbst bewerten sollten, wirken vielleicht auf den ersten Blick nicht sehr relevant für das reale Leben. Bevor ich zeige, dass sie es sehr wohl sind, lassen Sie uns schnell einen weiteren Blick in die sehr reale Welt der internationalen Beziehungen werfen.

Am 22. Oktober 2007 traf sich der französische Präsident Nicolas Sarkozy mit König Mohammed VI. von Marokko in dessen Palast in Marrakesch zur Unterzeichnungszeremonie für ein Handelsabkommen. Sarkozy, der neben dem gastgebenden Monarchen saß, lehnte sich entspannt auf seinem Stuhl zurück und legte ein Bein über das andere. Die anwesenden Offiziellen hielten entsetzt den Atem an, als sie bemerkten, dass Sarkozys Schuhsohle auf den König zeigte. In der islamischen Welt gilt es als Beleidigung, jemandem die Schuhsohle zu zeigen; gegenüber dem König war es erst recht unverzeihlich. Die wirtschaftliche Macht Frankreichs hat Marokko den kulturellen Fauxpas wahrscheinlich schnell wieder vergessen lassen, aber der US-amerikanische Botschafter in Marokko berichtete später in einem inzwischen enthüllten Aktenvermerk an das State Department in Washington, dass es »in den marokkanischen Salons viel Klatsch und Tratsch über den ›allzu entspannt‹ auf seinem Stuhl hängenden Präsidenten« gegeben habe.[21]

Präsident Sarkozys »Herumhängen« mit übereinandergeschlagenen Beinen war nicht nur entspannt, sondern ganz im Wortsinn expansiv. Möglichst viel Raum einzunehmen ist eine klassische Geste dominanter Männer – und auch jedes dominanten Tieres. Alphatiere – wie der Pfauenhahn, der seine Schwanzfedern auffächert, oder das Gorillamännchen, das den Brustkasten vorwölbt – breiten sich körperlich aus, um ihre Dominanz zu demonstrieren und ihren Status zu festigen.

Genauso machte es auch Präsident Sarkozy. Ja, er war entspannt – und zwar weil er sich als beherrschende Gestalt des Treffens sah. Seine raumfüllende, etwas respektlose Haltung spiegelte diese Einstellung wider. Wie ich später noch zeigen werde, hilft uns diese Art Dominanz beim Entspannen, indem sie den Spiegel des wichtigen Stresshormons Cortisol senkt, das der Körper als Reaktion auf Gefahr und Bedrohung ausschüttet. So wird unter anderem Glukose in den Blutstrom und das Gehirn gepumpt. Ein kurzfristig erhöhter Cortisolspiegel kann bei der Gefahrenabwehr sehr nützlich sein, ein dauerhaft erhöhter hingegen schadet dem Körper, wie wir in den nächsten beiden Kapiteln sehen werden.

Man kann sich übrigens gut vorstellen, dass die verschiedenen Diplomaten und Funktionäre, die den König und den Präsidenten umgaben, sich körperlich möglichst klein gemacht haben – verschränkte Arme, zusammengepresste Beine, leicht gesenkter Kopf, Schultern nach unten und so weiter. In Gegenwart mächtiger Anführer neigen wir alle zu dieser Art Körpersprache; sie zeigt, dass wir unseren Platz in der Hierarchie kennen.

Man kann es bei jedem Meeting in der Berufswelt sehen. Die wichtigste Person am Tisch wird sich wahrscheinlich im Sessel zurücklehnen, die Hände hinter dem Kopf falten, die Ellenbogen abspreizen und die Beine ausstrecken. Oder aber, und das beunruhigt die Untergebenen vermutlich stärker, er beugt sich über den Tisch, streckt den Kopf vor und faltet die Hände vor sich, die er dabei weit ins neutrale Niemandsland in der Mitte des Tisches vorschiebt. Die vorsichtigen Untergebenen versuchen derweil, so wenig Platz wie möglich einzunehmen, genau wie die Diplomaten um Sarkozy herum. Aber geht es so nur in der Welt der Mächtigen zu, nicht aber im Alltag? Keineswegs. Hinter dem kleinen Selbstversuch mit der Faust, den Sie eben durchgeführt haben, steckte die Vorstellung, dass das Zeichen der Dominanz – die geballte Faust – Ihnen durch die angelernten Verbindungen zwischen Gefühlen und ihrem körperlichen Ausdruck ein größeres Machtgefühl geben könnte. Wie steht es mit der raumfüllenden Entspannungshaltung Nicolas Sarkozys? Hat sie einen ähnlichen Effekt?

Dana Carney und ihre Kollegen von den Universitäten Harvard und Columbia überprüften diese Hypothese, indem sie ihre freiwilligen Versuchsteilnehmer jeweils eine Minute lang entweder expansive Machtposen wie Sarkozy oder aber zusammengekauerte Unterwürfigkeitshaltungen einnehmen ließen.[22] Eine expansive Machtpose wäre, sich mit den Füßen auf dem Tisch im Sessel zurückzulehnen. Die Forscher erklärten den Versuchsteilnehmern diese Haltung damit, dass sie für eine physiologische Messung die Füße über dem Niveau des Herzens haben müssten. Eine zusammengekauerte Unterwürfigkeitshaltung bestand zum Beispiel aus gesenktem Kopf und eng verschränkten Armen. Obwohl sie diese Positionen nur für jeweils eine Minute einnahmen, bewerteten die Teilnehmer mit der Machtpose sich selbst als signifikant »mächtiger« und »beherrschend« als jene mit der Unterwürfigkeitshaltung.

Das klingt erst einmal ziemlich merkwürdig – nur eine Minute in einer bestimmten Haltung lässt sowohl Männer wie Frauen sich »mächtiger« fühlen. Allerdings verändert diese kurze Zeit in dieser Haltung auch etwas anderes, etwas, das wir als Schlüssel für den Gewinnereffekt erkannt haben – den Testosteronspiegel. Von den 26 Teilnehmerinnen und 16 Teilnehmern zeigten diejenigen, die kurz die Machtposen einnahmen, einen signifikant gestiegenen Testosteronspiegel, während die anderen nach der Unterwürfigkeitshaltung einen entsprechend ihrem Machtlosigkeitsgefühl niedrigeren Testosteronspiegel aufwiesen.

Aber durch die eingenommenen Haltungen wurde noch eine weitere wichtige Hormonveränderung ausgelöst: Das Stresshormon Cortisol verringerte sich nach den Machtposen und stieg nach den Unterwürfigkeitshaltungen an. Kein Wunder, dass Sarkozy so entspannt wirkte – das Machtgefühl, das er verspürte, hob seinen Testosteronspiegel und beruhigte seine Nerven, indem es das mit Angstgefühl verbundene Hormon Cortisol in seinem Körper verringerte.

Die Lehren, die man hieraus für alle Lebenslagen ziehen kann, von der Familie bis zur Geschäftswelt, sind ziemlich weitreichend. Selbst kleine, kurzzeitige Veränderungen in unserer Haltung können unseren Körper und unser Gehirn tief greifend verändern. Kein Wunder, dass Eltern ihre heranwachsenden Kinder ermahnen, sich gerade zu halten. Natürlich verbringen die Ausbilder an den Militärakademien wie Sandhurst und West Point Monate damit, den Offiziersanwärtern eine aufrechte Brust-raus-Schultern-zurück-Haltung einzudrillen. Ganz klar, warum Gewerkschaftsführer als Siegeszeichen auf Versammlungen die geballte Faust recken.

Die Lektion ist eindeutig: Egal, wie ich mich gerade fühle – wenn ich mich so verhalte, als ob ich mich so fühlte, wie ich es gerne hätte, wird das gewünschte Gefühl sich schon einstellen. Dadurch kann ich einen positiven Feedback-Kreis erreichen, indem die Menschen um mich herum so auf mich reagieren, dass meine ursprünglich nur vorgetäuschten Emotionen unterstützt und verstärkt werden.

Macht es uns also zu Gewinnern, wenn wir uns einfach wie Gewinner verhalten? Ändert vielleicht irgendetwas das Verhalten des NT-Cichlidenmännchens und löst so die dramatischen Veränderungen seines Körpers aus? Aber was ist mit den bereits

vorhandenen T-Cichliden – wie kommen sie mit der neuen
Dominanz des ehemaligen NT-Männchens zurecht, das sie vorher unterdrückt haben? Wir kommen der Lösung des Geheimnisses der NT-Cichliden näher, aber diese Frage, wie andere auf
uns reagieren, muss zunächst geklärt werden, bevor wir endlich
die Antwort haben.

Es war 1954. Die irische Beamtin Anne Feeney gab bei ihrem
Abteilungsleiter in Dublin ihr Kündigungsschreiben ab. Sie war
eine intelligente und ehrgeizige Frau und wollte ihre Stelle gar
nicht aufgeben, musste es aber von Gesetzes wegen. Und warum?
Weil sie heiraten wollte. Bis 1973 waren weibliche Beamte in
Irland gezwungen, bei einer Heirat den Staatsdienst zu verlassen. Am 5. August 1962, in den frühen Morgenstunden eines
schönen afrikanischen Tages, stürmte eine Bande Polizisten, die
einen Tipp von der amerikanischen CIA bekommen hatte, ein
Haus und verhaftete einen Mann, der erst 27 Jahre später wieder
freikommen sollte. Der Mann war Nelson Mandela. Das sind
nur zwei von zahllosen Beispielen dafür, wie der Mensch die
Chancen anderer verhindern kann, in ihrem Leben ein Gewinner zu werden. Überall auf der Welt werden bestimmte Gruppen
wegen ihrer Hautfarbe, ihres Geschlechts, ihrer politischen oder
religiösen Ansichten systematisch des Rechts beraubt, ihr eigenes Leben erfolgreich zu gestalten.
     Wenn wir uns das Geheimnis des Cichlidenfisches ansehen,
erhebt sich die Frage, ob es eine biologische Begründung für
die Vorurteile und Diskriminierungen gibt, unter denen Millionen Menschen leiden. Handeln die T-Cichliden vergleichbar
den Buren zur Zeit der Apartheid, wenn sie die NT-Cichliden
unterdrücken, oder wie eine Verschwörung älterer Männer, die
Frauen aus der Arbeitswelt, aus den Bildungsinstitutionen oder
sogar aus der Öffentlichkeit verdrängen, um ihre eigene Macht
zu wahren?

Diskriminierungen, die so offensichtlich sind wie jene im Irland der 50er-Jahre oder im Südafrika der Apartheid, sind inzwischen vielerorts von Gleichberechtigungsgesetzen, bürgerlichem Ungehorsam oder anderen sozialen Bewegungen abgeschafft worden. Doch unsichtbare Glasdecken gibt es immer noch und überall, selbst in fortschrittlichen Ländern mit rechtsstaatlichen Prinzipien und gesetzlichem Schutz vor Diskriminierung. Sehen wir uns nur die Auflistung der CEOs der Fortune-500-Firmen an – ganze 15 der 500 waren Frauen.[23] Es sieht ganz so aus, als ob Männer sich aktiv verschwören, um Frauen den Karriereweg zu verbauen. Aber vielleicht ist es doch nicht ganz so einfach.

Barack Obama, Hirnchirurg

Mai 2008. Barack Obama und Hillary Clinton treten bei den Vorwahlen der Demokraten gegeneinander an; beide wollen als Präsidentschaftskandidat für die Wahl im November 2008 nominiert werden. Gleichzeitig entdeckten E. Ashby Plant und seine Kollegen von der Florida State University eine bemerkenswerte Veränderung in den Gehirnen repräsentativ ausgewählter US-Bürger.[24]

Um diese Veränderung zu erklären, müssen wir uns noch einmal auf einen kurzen Exkurs begeben und uns die Einstellung zu Geschlechterrollen und ihre Messung ansehen. Wenn ich wissen möchte, wie Sie beispielsweise zur bevorzugten Berufung von Frauen in leitende akademische Positionen stehen, dann kann ich Sie direkt fragen und eine Antwortskala von »Bin absolut dafür« bis »Lehne ich völlig ab« vorgeben. Aber diese naheliegende Methode erfasst nur einen Teil Ihres Denkens, die sogenannten expliziten, bewussten Haltungen. Diese sind aber wiederum nur ein kleiner Teil der geistigen Prozesse, welche sich in den endlosen Netzwerken in unserem Schädel abspielen.

Das meiste, was im Gehirn passiert, bleibt unbewusst, aber unsere gesamten Äußerungen und Gefühle werden von diesen unbewussten – den impliziten – Prozessen geformt. Bewusste und unbewusste Systeme treiben uns oft zu widersprüchlichem Verhalten, und das ist ein Grund dafür, warum Menschen oft so planlos und irrational wirken.

Aber wie erforscht man Gedanken und Gefühle, die sogar ihren Trägern verborgen sind? Das ist ziemlich einfach. Man bedient sich einer Methode namens *Implicit Association Test* (IAT). Eine typische Version dieses Tests setzten auch Laurie Rudman und ihre Kollegen von der Rutgers University 2001 ein.[25] Sie studierten die impliziten, also unbewussten, Einstellungen zu Geschlechterrollen auf folgende Weise: Die Versuchspersonen bekamen Wörter auf einem Bildschirm gezeigt und sollten auf der Tastatur eine linke oder rechte Taste als Reaktion drücken. Die erste Gruppe Wörter bestand aus männlichen und weiblichen Vornamen; die Teilnehmer sollten bei männlichen Namen links drücken und bei weiblichen rechts. Dann sollten sie eine Gruppe Adjektive entweder als »stark« (z. B. »kräftig«, »kühn«) oder »schwach« (z. B. »verwundbar«, »schüchtern«) einordnen und für jede Gruppe jeweils eine der beiden Tasten drücken.

Darauf folgte der eigentliche Test – Vornamen und Adjektive erschienen immer noch nacheinander, aber gemischt, und die Teilnehmer sollten für weibliche Namen und »schwache« Adjektive die linke Taste und für männliche Namen und »starke« Adjektive die rechte drücken. Im zweiten Durchgang galt dann die gleiche Taste für weibliche Namen und »starke« Adjektive einerseits und für männliche Namen und »schwache« Adjektive andererseits. Mit anderen Worten, zwei gewöhnlich nicht miteinander verbundene Konzepte – weiblich und stark, männlich und schwach – erforderten die gleiche Reaktion.

Gemessen wurde, wie schnell die Teilnehmer auf die einzelnen Wörter reagierten. Diese folgten so schnell aufeinander, dass die Versuchspersonen keine Möglichkeit hatten, sich der widersprüchlichen Stereotypen bewusst zu werden und ihre Reaktionen entsprechend zu steuern. Wie schnell sie auf die Wörter reagierten, zeigte also die impliziten, unbewussten Assoziationen, die in ihren Gehirnen verankert waren.

Den entscheidenden Vergleich lieferte diese Studie zwischen der Reaktionszeit, wenn die geforderte Reaktion mit dem Stereotyp kompatibel war (z. B. rechte Taste für männlich und stark), und der Reaktionszeit bei stereotyp-inkompatibler Reaktion (z. B. rechte Taste für weiblich und stark). Rudman fand heraus, dass die männlichen und weiblichen Probanden langsamer reagierten, wenn sie mit derselben Hand auf weiblich/stark und männlich/schwach anstelle von weiblich/schwach und männlich/stark reagieren sollten (allerdings war der Effekt bei Männern ausgeprägter). In diesem Fall ist der Unterschied der Reaktionszeit ein Maß für die verborgenen Geschlechterrollenkonzepte des Gehirns, aber dasselbe Prinzip kann bei vielen anderen Haltungen angewandt werden, ob es um Umweltfragen, Moral, Politik oder Hautfarbe geht – oder um bevorzugte Einstellung von Frauen wie in Plants sich über ein Jahr erstreckender Wahlstudie.

Nachdem er zunächst die bewussten Einstellungen zu Frauen in akademischen Führungspositionen abgefragt hatte, konnte Plant mit der IAT-Methode auch die unbewussten Haltungen erforschen. Um wieder die bevorzugte Einstellung von Frauen in akademischen Führungspositionen als Beispiel zu nehmen: Ein Versuchsteilnehmer konnte gebeten werden, dieselbe Taste für weibliche Vornamen und höhere akademische Berufe wie »Professor« zu drücken und eine andere für männliche Vornamen und niedere akademische Berufe wie »Assistenzprofessor«. Bei langsamerer Reaktion auf diese Kombination als auf die von weiblichen Vornamen und niederen akademischen Berufen ergab sich so eine Einsicht in die unbewussten, impliziten Einstellungen zu Universitätskarrieren von Frauen.

Während also ein liberal denkender Mensch vielleicht ganz ehrlich sagt, dass er eine Bevorzugung von Frauen bei der Vergabe von Professuren absolut befürworte, hegt er unbewusst vielleicht doch negative Ressentiments in dieser Frage – und weiß es nicht einmal. Und wenn es darum geht, wie wir wirklich handeln, wie wir uns verhalten, dann sind es oft die unbewussten, impliziten Einstellungen, die uns antreiben.

Plant und seine Kollegen untersuchten mit Methoden ähnlich dem IAT aus der Genderforschung die impliziten Rassenvorurteile von Nichtschwarzen im Kontext von Barack Obamas Vorwahlkampf um die Präsidentschaftskandidatur der Demokratischen Partei. Zu ihrem Erstaunen fanden sie bei diesen Vorwahlen ein geringeres Maß an unbewussten Rassenvorurteilen gegen Schwarze als zuvor gemessen. Das positive Beispiel eines hochintelligenten und zielstrebigen Schwarzen in herausgehobener Position – Barack Obamas nämlich – scheint tatsächlich die unbewussten Haltungen in den Köpfen der Menschen verändert zu haben.

Wir sprechen hier wirklich von physischen Veränderungen im Gehirn, die diesen Haltungen zugrunde liegen. Das zeigen Forschungen von Elizabeth Phelps und ihren Kollegen von der New York University, die Weißen, deren Rassenvorurteile sie zuvor auf eine von zwei Arten gemessen hatten – entweder durch einen Standardfragebogen oder durch einen IAT zur Feststellung der unbewussten Ressentiments –, Bilder von ihnen unbekannten Schwarzen und Weißen zeigten.[26] Phelps zeichnete mit dem fMRI-Verfahren dabei die Aktivität der Amygdala auf, des sogenannten Mandelkerns, eines wichtigen Bereichs im Gehirn für Emotionen wie Angst und Wut. Bewusste Rassenvorurteile, wie sie der Fragebogen feststellte, erwiesen sich dabei als nicht mit der Amygdala-Aktivität verbunden, während unbewusste, implizite Ressentiments eine starke Korrelation mit der Aktivität der Amygdala beim Anblick der Bilder von Schwarzen aufwiesen.

Das bewusste Denken läuft langsam ab und passiert einen engen Flaschenhals – es ist schwierig, mehr als einen Gedanken gleichzeitig zu verfolgen. Das unbewusste Denken dagegen ist sehr schnell und kennt keinen solchen Flaschenhals. Aus diesem einfachen Grund werden die meisten unserer Handlungen und Äußerungen im Alltag viel stärker von unbewussten als von bewussten Prozessen gesteuert. Das macht es weniger überraschend, dass unsere bewussten Einstellungen zu Politik, Geschlecht, Hautfarbe und ähnlichen Fragen nicht sehr gut mit der Aktivität in jenen Hirnrealen übereinstimmen, die wirklich zählen, wenn es darum geht, unser Verhalten in einer gegebenen Situation vorauszusagen – unsere Ergebnisse im IAT sagen mit anderen Worten besser aus, was wir wirklich gut finden, als unsere bewussten Gedanken und Äußerungen.

Sie können Ihren eigenen unbewussten Vorurteilen auf die Spur kommen, indem Sie selbst einen Test machen, der dem IAT ähnelt. Dazu müssen Sie nur auf die folgende Webseite der Harvard University gehen: https://implicit.harvard.edu/implicit/ und sich anschließend das Ergebnis geben lassen. Als ich an einem Experiment auf dieser Seite teilnahm, das mit einer IAT-Methode ähnlich der beschriebenen die impliziten Einstellungen zu verschiedenen Altersgruppen maß, stellte sich heraus, dass ich unbewusst am positivsten gegenüber Kindern und Erwachsenen mittleren Alters eingestellt war, dicht gefolgt von älteren Erwachsenen. Über junge Erwachsene dachte ich dagegen unbewusst signifikant schlechter als über die anderen Gruppen – was mich als Universitätsprofessor doch sehr nachdenklich machte.

Aber auch bewusste Vorurteile sind sehr verbreitet, und an der Diskriminierung von Anne Feeney oder Nelson Mandela war nichts implizit oder unbewusst. Aber bewusste Vorurteile kann man erkennen und bekämpfen. Schwieriger ist es, unbewussten Einstellungen zu begegnen, die sich in den Köpfen selbst aufgeklärter Zeitgenossen verbergen, die ganz ehrlich glauben vorurteilsfrei zu sein. Eine Kombination expliziter und impliziter Vorurteile bei den wirklich Verbohrten stellt eines der größten Hindernisse dar, wenn man als Angehöriger einer diskriminierten Gruppe gewinnen und sich durchsetzen möchte. Das besondere Problem bei impliziten Vorurteilen ist, dass wir sie ohne entsprechende psychologische Tests nicht erkennen, dass sie unser Verhalten aber wesentlich bestimmen.

Es gibt allerdings eine noch standhaftere Barriere gegen das Gewinnen – eine im Gehirn des Diskriminierten selbst.

Glasdecken im Gehirn

Am 28. März 1964 setzte sich die 29-jährige Barbara Allen zum Mittagessen an die Theke eines Schnellrestaurants in St. Augustine, Florida. Wenige Minuten später stürmte ein Trupp Polizisten das Lokal und warf sie hinaus. Als sie sich weigerte, wurde sie mit elektrischen Viehtreiberstäben traktiert. In einem Muskelkrampf schlug sie heftig das Knie gegen den Tresen. Die Beamten nahmen sie fest und schleppten sie hinaus.[27]

Barbara war von Florida bis nach New York gegangen, um sich an der Bürgerrechtsbewegung zu beteiligen, die in St. Augustine, der ältesten von Europäern gegründeten Stadt der kontinentalen USA, dank des vehementen Widerstands von Ku-Klux-Klan, Polizei und Gerichten einen äußerst schweren Stand hatte. Danach verlor Barbara, eine Schwarze, ihre Stelle bei der Post und durfte am College keine Ausbildung zur Krankenschwester beginnen, weil sie jetzt vorbestraft war.

Barbara Allens Opfermut führte zusammen mit dem Tausender anderer Menschen in den USA zum *Civil Rights Act* (Bürgerrechtsgesetz) von 1964. Während auf den Straßen die Demonstranten zusammengeschlagen, von Polizeihunden attackiert und in den Südstaaten gelegentlich auch umgebracht wurden, begannen Irwin Katz und sein Team am Research Center on Human Relations der liberalen New York University gerade ihre Studien zu Rassenvorurteilen. Der Titel ihrer ersten Studie lässt heute vielleicht etwas zusammenzucken: ›Effects of task difficulty, race of administrator, and instructions on digit-symbol performance of Negroes‹ (›Auswirkungen von Schwierigkeitsgrad, Rasse des Versuchsleiters und Art der Instruktionen auf die Leistung von Negern beim Ziffern-Symbol-Test‹), veröffentlicht im angesehenen ›Journal of Personality and Social Psychology‹.[28]

Katz und sein Team reisten in die aufgeheizten und spannungsgeladenen Südstaaten und führten mit schwarzen Studierenden den sogenannten Ziffern-Symbol-Test durch, der zum *Wechsler Adult Intelligence Scale* gehört, dem internationalen Standard-Intelligenztest. Bei diesem Teiltest sollen die Probanden abstrakte Symbole innerhalb einer vorgegebenen Zeitspanne bestimmten Ziffern zuordnen, während der Versuchsleiter die Zeit stoppt. Die Hälfte der Versuchsleiter war weiß, die andere schwarz. Entscheidend war, dass einige Probanden erzählt bekamen, es handele sich um einen Test der Auge-Hand-Koordination, andere aber, es gehe um einen Intelligenztest.

Die Ergebnisse waren bemerkenswert: Die von schwarzen Versuchsleitern getesteten Probanden schnitten etwas besser ab, wenn sie glaubten, an einem Intelligenztest teilzunehmen. Wurde der Test von einem Weißen überwacht, fielen ihre Leistungen sehr viel schlechter aus – aber nur, wenn sie glaubten, es sei ein Intelligenztest. Glaubten sie dagegen, es gehe nur um die Auge-Hand-Koordination, erzielten sie viel bessere Ergebnisse.

Was ist an dieser Studie so bemerkenswert? Zunächst wurde

hier verdeutlicht, dass die Vorurteile sich im Denken der Opfer festsetzen. Dieses bösartige Implantat führte zu sich selbst erfüllenden Prophezeiungen: Weil viele Menschen Schwarze für weniger intelligent als Weiße hielten, drang dieser falsche Stereotyp unbewusst in die Köpfe der Schwarzen ein und ließ sie bei Intelligenztests schlechter abschneiden als ihre wirklichen Fähigkeiten es zugelassen hätten.

Diese Glasdecken im Gehirn stellen ein unglaublich hartnä-ckiges Hindernis gegen das Gewinnen dar – sie sind in vieler Hinsicht schwerer zu bekämpfen als offene Diskriminierung, wie sie Barabara Allen erleben musste. Wie bekämpft man etwas, das sich im eigenen Gehirn befindet und noch dazu unbewusst bleibt? Das ist beileibe nicht nur ein Problem für Schwarze – jede andere von Klischees und Diskriminierung betroffene Gruppe ist genauso davon berührt. Bei der Geschlechterrollenzuweisung findet man oft das Klischee, Frauen seien weniger gut im Rech-nen. Wenn weibliche Testteilnehmerinnen Rechenaufgaben lösen sollen und erzählt bekommen, der Test sage nichts über ihre mathematischen Fähigkeiten aus, schneiden sie viel besser ab, als wenn man ihnen sagt, ihre Ergebnisse seien »Indikatoren der mathematischen Befähigung«.[29]

Diese verinnerlichten Glasdecken gelten auch für Altersgrup-penklischees. Sehen wir uns einen bemerkenswerten Versuch an, den John Bargh und seine Kollegen an der New York University durchführten.[30] Studierende sollten aus fünf Karten, auf denen jeweils ein Wort stand – zum Beispiel *lief Gabel Hund der heim* –, einen Satz mit vier Wörtern zusammenstellen, in diesem Fall *der Hund lief heim.* Jeder Versuchsteilnehmer löste 30 solcher Auf-gaben und wurde dann in dem Glauben, die Studie sei beendet, entlassen. Aber es kam noch etwas nach.

Ohne dass die Teilnehmer – davor oder danach – etwas davon erfuhren, enthielten bei einigen von ihnen 20 der 30 Aufgaben Wörter, die sich auf negative Aspekte des Alterns bezogen – etwa *alt, einsam, grau, vergesslich, pensioniert* und so weiter. Die anderen Teilnehmer dagegen erhielten nur neutrale Aufgabenwörter.

Und jetzt das erstaunliche Ergebnis: Als die Probanden das Labor verließen, saß einer der Experimentatoren unauffällig im Flur und stoppte mit, wie schnell sie gingen. Und siehe da, die Studierenden, die unbewusst und implizit den altersbezogenen Wörtern ausgesetzt worden waren, gingen jetzt signifikant langsamer.

Mit anderen Worten: Bargh und seine Kollegen hatten eine Glasdecke in das Gehirn ihrer Studierenden eingebaut – sie waren unbewusst »programmiert« worden, sich gemäß dem Altersstereotyp für Senioren zu verhalten, also zum Beispiel langsamer zu gehen. Sie wussten nicht, was sie dazu brachte – sie wussten nicht einmal, dass sie überhaupt langsamer gingen als sonst!

Aber was ist mit dem anderen großen Problem des Alterns – der Vergesslichkeit? Die ist sicher ein Ergebnis unwandelbarer biologischer Prozesse im Gehirn und kann durch anscheinend triviale Manipulationen des Unbewussten nicht beeinflusst werden? Oh doch. Thomas Hess und seine Kollegen von der North Carolina State University setzten John Barghs Methode der mentalen Glasdecke bei Gedächtnistests mit Gruppen jüngerer und älterer Menschen ein.[31] Sie verwendeten jeweils dieselben Wörtersortierungsaufgaben, veränderten sie allerdings ein bisschen.

Bei der Hälfte der jüngeren und der älteren Freiwilligen mischte Hess negative altersbezogene Wörter in 20 ihrer 30 Aufgaben – Wörter wie *spröde, leidend, verwirrt, schrullig, abhängig, depressiv, schwach, vergaß, fragil, mürrisch, unfähig, unflexibel, einsam, starr, Stubenhocker, senil, kränklich, langsam, stur, müde.* Die anderen Teilnehmer bekamen dagegen in ihren Aufgaben, ebenfalls ohne ihr Wissen, positiv konnotierte altersbezogene Wörter vorgelegt, wie etwa *routiniert, aktiv, würdevoll, angesehen, Erfahrung, großzügig, Unabhängigkeit, kenntnisreich,*

interessant, Freundlichkeit, erfahren, liebevoll, Geduld, Stolz, res-
pektiert, gesellig, erfolgreich, Verständnis, weise.

Nachdem so die Hälfte der Versuchspersonen eine »Glasdecke« eingebaut bekommen hatte, führte Hess mit allen einen
Gedächtnistest durch – sie sollten sich eine Reihe unbekannter
Wörter merken. Wenig überraschend konnten sich die jüngeren Teilnehmer, die zwischen 19 und 30 Jahre alt waren, mehr
Wörter merken als die älteren, die zwischen 62 und 84 Jahre
alt waren; sonst bewirkte die Glasdecke bei den jüngeren Probanden nichts – ihr Gedächtnis wurde weder von den positiven
noch von den negativen altersbezogenen Wörtern beeinflusst.

Bei der Gruppe der Älteren war es anders: Die unbewusst mit
den positiven altersbezogenen Wörtern Geprägten erinnerten
sich an 53 Prozent der Wörter (gegenüber 62 Prozent bei der
Gruppe der Jüngeren); die unbewusst mit negativen altersbezogenen Wörtern konfrontierten Versuchspersonen dagegen nur
an 40 Prozent.

Hess und seine Kollegen entdeckten noch etwas anderes.
Ihnen fiel auf, dass einige der Älteren trotz der negativen Kli-
scheewörter weniger anfällig für schlechtere Gedächtnisleistung
zu sein schienen. Was hatten sie gemeinsam? Es waren diejenigen, deren implizite, unbewusste Einstellung zum Altern weniger negativ war. Mit anderen Worten, die implizite Glasdecke im
Gehirn kann durchaus der entscheidende Faktor gewesen sein,
der als Reaktion auf die negativen altersbezogenen Wörter ihre
Gedächtnisleistung absinken ließ.[32]

Das Gedächtnis kann also schon durch eine kleine Beeinflussung des Unbewussten verschlechtert werden – genau wie der
IQ bei Schwarzen und die Rechenfähigkeit bei Frauen, wie es
die anderen Studien gezeigt haben. Die Chancen, im Leben ein
Gewinner zu sein, werden bei Angehörigen so stigmatisierter
Gruppen durch die Einpflanzung von Stereotypen ins Gehirn
zerstört, die unbewusste, selbst geschaffene Glasdecken her-

vorbringen, die wiederum zu sich selbst erfüllenden Prophezeiungen in ihren Leistungen führen. Mit anderen Worten: Die Betreffenden sind durch die Ansichten und Haltungen anderer Menschen von der Möglichkeit ausgeschlossen, für »T-Fische« gehalten zu werden, und sie beschränken sich selbst, indem sie dieselben negativen Einstellungen übernehmen.

Könnte man die Wahl Barack Obamas zum Präsidenten daher als eine der größten neurologischen Massenbehandlungen in der amerikanischen Geschichte bezeichnen? Wir haben anhand von Ashby Plants Forschungen gesehen, dass die positiven Leistungen Obamas die unbewussten Denkprozesse der Öffentlichkeit umzuformen schienen, aber könnten sie auch die Glasdecken im Denken der Schwarzen entfernt haben? Ist dies eine mögliche, wenn auch weniger extreme menschliche Entsprechung der Verlierer-Gewinner-Transformation, die der vom NT- zum T-Fisch gewandelte Cichlide zeigte?

Die Lösung des Rätsels der Cichliden

In den Gehirnen der NT-Buntbarsche gibt es, soweit man weiß, keine Glasdecken, und die T-Männchen der Art sind auch nicht zu der organisierten Unterdrückung fähig, wie sie die Polizei von St. Augustine Barbara Allen angedeihen ließ. Was also löst die ungewöhnliche Verwandlung des NT-Männchens zu seinem auffälligen T-Gegenstück aus?

Hier die Lösung: Das farbenfrohe Schuppenkleid, das die Verwandlung mit sich bringt, lässt die T-Männchen aus der Masse der NT-Buntbarsche herausragen. Das ist zwar gut und schön, wenn es darum geht, die Aufmerksamkeit der Weibchen zu erregen, hat aber den großen Nachteil, dass die über dem Wasser kreisenden Raubvögel diese Fische sehr viel leichter ausmachen können. T-Cichliden laufen also eine viel größere Gefahr, gefressen zu werden. Und wenn das geschieht, kann ein reaktionsschneller NT-Cichlide, der vielleicht gerade in der Nähe schwimmt, sich das Revier des toten Rivalen aneignen, bevor andere Männchen die freie Stelle bemerken.

Das Erlebnis, ein eigenes Revier zu haben, ist dann der entscheidende Stimulus, der die Verwandlung des männlichen Buntbarschs aus seiner NT- in die T-Version bewirkt. Die Transformation in einen prächtigen, dominanten Gewinnertyp ist also das Ergebnis einer Gelegenheit, die sich durch Veränderung der Umwelt ergibt.

Können wir daraus eine Lehre für das menschliche Verhalten ziehen? Ist Gewinnen einfach Glückssache – kommt es nur darauf an, ein unbesetztes Revier zu finden, sei es real oder im übertragenen Sinne? Wenn man plötzlich Gutsherr, Abteilungsleiter oder Student an der Elite-Uni wird, wird man dann wie bei Jekyll und Hyde zum T-Männchen? Ist das Ganze einfach eine Frage von »Die rechte Stunde macht den Mann«? Wird unser Erfolg von den Rollen bestimmt, die uns zugewiesen werden, von der Macht, die andere uns überlassen?

Entspringen die Eigenschaften eines Siegertypen – das Urteilsvermögen, das Charisma, die Entschlossenheit, die berühmte CEOs wie Jack Welch von General Electric oder Ursula M. Burns von Xerox zeigen – aus den Rollen, die die Menschen spielen? Entstehen in einem frisch gewählten Präsidenten die Fähigkeiten und Eigenschaften, die es ihm ermöglichen, sehr viel größere Leistungen als gewöhnliche Menschen zu erbringen? Genügt es, wenn man wie Odlanier Solís das rote Trikot per Los bekommt, um gegen alle Wahrscheinlichkeit olympisches Gold zu holen? Mit anderen Worten: Können auch wir uns wie NT-Buntbarschmännchen durch reinen Zufall, äußere Umstände oder ein geschäftliches »Revier« in T-Cichliden der Geschäftswelt verwandeln?

Wenn das der Fall ist, erklärt es vielleicht, warum Staaten, Familien und Firmen eine solche ungeheure Menge an menschlichem Potenzial verschwenden können, weil ihre Mitarbeiter durch auferlegte Beschränkungen wirklicher und gläserner Decken ihrer T-Fisch-Möglichkeiten beraubt werden, bewusst und unbewusst. Wie können die NT-Cichliden in unseren Familien, Schulen, Gemeinden und Organisationen die Chance erhalten, ein T-Fisch zu werden?

Wenn Gewinnen und Macht von anderen und von unseren eigenen unbewussten Einstellungen bestimmt wird, dann scheint der Erfolg einfach eine Sache der Möglichkeit und der gestellten Erwartungen zu sein, sich wie ein Siegertyp zu verhalten. Diese Erklärung ist stichhaltiger als die im ersten Kapitel behandelte Theorie, man werde als Sieger geboren, aber es bleibt ein Problem: Wie wir alle wissen, erfüllt nicht jeder die Erwartungen, die an einen Status geknüpft sind, der ihm verliehen wird. Wie viele »ausgezeichnete Stellvertreter« kommen einem nicht in den Sinn – Menschen, die als Nummer zwei ausgezeichnete Arbeit leisten und ganz selbstverständlich als Nachfolger des Chefs gehandelt werden, die dann aber spektakulär scheitern, wenn sie wirklich an der Spitze stehen, die nicht zu T-Männchen werden, obwohl sie ein Revier geerbt haben?

Nein. Gewinnen ist nicht einfach eine Frage des Glücks oder der äußeren Umstände – wir sind genauso wenig bloße Schachfiguren des Schicksals, wie wir geborene Sieger sind. Wenn der Erfolg also kein Geburtsrecht ist, aber auch nicht aus Glück und äußeren Umständen entspringt, welche zusätzlichen Ingredienzen braucht er noch?

Um diese Frage zu beantworten, müssen wir uns noch etwas mehr mit der Machtfrage beschäftigen. Was geschieht mit Menschen, wenn sie an die Macht gelangen, so, wie der T-Cichlide sich sein Revier sichert? Macht ist, wenn wir dem britischen Philosophen Bertrand Russell glauben, der grundlegende Stoff aller menschlichen Beziehungen, aber verändert sie nicht nur Beziehungen, sondern auch den Menschen selbst? Gibt es eine Art chemischer Reaktion zwischen den Karten, die das Schicksal Ihnen austeilt, und Ihrer Persönlichkeit?

Wenden wir uns nun der Frage zu, was Macht mit uns macht – indem wir uns das Enigma von Bill Clintons Freund vornehmen.

3

Bill Clintons Freund

Was Macht mit uns macht

Am 28. Mai 1997 aßen US-Präsident Bill Clinton und seine Frau Hillary mit einem Freund und dessen Frau im Pont de La Tour, einem Londoner Spitzenrestaurant an der Tower Bridge, zu Abend. Sie benahmen sich ganz wie smarte Anwälte, die alles im Griff haben, und verstanden sich gut. Das Dinner half dem frisch wiedergewählten Präsidenten vermutlich, seine politischen Sorgen zu vergessen. Seine Partei hatte im Repräsentantenhaus sowie im Senat die Mehrheit verloren, seine Gesundheitsreformen waren spektakulär gescheitert, und unter ihm kreisten noch andere mächtige politische Haie.

Nur wenige Tage zuvor hatte Bill Clintons Freund in Großbritannien einen Erdrutschsieg in den Parlamentswahlen errungen, und es war ein Zeichen der besonderen Beziehung zwischen beiden, dass der amerikanische Präsident dem neuen Premierminister so schnell einen offiziellen Besuch abstattete. Der jungenhafte Tony Blair erinnerte Clinton daran, wie er vor fünf Jahren gewesen war. Clintons Berater hatten Blair bei seinem Weg zum Sieg zur Seite gestanden, und beide teilten eine gemeinsame politische Vision, die sie als »dritten Weg« bezeichneten.

Nur ein Jahr später brach dann einer der Haie – die Monica-Lewinsky-Affäre – an die Wasseroberfläche durch, und zwar kurz vor einem Besuch Blairs in Washington. Präsident Clinton erlebte schwere Zeiten, und die bewegende Rede, die Blair im Weißen Haus hielt, um ihn zu unterstützen, war dringend benötigtes politisches Kapital für ihn. Aber wiederum ein Jahr später beschuldigte Bill Clinton seinen Freund Tony Blair, ihm in den Rücken gefallen zu sein. Was war geschehen? Die Antwort auf diese Frage wird uns helfen zu verstehen, wie und warum es von der Reaktion auf Machtausübung abhängen kann, dass man ein Gewinner wird.

Im März 1999 zeigte das Fernsehen Bilder langer, mühselig dahinziehender Flüchtlingstrecks. Frauen, Kinder und Greise waren durch die ethnischen Säuberungen des damaligen jugoslawischen Präsidenten Slobodan Milošević aus ihren Häusern vertrieben worden. Die USA und ihre europäischen NATO-Verbündeten hatten ihm ein Ultimatum gestellt – entweder Schluss mit den Vertreibungen oder Bombenangriffe –, aber unter den Alliierten herrschte Uneinigkeit, ob letztlich auch Bodentruppen eingesetzt werden müssten, um Milošević kleinzukriegen.

Am 24. März erklärte Bill Clinton in einer Fernsehansprache zur besten Sendezeit, dass sich amerikanische Militärflugzeuge den Angriffen der NATO auf serbische Truppen angeschlossen hätten. In letzter Minute hatte der Präsident, so David Halberstam in seinem Buch ›War in a Time of Peace: Bush, Clinton and the Generals‹ (›Krieg in Friedenszeiten: Bush, Clinton und die Generäle‹), noch einen Satz eingefügt:»Ich plane nicht, unsere Truppen im Kosovo in einen Kriegseinsatz zu schicken.«[1]

Tony Blair war wütend über diese Festlegung, weil er glaubte, dass ein so kategorischer Ausschluss eines Bodentruppeneinsatzes die ganze Militäraktion praktisch wirkungslos mache und nur Milošević in die Hände spiele. Einen Monat später hielt Blair in Chicago eine Rede, in der er sagte:»Wir werden erst dann erfolgreich sein, wenn eine internationale Truppe im Kosovo stationiert ist, die den Flüchtlingen die Rückkehr in ihre Heimat ermöglicht. Milošević wird keine Einspruchsmöglichkeit gegen den Einsatz dieser internationalen Truppe haben.«

Es war eine mitreißende, unnachsichtige Rede, in der Blair sich für einen Präventivschlag gegen einen souveränen Staat aussprach. Weiter sagte er: »Bei Amerikanern muss man immer damit rechnen, dass sie sich lieber nicht in die Angelegenheiten der übrigen Welt hineinziehen lassen möchten«, und äußerte sich dann zuversichtlich, dass das Gipfeltreffen unter Führung Präsident Clintons am Wochenende in Washington zu einem einmütigen Beschluss in seinem, Blairs, Sinne führen werde.

Clintons Wut darüber, dass Blair ihn in Zugzwang brachte, war verständlich, vor allem, weil die Öffentlichkeit überwiegend positiv auf Blairs kämpferischen, moralisierenden Ton reagierte. Dadurch stand Blair in sehr viel besserem Licht da als Bill Clinton, den Vorwürfe belasteten, er habe sich während des Vietnamkriegs dem Kriegsdienst entzogen und sich als Präsident sexuelles Fehlverhalten zuschulden kommen lassen.

Es ist also kein großes Geheimnis dabei – die Freundschaft ging in die Brüche, weil Tony Blair sie verriet. Die Frage ist, wie es zu den belastenden Differenzen zwischen den beiden kam. Waren sie rein politisch oder spielte vielleicht eher ein psychischer Faktor eine Rolle?

Am 3. Oktober 1993 wurden bei einem Granatwerferangriff in Mogadischu, der Hauptstadt Somalias, zwei US-Hubschrauber abgeschossen und drei weitere beschädigt. Sie gehörten zu einer multinationalen Streitmacht unter amerikanischer Führung, die mit einem Mandat der Vereinten Nationen in Somalia, einem zerfallenden Bürgerkriegsland, gelandet war, um eine befriedete Zone zu schaffen, in der humanitäre Hilfsorganisationen arbeiten konnten, ohne von den Privatarmeen der diversen Warlords attackiert zu werden. Natürlich wurde die Interventionstruppe selbst angegriffen, und bei den Hubschrauberabschüssen und den folgenden Bodenkämpfen kamen insgesamt 18 US-Soldaten ums Leben, weitere 74 wurden verwundet; nicht mitgerechnet

Hunderte von Somalis.[2] Die Bilder der abgestürzten Black Hawks und der durch die Straßen geschleiften Leiche eines amerikanischen Soldaten entsetzten die Öffentlichkeit, und das Image des frisch gewählten Präsidenten Clinton litt deutlich, als er einen eiligen Rückzug aus Somalia binnen sechs Monaten anordnete.

Nur eine Woche nach dem Fiasko in Somalia wurde dem amerikanischen Kriegsschiff »USS Harlan County« in Port-au-Prince, der Hauptstadt Haitis, die Anlegeerlaubnis verweigert. Die an Bord befindliche Schutztruppe von 200 Soldaten sollte bei der Wiedereinsetzung des bei einem Putsch gestürzten legitimen Präsidenten Aristide helfen. Während das Kriegsschiff abdrehen musste, johlte die Menge »Somalia, Somalia« von den Kais. Halberstam beschrieb diesen Vorfall als einen der peinlichsten in der jüngeren amerikanischen Geschichte.

Als 1999 die Kosovokrise ausbrach und Blair seine berühmte Rede in Chicago hielt, hatte Clinton nicht nur die Demütigungen von Somalia und Haiti hinter sich, auch seine Gesundheitsreform war gescheitert und er hatte die Mehrheit in beiden Kammern des Kongresses verloren; zusätzlich belasteten ihn Vorwürfe, er habe dem Völkermord in Ruanda untätig zugesehen. Jetzt stand er unter Druck, in einer weiteren unübersichtlichen Krise mit ungewissem Ausgang zu intervenieren, mit allen Risiken für die Truppen und ihn selbst.

Tony Blair dagegen hatte es – neben anderen Erfolgen – geschafft, den anscheinend hoffnungslosen, 400 Jahre alten Nordirlandkonflikt auf dem Verhandlungsweg zu lösen – wenn auch mit aktiver Hilfestellung durch Clinton und den irischen Premierminister Ahern – und eine umfassende Verfassungsreform in Großbritannien einzuleiten.

War es also eine Überraschung, dass Clinton zögerte, auch noch Truppen in den Kosovo zu schicken, nach den Niederlagen, die er hatte einstecken müssen? Kann es sein, dass der Bruch der Freundschaft mit Blair ein Nebenprodukt des »Gewinnereffekts«

war? War Blair das menschliche Gegenstück zu der Kalifornischen Maus, die einige Kämpfe gewonnen hat und jetzt einen stärkeren Gegner schlagen kann, da der Sieg sie körperlich und mental aufgerüstet hat? Entsprach Clinton der anderen Maus, die verloren hat, und zögerte er jetzt, in der Umkehrung des Gewinnereffekts, sich den Herausforderungen zu stellen, die sein Kabinett ihm anzunehmen riet? War die Entfremdung zwischen den beiden Staatsmännern ein Ergebnis des Abgrunds, der sich zwischen den Gehirnen von Gewinnern und Verlierern auftut?

Vielleicht, aber Clinton hatte ja auch durchaus Erfolge verbuchen können – darunter die unter US-Vermittlung zustande gekommene Verhandlungslösung für den Bosnienkrieg 1995, einen soliden Wirtschaftsaufschwung und seine eigene geglückte Wiederwahl 1996. Seine Rückschläge hatten seine Risikobereitschaft angegriffen, aber er war immer noch der Seniorpartner in dieser Freundschaft. Wenn also der Gewinner-und-Verlierer-Effekt den Bruch nicht erklärt, was dann?

Wie sehr sie auch im Blickpunkt der Öffentlichkeit stehen mögen, Präsidenten und Premierminister handeln ja nicht isoliert, sondern im Kontext der Kabinettsmitglieder, Berater und weiterer Hunderter von Offiziellen, die sie beraten und beeinflussen, mit denen sie diskutieren und die untereinander ihre Intrigen ausfechten. Ist es etwas naiv, internationale Konflikte mit der Psychologie einzelner Staatschefs deuten zu wollen?

Nicht ganz. Wie wir noch sehen werden, ist die psychische Verfassung politischer Führer ein ziemlich wichtiger Faktor der geschichtlichen Entwicklung. Andererseits ist es naiv, alle anderen Spitzenpolitiker, hohen Militärs und wichtigen Beamten bei der Verständnissuche, wie unterschiedliche politische Grundsätze zum Bruch zwischen Blair und Clinton geführt haben, zu ignorieren. Um herauszufinden, was sich zwischen ihnen abgespielt hat, müssen wir uns in einen ominösen Frühlingstag ein Jahrzehnt zuvor zurückversetzen.

26. April 1986. Über den ganzen Horizont hinweg rückt eine Front schwarzer Wolken von Osten her vor und löscht das Sonnenlicht aus. Der Wolkenbruch trifft den Boden wie weiches Artilleriefeuer. Ich stehe auf einem Berggipfel einer schottischen Insel und bin sofort völlig durchweicht; unfreiwillig schlucke ich den herabbrausenden Regen aus dem Osten, atme ihn ein ... Verändert, frage ich mich, Cäsium-137 die Form der Regentropfen? Macht es sie irgendwie schwerer, weicher ... süßer?

An jenem Aprilmorgen um 1 Uhr 23 kam es im Block 4 des Kernkraftwerks Tschernobyl zu einer Kernschmelze.[3] Am Tag zuvor, dem 25. April, hatten die Ingenieure des Kraftwerks auf Veranlassung und unter Leitung des stellvertretenden Chefingenieurs Anatolij Djatlov einen Test durchgeführt. Sie wollten Djatlovs Voraussage überprüfen, dass der Reaktor auch bei einem völligen Ausfall der Stromversorgung für die Generatoren noch genug Kühlwasser haben würde. Angesichts des in sowjetischen Kernkraftwerken fehlenden Sicherheitsbehälters um den Reaktor, wie er im Westen Standard war, und der erratischen Funktionsweise sowjetischer Elektroinstallation war es keine schlechte Idee, das einmal zu überprüfen.

Djatlov hatte den Ruf eines reizbaren und herrschsüchtigen Vorgesetzten, und anscheinend war er in der betreffenden Nacht besonders ungeduldig. Er stand sicher selbst unter beträchtlichem Druck von oben. Das sowjetische System war autoritär und hierarchisch, das verdankte es dem Erbe des zaristischen Absolutismus und der autoritären Ideologie des Marxismus-Leninismus. In diesem System tat man, was der Chef sagte, wenn man keine üblen Konsequenzen riskieren wollte – Disziplinarstrafen, Degradierung oder Schlimmeres.

Genau wie die Sümpfe Afrikas ideale Brutgebiete für Malariamücken sind, ist eine hierarchische Gesellschaft wie die Russlands oder der ehemaligen Sowjetunion das ideale Brutgebiet für den sogenannten »Dichthalte-Effekt« *(mum effect)*.[4] Der Begriff kommt vom »Dichthalten« in dem Sinne, dass man die Klappe hält und nichts ausplaudert. Dieser Effekt spielt eine große Rolle in Staaten und Organisationen mit ungleicher Machtverteilung.

Nationen und Kulturen unterscheiden sich darin, wie hierarchisch sie strukturiert sind – mit anderen Worten, wie steil die soziale Hierarchie ist. Eine Skala namens *power-distance index*, die der niederländische Sozialpsychologe Geert Hofstede entwickelt hat,[5] misst die unterschiedliche Machtverteilung in den verschiedenen sozialen Schichten. Diese Zahl quantifiziert das Ausmaß, in dem weniger mächtige Angehörige einer Organisation oder Gesellschaft die Ungleichverteilung der Macht akzeptieren – es handelt sich also um ein Maß für die Steilheit der sozialen Schichtung, von unten gesehen. Die Zahl basiert auf Fragebogenauswertungen; befragt werden Menschen, die in der betreffenden Betriebs-, Sozial- oder Staatshierarchie relativ weit unten stehen.

Es gilt weithin als sicher, dass in Ländern mit einem hohen *power-distance index* Angehörige der oberen Schichten viel Macht haben, Angehörige der unteren Schichten sehr viel weniger. Die Machtlosigkeit unterer Schichten der Hackordnung lässt deren Angehörige davor zurückschrecken, ihren Vorgesetzten die schlechte Nachricht zu bringen, wenn es irgendwo in der Organisation Probleme gibt. Schließlich haben die Chefs viel mehr Macht inne als die Angestellten, sodass Letztere tatsächlich dafür bestraft werden können – nach dem Prinzip »Tod dem Unglücksboten«, das in solchen hierarchischen Kulturen gilt. Und so kommt es zum Dichthalte-Effekt.

Russland steht in der internationalen Rangfolge der Steilheit der Hackordnungen fast an der Spitze. Sein *power-distance index* beträgt 93 und wird nur noch von den Philippinen mit 94, Panama und Guatemala mit je 95 und Malaysia mit 104 übertroffen.[6] Ganz unten stehen zum Beispiel Neuseeland mit 22, Dänemark mit 18 und Israel mit 13. Großbritannien und die USA liegen mit Werten von 35 und 40 beide im unteren Drittel.

Wir sehen hier noch deutlich die Spuren antiker Herrschafts-
ordnungen in den sozialen Hierarchien heutiger Völker. In einigen romanischen Ländern Europas kann die Akzeptanz steiler
Hierarchien zum Beispiel auf den Absolutismus des Römischen
Reiches und die nachfolgende strenge Herrschaft der katho-
lischen Kirche zurückgeführt werden. In Ländern dagegen,
deren Herrscher traditionell den Untertanen mehr Rechenschaft
schuldeten – zum Beispiel in den Niederlanden oder England –
dulden die Menschen eine Ungleichverteilung der Macht eher
weniger.[7]

Zurück zum Reaktorblock 4 von Tschernobyl. Am 25. April hatte
Djatlovs Team berechnet, dass das Nachlaufen der großen elektrischen Turbinen noch genug Elektrizität für die Kühlpumpen
des Reaktors liefern würde, damit sie in der kurzen Zeit – weniger als eine Minute –, die es dauerte, die Diesel-Notgeneratoren
anzuwerfen, in Betrieb blieben. Aus verschiedenen Gründen
konnte Djatlovs Test erst nach Mitternacht beginnen – also nach
dem Schichtwechsel, als mit dem Test und seinem Hintergrund
weniger vertrautes Personal zur Arbeit antrat, ohne vom abgelösten Team gründlich eingewiesen zu werden.

Den abgelösten Technikern hatte es nicht gefallen, wie der
Reaktorblock auf ihre Vorbereitungen reagiert hatte. Sie hatten
mehrfach Maßnahmen in Betracht gezogen, die die nachfolgende Katastrophe verhindert hätten – zum Beispiel, die automatischen Abschaltmechanismen wieder einzuschalten, die für
den Test außer Betrieb gesetzt worden waren. Aber zum Dichthalte-Effekt gehört es, dass man nicht belohnt wird, wenn man
etwas Schlimmes verhindert – wahrscheinlich wäre ja sowieso
nichts passiert, oder? Im Gegenteil: In der Sowjethierarchie war
es fast immer am sichersten, nichts zu sagen. Wenn die Techniker den Test abgebrochen hätten, wären sie wahrscheinlich von
Djatlov für die Verzögerung zur Rechenschaft gezogen worden –

und dieser wiederum von seinen Vorgesetzten und so weiter, die allzu steilen Rangstufen hinauf.

Ein ähnlicher Test war bereits einmal durchgeführt worden, nämlich bevor der Reaktor 1984 in Betrieb ging. Damals schlug er fehl, aber die sowjetische Führung setzte die Ingenieure unter Druck, einen, wie es damals hieß, »Arbeitssieg« zu erringen, indem sie das Kraftwerk vor der Planfrist fertigstellte. Dieser Druck hatte den Direktor der Anlage, Viktor Brjuchanov, dazu gezwungen, das Kraftwerk als betriebsbereit abzunehmen, damit seine Vorgesetzten zufrieden waren. Er sagt allerdings, er sei wirklich überzeugt gewesen, alles sei in Ordnung. Tatsächlich genehmigte er den Betrieb eines Atomkraftwerks, das bei Stromausfall nicht gekühlt werden konnte, praktisch eine atomaren Zeitbombe. Aber ohne seine Unterschrift hätten er und Tausende von Ingenieuren und Arbeitern die Konsequenzen dieser Insubordination tragen müssen.

Und jetzt, um Mitternacht des 26. April, begannen also Aleksandr Akimov, der neue Leiter der Nachtschicht, und sein unerfahrener Techniker Leonid Toptunov ihren Dienst. Akimov stand schnell vor einem Rätsel – der Reaktor zeigte verwirrende Signale, die er, weil er von den Abläufen des Tages nichts wusste, nur als gefährliche Instabilität interpretieren konnte. Aus Gründen, die man nicht mehr aufklären kann, fuhr Toptunov die Kontrollstäbe zu weit in den Reaktor, wodurch die Kettenreaktion fast zum Stillstand kam. Das löste eine Kaskade von Ereignissen aus, die um 1 Uhr 23 und 45 Sekunden zu einer Explosionskatastrophe führten, die das Dach des Reaktorgebäudes wegsprengte und eine ungeheure Wolke radioaktiver Teilchen in die düsteren, grauen Wolken blies, die sich gerade auf ihre Reise nach Westen machten. Akimov erlitt auf der gesamten Körperoberfläche radioaktive Verbrennungen, während er versuchte, den Kühlkreislauf des Reaktors wieder in Gang zu setzen, und starb am 11. Mai, zwei Wochen später. Toptunov starb drei Tage später an der Strahlenkrankheit. Die radioaktive Wolke, die beide getötet hatte, verbreitete sich über Europa; möglicherweise ein tödliches Erbe des Dichthalte-Effekts.

Je höher man in einer steilen Hierarchie steht, desto mehr Macht kann man über seine Untergebenen ausüben – ob jetzt psychisch, finanziell oder physisch. Macht pumpt Testosteron ins Blut, das dann wiederum – via den Gewinnereffekt – Ihre Macht weiter steigert, weil es Ihnen gewinnen hilft.

Die Kehrseite der Medaille ist, dass man umso weniger Macht hat, je tiefer man in der Hierarchie steht, und umso weniger unterstützen auch die Hormone und verleihen den Mumm, gegen die Vorgesetzten aufzustehen. Das ist der Grund, warum in der Geschichte die meisten Revolutionen eher von der Ober- oder Mittelschicht getragen wurden als von den unteren Schichten. Unter Testosteronmangel leidende Untergebene, die den Mund nicht aufkriegen und lieber unterwürfig bleiben, können in jeder Organisation fatale Folgen auslösen, wie wir am Beispiel Tschernobyl gesehen haben.

In der US-Regierung unter Präsident Clinton spielte der Dichthalte-Effekt allerdings keine Rolle; vielmehr war sie von inneren Konflikten und Rivalitäten zwischen Ministern und Beratern zerrissen. Clinton bekam viel Widerspruch bezüglich seiner Entscheidungen zu hören und hörte vielleicht ein paar Mal zu oft darauf, was ihm das Image der Unentschlossenheit und den Spitznamen »Slick Willie« einbrachte. Während des Haiti-Fiaskos brachte er es fertig, öffentlich einem Hungerstreik gegen die Politik der US-Regierung seine Unterstützung auszusprechen!

Tony Blair dagegen hatte die Arbeitsweise der britischen Regierung völlig umgestaltet und ließ sich sehr viel weniger dreinreden. Das Prinzip der Kabinettsregierung, bei der Entscheidungen nach engagierter Debatte unter Gleichberechtigten zustande kommen, wurde weitgehend abgeschafft. Wichtige Fragen wurden stattdessen von Blairs »Sofa-Kabinett« geregelt (einer kleinen Gruppe persönlicher Vertrauter), das es so weit brachte, Großbritannien in eine Invasion des Irak zu verwickeln, die im Land selbst mit überwältigender Mehrheit abgelehnt wurde.

Einer dieser Berater – Stabschef Jonathan Powell – widerspricht dieser Beschreibung von Blairs Kabinett und berichtet, dass er und der andere Hauptberater – Presseamtschef Alastair Campbell – Blair oft brutal kritisiert und hartnäckig für politische Alternativen gestritten hätten, wie es sich machtlose Untergebene nie leisten könnten.[8]

Die veröffentlichten Erinnerungen Blairs und Campbells stimmen damit zwar überein – Campbell und Powell waren sozusagen Blairs Sparringpartner –, aber sie sprechen in einem deutlichen Bewusstsein der Überlegenheit und oft sogar verächtlich von den Kabinettsministern, die ihre Jobs nur von Blairs Gnaden innehatten. Aus dem Ton der Memoiren und den darin geschilderten Anekdoten geht hervor, dass Blair einen großen Teil seiner Macht als Premierminister an diese beiden langjährigen Berater delegierte und dass Campbell und Powell die Denkweise und diktatorischen Neigungen ihres Chefs teilten.

Kabinettsministerin Clare Short schilderte 2010 die Atmosphäre von Kabinettssitzungen unter Blair im Vorfeld des Irakkrieges.[9] »Das war kein Entscheidungsgremium«, sagte sie über das Kabinett. »Ich glaube nicht, dass es im Kabinett je eine substanzielle Diskussion über irgendetwas gab. Wenn man Tony Blair widersprach, brach er das Gespräch sofort ab. Im Juli 2002 sagte ich, ich wolle über den Irak sprechen. Er erwiderte, er wolle nicht, dass darüber etwas in der Zeitung stehe.«

Laut Short waren die Kabinettssitzungen wenig mehr als »unverbindliches Geplauder«; es seien dort keine Entscheidungen gefallen. Sie schreibt: »Es gab keine einzige Besprechung …

in der es hieß: ›Wo liegt das Problem? Was wollen wir erreichen? Welche Möglichkeiten haben wir?‹« Short sagte aus, Tony Blair habe ihr verboten, ein Rechtsgutachten zur Rechtmäßigkeit des Irakkrieges zu besprechen, das dem Kabinett nur drei Tage vor Beginn der Invasion vorgelegt worden sei. Sie beschreibt, dass sie Hohn und Spott habe einstecken müssen und schließlich eingeschüchtert geschwiegen habe. »Wenn der Premierminister dir sagt, du sollst die Klappe halten, kannst du nicht viel dagegen machen«, schreibt sie.

Laut Short sah die Geschäftsordnung vor, dass die Minister Rechtsgutachten im Kabinett zirkulieren ließen, aber erst kurz vor dem Krieg zirkulierte eine kurze Zusammenfassung. Einer der wichtigsten Minister, Robin Cook, trat aus Protest drei Tage vor Beginn der Invasion zurück. Aber trotz dieser Überrumpelung des Kabinetts und der Verletzung der Geschäftsordnung protestierte niemand außer Clare Short, und selbst sie trat nicht mit Cook zusammen zurück.

Man kann sich der Schlussfolgerung kaum entziehen, dass der Dichthalte-Effekt in Tony Blairs Regierung nicht erst kurz vor dem Irakkrieg wirkte, sondern auch schon in früheren Jahren während der Kosovokrise, und dass ein unterdrücktes und zum Schweigen gebrachtes Kabinett Blair das ermöglichte, was Clinton nicht konnte – nämlich für den Einsatz von Bodentruppen im Kosovo zu stimmen.

Ist damit das Rätsel also gelöst? Blair, ein vom Gewinner-Effekt getriebener und mit Testosteron vollgepumpter Siegertyp, unterstützt von seinen zwei ebenso gestärkten Hauptberatern, umgibt sich mit an Hormonmangel leidenden Ministern, die seinem Willen zu aggressivem Handeln im Kosovo nachgeben und es ihm so ermöglichen, seinem geschwächten Seniorpartner Bill Clinton mit der demütigenden Ansprache in Chicago vom 22. April 1999 in den Rücken zu fallen?

Nicht ganz. Betrachten wir wieder die Zeit vor dem Irakkrieg in den Jahren 2002 und 2003, als Blair mit dem damaligen US-Präsidenten George W. Bush zusammen auf diesen Krieg hinarbeitete. Wie Clare Short berichtet, gab es kaum jemanden in Blairs Kabinett, der sich traute, dem Chef zu widersprechen, und einige hochintelligente und gebildete Menschen zeigten einen großen Mangel an Urteilsfähigkeit, als sie ziemlich fadenscheinige und später widerlegte geheimdienstliche »Beweise« für Massenvernichtungswaffen im Irak schluckten.

Das Geheimnis des Bruchs zwischen Clinton und Blair erklärt sich also aus Unterschieden der politischen Grundsätze, die wiederum aufkamen, weil die steilere Machthierarchie in Blairs Regierungsapparat ihm gestattete, Risiken einzugehen, die Clintons Regierung – wie David Halberstam es schildert – nicht tragen wollte. Aber eins bleibt unklar: Warum haben Tony Blair – der zuvor als Premierminister wegweisend und mutig Krisen in Nordirland, in Sierra Leone und im Kosovo angegangen war – und seine Berater sich für den Irakkrieg entschieden? Hat Blairs Regierungsstil sein Denken und das seiner Berater beeinflusst? Und falls ja, war das ein weiterer Faktor für den Bruch mit Clinton?

Die russische Sonnenwende

Am 22. Juni 1812 begann der französische Kaiser Napoleon I. seine Invasion in Russland. An genau demselben Tag im Jahr 1941 brach der Blitzkrieg der Wehrmacht unter Hitler über die russischen Steppen herein. Beide Invasionen endeten tödlich für ihre Anführer, für ihre Länder und für Millionen Männer, Frauen und Kinder. Beide Männer waren Diktatoren, die in ihrem Reich eine absolute Machtposition innehatten – sie standen an der Spitze absoluter Hierarchien. Beide hatten eine Reihe von Sie-

gen gegen oft hoffnungslos unterlegene Gegner vorzuweisen, die
vor der Wucht ihrer organisierten Gewalt zusammengebrochen
waren. Die deutschen Streitkräfte hatten zum Beispiel zuvor die
Armeen Polens, Norwegens und Frankreichs zerschlagen und
die britische Expeditionsstreitmacht bei Dünkirchen gedemütigt. Napoleon wie Hitler waren durch leichte Siege euphorisiert,
mit Testosteron vollgepumpt und hungrig auf mehr und größere
Siege.

Hitlers schwindelerregende Erfolge zu Beginn des ursprünglich nur auf drei Monate angelegten Russlandfeldzugs folgten
dem Drehbuch, das der Gewinner-Effekt vorsah: Seine Armeen
stießen mörderisch schnell ins Herz Russlands vor, fegten
ganze Heeresgruppen beiseite und rechtfertigten so anscheinend das riskante – viele höhere Offiziere wagten nicht zu
sagen: selbstmörderische – Abenteuer. Hitler vertraute so sehr
auf einen schnellen Sieg, dass ganze Regimenter ohne Winter-
ausrüstung an die Ostfront geschickt wurden. Das Ergebnis war,
dass im folgenden Winter geschätzten 14 000 deutschen Soldaten infolge Erfrierungen Hände oder Füße amputiert werden
mussten.

Hitlers Russlandfeldzug kostete mehr als 20 Millionen Sowjet-
bürgern das Leben. Von Napoleons 600 000 Mann starker Grande
Armée – seinerzeit der größten der Geschichte – kehrte wahrscheinlich nur ein Drittel zurück. Beide Feldzüge sind für ihre
ungenügende Planung berüchtigt, in beiden Fällen gab es weder
organisierte Nachschub- noch Rückzugslinien. Im Fall Hitlers –
der umso unverständlicher ist, weil er das Beispiel Napoleons
vor Augen hatte[10] – wurde die Situation noch verschlimmert,
weil er seine Gegner als »Untermenschen« verachtete, die von
der »Herrenrasse« zu vernichten seien.

Keiner der beiden Diktatoren konnte seinen katastrophalen
Fehleinschätzungen ins Auge sehen, und beide waren daher
unfähig, auch im Angesicht der sicheren Niederlage an Rückzug

zu denken. Beide schienen ihr Urteilsvermögen eingebüßt zu haben und erwiesen sich als blind gegenüber einer Realität, die Millionen Menschen den Tod brachte. Was ging hier vor? Siege steigern die Aggression, und Gewinnen lässt einen in Zukunft wahrscheinlicher weiter gewinnen. Kann also die Macht das Urteilsvermögen mancher Staatsmänner korrumpieren? Wurde das Denken Tony Blairs – eines größtenteils anständigen und verfassungstreuen Politikers, der hier ausdrücklich nicht mit Hitler und Napoleon verglichen werden soll – vielleicht von der Macht beeinflusst, die er als Ergebnis wiederholter Erfolge ansammelte, während Bill Clinton davon verschont blieb, weil er eher Misserfolge einfuhr? Bei der Beantwortung dieser Frage hilft uns das folgende kurze Experiment.

Sie brauchen dafür nur einen ungiftigen wasserlöslichen Farbstift oder Filzschreiber, den Sie leicht wieder von Ihrer Haut abwaschen können.

Zuerst tun Sie bitte Folgendes: Denken Sie an einen Zeitpunkt, zu dem Sie Macht über einen anderen Menschen hatten. Mit »Macht« meine ich hier die Kontrolle über etwas, das andere Menschen wollten, oder die Befugnis, sie zu bewerten oder zu beurteilen. Wer zum Beispiel schon einmal jüngeren Kollegen oder Studierenden Noten erteilen sollte, wäre in dieser Situation. Versuchen Sie sich einige Minuten in dieses Erlebnis zurückzuversetzen – nicht in den Ablauf der Ereignisse, sondern in Ihre damalige Stimmung; schreiben Sie einige Zeilen dazu.

Wenn Sie Ihre Erinnerung aufgeschrieben haben, legen Sie den Stift bereit und tun Sie Folgendes schnell und ohne zu überlegen:

– Schnippen Sie fünf Mal mit Daumen und Zeigefinger Ihrer rechten Hand (oder Ihrer linken Hand, falls Sie Linkshänder sind).

- Nehmen Sie den Stift und malen Sie sich ein großes E auf die Stirn.
- Jetzt schauen Sie nach: Wie herum haben Sie das E geschrieben – aus Ihrer eigenen Perspektive oder aus der Perspektive jemandes, der Ihnen gegenübersteht? Mit anderen Worten, haben Sie die Welt in dem Augenblick, als Sie das E gemalt haben, von Ihrem eigenen Standpunkt aus gesehen oder von Standpunkt eines Ihnen gegenüberstehenden Menschen?

Professor Adam Galinsky und seine Kollegen von der Northwestern University fanden heraus, dass es davon abhängt, inwieweit das Machtgefühl im Geist der Versuchspersonen reaktiviert worden war.[11] Diejenigen, die tatsächlich an eine Zeit gedacht hatten, in der sie Macht über jemanden gehabt hatten, malten das E auf ihrer Stirn von ihrem eigenen Standpunkt aus, sodass es ihrem Gegenüber spiegelverkehrt erschien.

Wer dagegen an eine Zeit gedacht hatte, in der ein anderer Mensch Macht über ihn hatte, neigte dazu, das E vom Standpunkt eines ihm gegenüberstehenden Menschen zu malen, sodass es ihm selbst spiegelverkehrt erschienen wäre.

Diese kurzfristigen Manipulationen des Machtbewusstseins in psychologischen Experimenten sind natürlich weit entfernt von der enormen Macht, die Napoleon oder Hitler bei strategischen Entscheidungen ausübten, aber solche Versuche zeigen, dass uns selbst die Erinnerung an relativ geringfügige und vergangene Machtausübung schon psychisch beeinflusst: Macht macht uns egozentrischer und weniger geneigt, die Sichtweise anderer Menschen zu teilen.

Wenn schon so winzige Machtverschiebungen gewöhnliche Menschen mehr oder weniger empfänglich für die Perspektive anderer machen, was sind dann die Folgen, wenn jemand jahrelang unendlich größere Macht ausübt, wie es Napoleon und Hitler taten? Sehr wahrscheinlich wird dadurch auf lange

Sicht die Fähigkeit ausgelöscht, die eigene Sichtweise zu abstrahieren – eine potenziell tödliche Schädigung, wie jeder Schachspieler bestätigen kann, der nicht gelernt hat, sich das Brett von der gegnerischen Seite aus vorzustellen.

Diese machtinduzierte Egozentrizität ist eine mögliche Antwort auf die Frage, warum Hitler in der russischen Steppe den Fehler Napoleons wiederholte. Aber genügt sie als Erklärung für Fehler solcher Größenordnung?

Die Fehlbarkeit des Spielers

Der zwanghafte Glücksspieler leidet unter dem Irrglauben, den Fall der Würfel kontrollieren zu können. Ob durch abergläubische Rituale vor dem Einsatz oder durch den Glauben an Geschick und Schicksal – ganze Vermögen sind schon am Spieltisch verloren gegangen, weil jemand über Ereignisse Gewalt zu haben glaubte, die vom Zufall abhängen, wie etwa, in welchem Feld die Roulettekugel schließlich liegen bleibt.

Wenn Sie herausfinden möchten, ob einer Ihrer Bekannten für diesen Irrglauben anfällig ist, bieten Sie ihm einfach eine kleine Geldsumme an, die er gewinnt, wenn er die Augenzahl eines Würfels richtig voraussagen kann. (Wenn Sie keinen Würfel dabeihaben, werfen Sie stattdessen eine Münze.) Die Gefahr, dass Sie Ihren Einsatz verlieren, liegt nur bei 1:6 (bei der Münze bei 1:2), also seien Sie unbesorgt. Lassen Sie Ihrem Probanden die Wahl, ob Sie selbst würfeln oder ob er würfelt. Wiederholen Sie den Versuch ein paarmal mit anderen Freiwilligen.

Wollen einige Ihrer Probanden tatsächlich lieber selbst würfeln? Falls ja, zeigen sie damit, dass sie der Kontroll-Illusion unterliegen – falls der Würfel nicht manipuliert ist, ist die gewürfelte Augenzahl reiner Zufall, gleichgültig, wer würfelt.

Nathanael Fast und Deborah Gruenfeld von der kalifornischen Stanford University haben gezeigt, dass selbst geringe Macht die Anfälligkeit für diese Illusion verstärkt.[12] Einige ihrer Freiwilligen wurden gebeten, vor dem Versuch an eine Zeit zu denken, in der sie Macht über jemanden ausüben konnten, während sich die anderen umgekehrt an eine Zeit erinnern sollten, in der jemand Macht über sie hatte. Fast und seine Kollegen ließen den Teilnehmern die Wahl, entweder zuzusehen, wie die Würfel geworfen wurden, oder selbst zu würfeln. Die an ihr Machtgefühl erinnerten Freiwilligen wollten mit größerer Häufigkeit selbst würfeln, was zeigte, dass sie glaubten, das Ergebnis irgendwie beeinflussen zu können, während die an ihre Machtlosigkeit Erinnerten eher den Versuchsleiter würfeln ließen.

Gab man den Versuchsteilnehmern vorher eine Machtposition als Manager und Beurteiler anderer Freiwilliger in einer künstlichen Experimentsituation, so steigerte auch das ihr Gefühl, das Ergebnis des Würfelns kontrollieren zu können; außerdem gaben diese Freiwilligen mit größerer Häufigkeit an zu glauben, politische oder wirtschaftliche Ereignisse kontrollieren zu können, und wollten häufiger bei der nächsten Wahl ihre Stimme abgeben.

Man muss sich dabei immer vor Augen halten, dass hier keine Persönlichkeitsunterschiede zutage traten; die Probanden für die »machtbewussten« und »machtlosen« Gruppen wurden nach dem Zufallsprinzip ausgewählt. Schon die kleine Veränderung der Erinnerung an eine frühere Machtposition oder die Verleihung einer winzigen Menge Macht in einem Experiment genügten, dass die Betreffenden glaubten, mehr Kontrolle über die Wirtschaft und mehr Einfluss auf die Politik zu haben!

Selbst eine vorübergehende Aktivierung von Machtbewusstsein im Gehirn steigerte also das Gefühl, die Dinge unter Kontrolle zu haben, selbst wenn es nur eine Illusion war. Macht ist demnach eine so fundamentale Motivation, dass selbst der

Gedanke an zurückliegende kleine Machterlebnisse oder vorübergehende Macht in einer künstlichen Situation die Weltsicht signifikant verändert. Auch Optimismus und Selbstwertgefühl werden dadurch gesteigert.

Stellen Sie sich jetzt diese winzigen Effekte tausendfach vergrößert vor, um dem Machtgefühl Hitlers und Napoleons nahezukommen. Wenn schon unbedeutende Machtsteigerungen das Gefühl der Kontrolle über äußere Ereignisse verändern können, kann man sich vorstellen, wie sehr absolute Macht dieses Gefühl in den Gehirnen der beiden Diktatoren verstärken musste – bis hin zum Realitätsverlust.

Bei Napoleon und Hitler haben sich also infolge ihrer Macht über Millionen Menschen möglicherweise grundlegende Hirnfunktionen verändert. Solche Veränderungen haben zwei wichtige Konsequenzen für das Urteilsvermögen: Erstens ist man weniger bereit, die Ereignisse aus der Perspektive anderer Menschen zu betrachten, und zweitens unterliegt man der Illusion, Abläufe kontrollieren zu können, die dafür viel zu groß und komplex sind.

Zurück zu Bill Clinton und Tony Blair. Gibt es noch mehr Hinweise darauf, dass der Bruch in ihrer Freundschaft nach Blairs Rede in Chicago von unterschiedlichen Erfolgs- und Machterlebnissen verursacht wurde?

Die gibt es. Die angesehene Politikpsychologin Margaret Hermann hat eine Methode zur »Ferndiagnose« der Persönlichkeiten und Motivationen von Spitzenpolitikern entwickelt. Sie hat so eine Reihe wichtiger Verhaltensmuster dieser Personengruppe aufgedeckt, und eines davon hat mit dem Glauben zu tun, die Ereignisse kontrollieren zu können.

Hermann fand heraus, dass es durch systematische Analyse der Reden und Schriften führender Staatsmänner möglich war zu ermitteln, inwieweit sie glaubten, das Land, das sie führten, sei ein Schlüsselakteur in der Weltpolitik. Bei ihrer Bewertung Präsident Clintons stellte sich heraus, dass Clinton im Vergleich zu anderen Politikern von Weltrang lediglich einen durchschnittlichen Glauben an seinen Einfluss auf die Weltpolitik hatte.[13] Das wirkt allzu bescheiden für den Präsidenten des mächtigsten Landes der Welt, ist aber angesichts der Komplexität internationaler Beziehungen und des Gesetzes der unvorhergesehenen Folgen sogar realistisch.

Und wie stand es mit Tony Blair? Der Premierminister einer mittelgroßen Macht, deren wirtschaftliche und militärische Kapazität nur einen Bruchteil derjenigen der USA beträgt, war doch sicher noch ein bisschen bescheidener in seinem Glauben, die Weltpolitik mitbestimmen zu können, als Bill Clinton?

Hmm. Der Politanalytiker Stephen Dyson vom Wabash College untersuchte Blairs Antworten in der wöchentlichen Fragestunde des britischen Parlaments, der sich alle Premierminister stellen müssen.[14] Mithilfe von Hermanns Methoden bewertete er Blairs Glauben, die Ereignisse kontrollieren zu können, indem er ihn mit dem Durchschnitt anderer führender Politiker sowie mit dem früherer britischer Premierminister verglich.

Und was fand er heraus? Blair hatte, anders als sein viel mächtigerer Freund und Kollege Clinton, einen sehr gesteigerten Glauben in seine Fähigkeit, die Weltpolitik kontrollieren zu können: Statistisch ausgedrückt lag er damit um zwei Standardabweichungen höher als andere führende Politiker von Weltrang. Und das war kein Rückfall in Zeiten des britischen Empires – Tony Blair übertraf mit seinem Glauben, weltpolitische Ereignisse bestimmen zu können, auch seine Vorgänger bei Weitem.

Blair litt also sehr stark unter der Kontroll-Illusion, die von Machtbewusstsein verstärkt wird, und das war wahrscheinlich ein Faktor beim Bruch mit Clinton. Aber warum sollte die Macht das Urteilsvermögen eines dieser beiden intelligenten Menschen so geschwächt haben, aber das des anderen nicht?

Um diese Frage zu beantworten, begeben wir uns in der Zeit ein wenig weiter bis zu einem Gipfeltreffen Tonys Blairs mit seinem nächsten amerikanischen Präsidentenfreund – George W. Bush.

Der Cojones-Gipfel

Camp David in den Hügeln Marylands vor den Toren von Washington, D. C., hat seit dem Zweiten Weltkrieg eine ganze Reihe amerikanischer Präsidenten in Freizeitkleidung mit ihren weniger lässig gekleideten ausländischen Politikergästen gesehen, die mit ihren Entscheidungen das Leben von Milliarden Menschen beeinflussten.

Anfang September 2002 trafen Premierminister Tony Blair und sein Presseamtschef Alastair Campbell dort ein, um sich in der Farbenpracht des »Indian summer« mit George W. Bush und seinem Vizepräsidenten Dick Cheney zu treffen. Blair hegte die schmeichelhafte Illusion, es sei »mein Job, sie (die Amerikaner) zur Vernunft zu bringen«, wie Alastair Campbell in seinem Tagebuch notierte.[15] Bush und Cheney hatten sich allerdings schon auf eine Invasion im Irak festgelegt; sie wollten von Blair nur noch öffentliche Unterstützung und seine Gabe, der Welt eindringliche Reden zu halten.

Campbell und Blair waren einander in einer Männerfreundschaft verbunden; Campbell sah sich selbst eher als Gleichberechtigten, der kein Blatt vor den Mund zu nehmen braucht, denn als Untergebenen. Jonathan Powell, ein anderer leitender Mitarbeiter Blairs, beschreibt, wie Blair und Campbell ihn, während sie bei den langwierigen Friedensverhandlungen in Nordirland alle drei lange zusammengesperrt waren, oft mit vereinten Kräften, wie in einer studentischen Burschenschaft, wegen seines Übergewichts aufzogen.[16]

Der US-Journalist Bob Woodward schildert, wie Bush während der Konferenz in Camp David aus einer Besprechung mit Blair kam, Campbell verschwörerisch beiseitenahm und ihm feierlich versicherte: »Ihr Chef hat wirklich *cojones*« (»Eier« auf Spanisch), woraufhin diese entscheidende Besprechung in Bushs Team »*Cojones*-Gipfel« getauft wurde.[17]

Wenn man Campbell zuhört, wie er in der Hörbuchfassung seiner Tagebücher diese Anekdote vorliest, fällt auf, dass er sie völlig ohne Ironie vorträgt und damit klarmacht, dass hier nicht nur die Eier seines Chefs gelobt werden, sondern, wie bei einem Kommilitonen in der Studentenverbindung, auch seine eigenen. Als Zuhörer merkt man allerdings genauso deutlich – besonders im Licht späterer Enthüllungen –, dass Bush und Cheney spürten, wie sie Blair und Campbell für sich einnehmen konnten, indem sie den großen Macho-Knopf drückten, der direkt mit den Lustzentren des Gehirns verdrahtet ist.

In Blairs und Campbells Studentenverbindungssprache war es schließlich das höchste Lob für jemanden, wenn sie sagten, er habe »Eier«. In seiner Autobiografie ›Mein Weg‹ (›A Journey‹) verleiht Blair seinem Kumpel Campbell diese hormonelle Ritterwürde, indem er die »riesigen pendelnden Eier« seines Presseamtschefs beschreibt. Im selben Buch schafft es Blair sogar, seine Bewunderung für die *cojones* des rechtslastigen Medienmoguls Rupert Murdoch auszudrücken. Blair war offenbar sehr stolz auf seine Männlichkeit und prahlte gerne damit, und zwar derartig, dass sein Buch wegen der Schilderung einer Liebesnacht mit seiner Frau Cherie für einen Preis nominiert wurde, der für schlechte erotische Literatur verliehen wird.

Sex und Macht stehen miteinander in Zusammenhang, da beide einen Anstieg des Hormons Testosteron verursachen. Ein hoher Testosteronspiegel steigert in einem politisch-erotischen Teufelskreis den Macht- und Sexhunger noch weiter. Aber diese Gelüste stimulieren nicht nur den Hunger auf größere Macht und mehr Sex – sie haben auch tief greifende Auswirkungen auf die allgemeine Funktion des Gehirns.

Testosteron verändert das Gehirn, weil es seine Chemie verändert. Insbesondere erhöht es den Spiegel des Neurotransmitters Dopamin. Dieser ist wichtig zur Motivationssteigerung; er bringt uns dazu, uns Ziele zu setzen und sie zu verfolgen. Gewinnen verändert unsere Gedanken und Gefühle, indem es den Testosteronspiegel erhöht und die Aktivität der dopaminempfänglichen Gehirnsysteme steigert, die für den Willen entscheidend sind, die Dinge in die Hand zu nehmen.

Wir brauchen Führungspersönlichkeiten, die auf diese Art motiviert und zielorientiert vorgehen – das sind die entscheidenden Führungsqualitäten in Politik, Wirtschaft und Krieg. Ein politischer Führer wie Winston Churchill, ein Wirtschaftsführer wie Rupert Murdoch und ein General wie Dwight D. Eisenhower hätten ihre Erfolge nicht ohne diesen Willen errungen, der es ihnen ermöglichte, die Weltgeschichte zu verändern. Und wie wir im vorigen Kapitel gesehen haben, bedeuten solche Erfolge, dass die betreffenden Führungspersönlichkeiten ständig weitere Testosteronschübe bekommen und damit in die Erfolgsspirale des Gewinnereffekts geraten.

Eine Folge solcher Macht ist, dass sie uns in gewissem Sinne klüger macht. Der präfrontale Cortex des Gehirns ist die »Chefetage« des Gehirns – dort sitzt der Manager, der für Vorausplanung, Zielsetzung und Durchführung verantwortlich ist. Die Analogie des präfrontalen Cortex zu einem CEO ist gar nicht so weit hergeholt: Weder der CEO noch der präfrontale Cortex machen sich gerne, metaphorisch gesprochen, die Hände an dem Alltagsgeschäft schmutzig, das sie an Menschen beziehungsweise Hirnareale delegieren, die in der Hierarchie weiter unten stehen.

Beide operieren auf der strategischen Ebene; sie stellen Regeln und Ziele auf und folgen ihnen. Und beide müssen eine Lösung finden, wenn die Dinge nicht nach Plan laufen oder die normalen Verfahren versagen. Es ist also kein Zufall, wenn wir dem präfrontalen Cortex eine *executive function* zuschreiben, die Aufgaben eines Chefs.

Pamela Smith und ihre Kollegen von der Radboud Universiteit Nijmegen in den Niederlanden wollten feststellen, was mit diesen Leitungsinstanzen geschieht, wenn Versuchspersonen in einem Experiment Machtgefühle oder Machtlosigkeit erleben.[18] Die Teilnehmer wurden für eine computerbasierte Aufgabe randomisiert auf eine »übergeordnete« und eine »untergeordnete« Gruppe verteilt. Die Übergeordneten gaben den Untergebenen nicht nur Anweisungen, sondern bewerteten sie auch, und diese Bewertung war die Grundlage für die Bemessung der Aufwandsentschädigung bei den Untergebenen, während die Übergeordneten einen festen Satz erhielten. Es war zwar nur ein Experiment, aber die Untergebenen erlebten ein wenig echte Machtlosigkeit und die Übergeordneten ein kleines Machtgefühl.

Interessanterweise unterliefen den Übergeordneten signifikant weniger Fehler bei verschiedenen Tests der Funktionen des präfrontalen Cortex – Macht oder ihre Abwesenheit hatte, in anderen Worten, wichtige kognitive Funktionen entscheidend verändert.

Vielleicht fällt Ihnen ein Ereignis aus Ihrer eigenen Erfahrung ein – vielleicht der erste Arbeitstag im neuen Job oder ein Bewerbungsgespräch –, als es Ihnen so vorkam, als habe sich Ihr Gehirn einfach festgefressen. Ihnen unterliefen dumme Fehler und Sie verstanden nichts, was man Ihnen sagte. Das war zum Teil eine Auswirkung der Angst in dieser Situation, aber zum Teil auch ein Nachlassen Ihrer geistigen Fähigkeiten durch das Erlebnis der Machtlosigkeit gegenüber Leuten, die Sie nicht kannten.

Machterlebnisse aktivieren im Gehirn den Motivationsmodus, der unterstützend wirkt, um sich selbst Ziele zu stecken und sie anzustreben – sie ermöglichen uns eine positive Denkweise, in der wir uns auf die Problemlösung statt auf das Scheitern konzentrieren.

Und Macht formt das Gehirn noch auf eine andere entscheidende Weise, die dabei helfen kann, Tony Blairs »Eier« auf dem *Cojones*-Gipfel zu erklären. Ana Guinote vom University College London[19] hat gezeigt, dass Macht die Aufmerksamkeit fokussiert, sodass schon ein bisschen Machtgefühl genügt, um einen gegen Ablenkungen zu wappnen – die Macht legt uns mit anderen Worten Scheuklappen an.

Dies gehört zu der testosterongeprägten, vom Dopamin geförderten Macher-Einstellung, die wir bei erfolgreichen Führungspersönlichkeiten so sehr bewundern. Ihre »Eier« verdanken sie zum Teil einem »Ausblenden« von Ablenkungsreizen, die sie sonst von ihrem Hauptanliegen abbringen würden. Das hilft ihnen zwar dabei, ihre Pläne voranzutreiben, kann sie aber auch blind gegenüber scheinbar nebensächlichen Signalen und Ereignissen machen, die ansonsten wichtige Warnzeichen wären.

Tony Blairs Bruch mit Bill Clinton kam vielleicht teilweise deshalb zustande, weil der US-Präsident imstande war, die peripheren Warnsignale zu beachten, die auf die Komplexität und möglichen Nachteile einer Militärintervention auf dem Balkan hinwiesen. George W. Bush hatte dagegen keine Probleme, solche Signale zu ignorieren, die für ihn die Dinge nur unnötig komplizierten. Sowie Blair den abgewählten Clinton los war, schmiedeten er und Bush zusammen ein handlungsorientiertes, testosterongetriebenes, interventionistisches Weltbild, ohne sich von Warnzeichen an der Peripherie des politischen und militärischen Blickfelds stören zu lassen.

Der vorsichtige Buchhalter

Führungspersönlichkeiten, die sich als Macher sehen und ihre Ziele ruchlos immer weiter verfolgen, ohne dabei auf periphere

Warnsignale zu achten, und so immer mehr und mehr Macht anhäufen, die wiederum zur Kontroll-Illusion führt, laufen irgendwann in ihr Verderben. Napoleon und Hitler sind nur die extremsten Beispiele für solche Selbstüberschätzung.

Unsere Spezies hätte allerdings nie bis heute überlebt, wenn wir uns alle zu testosteron- und dopamingetriebenen Wagehälsen entwickelt hätten. Die meisten stabilen, funktionierenden Regierungen und Firmenleitungen, deren CEO ein solcher Actionheld ist, verfügen auch über einen ruhigen, besonnenen Bedenkenträger – oft aus der Buchhaltung oder der Rechtsabteilung –, der mäßigend eingreifen kann.

Die Ähnlichkeiten zwischen der Chefetage des Gehirns und dem Chef einer großen Organisation enden nicht mit ihrer Rolle bei der Planung und Zielsetzung. Eine weitere Parallele ist, dass das Gehirn ebenfalls das Äquivalent eines vorsichtigen Buchhalters hat, der im Hintergrund arbeitet, den Horizont nach potenziellen Bedrohungen absucht und die Entwicklung genau im Auge behält.

Dieser ängstliche Beamte sitzt in der rechten Hälfte des präfrontalen Cortex. Er hat vielleicht nicht so viel aktive Macht in der Organisation wie der CEO. Das ist kein Nachteil: Geringe Macht erweitert den Horizont und macht auf Signale und Warnungen aufmerksam. Der vorsichtige Buchhalter hat, anders als sein tollkühner Chef, keine Scheuklappen, die seine Sicht einschränken. Der vorsichtige Buchhalter wäre nicht gut darin, der Firma ihre Ziele vorzugeben und sich dann daranzumachen, sie zu erreichen. Er wäre ständig abgelenkt – unter anderem von peripheren Signalen, die sein Chef nicht sieht – und weniger motiviert, weil er sich selbst nicht vormacht, Ereignisse kontrollieren zu können, die weder er noch sein Chef im Griff haben.

Der rechte präfrontale Cortex hat eine Vorliebe für einen ganz anderen chemischen Botenstoff als das Dopamin, das sein tollkühner Partner braucht – nämlich Noradrenalin, einen nahen

Verwandten des Adrenalins, der allerdings eine größere Rolle im Gehirn spielt. Während Dopamin für zielgerichtetes Handeln und eine Belohnung dafür verantwortlich ist, ist Noradrenalin chemisch mit Wachsamkeit, Aufpassen und Reaktionen auf Drohungen verbunden. In meinem eigenen Labor haben meine Kollegen und ich zeigen können, wie eine Variante des Gens, das den Noradrenalinspiegel im Gehirn kontrolliert, mit Wachsamkeit verbunden ist und diese wiederum mit Aktivität in der rechten Hälfte des präfrontalen Cortex.[20]

Wenn der rechte präfrontale Cortex auf eine mögliche Bedrohung aufmerksam wird, erweitert er den Aufmerksamkeitsbereich – wie ein Breitbandradar, das den Himmel nach Gefahren absucht. Machtlosigkeit ist eine Bedrohung, also ist es verständlich, wenn machtlose Menschen eher dazu neigen, den Horizont nach unvorhergesehenen Ereignissen abzusuchen, die sie nicht kontrollieren können. Der linke präfrontale Cortex verhält sich, wenn er aktiviert wird, genau umgekehrt – er konzentriert die Aufmerksamkeit auf sein Ziel, so, wie es das Machtbewusstsein tut, wenn es uns Scheuklappen anlegt. Die Macht bringt also womöglich auch unsere Fähigkeit aus dem Gleichgewicht, Risiken überhaupt zu erkennen, nicht nur unseren Willen, sie ernst zu nehmen.

Waren das handlungsorientierte Dopamin- und das vorsichtige Noradrenalinsystem in Tony Blairs Gehirn irgendwie aus dem Ruder gelaufen – und wurden womöglich noch weiter durch die Macht gestört, die er offensichtlich durch die enge Freundschaft mit dem neuen US-Präsidenten empfand, seit sie sich im Februar 2001 erstmals begegnet waren? Wurde das empfindliche Gleichgewicht von Mut und Vorsicht durch eine Dopaminschwemme gestört, die das vom Machtgefühl erzeugte Testosteron in einem so auf seine »Eier« bedachten Premierminister auslöste?

Blairs anfängliche militärische Erfolge und sein politischer Erfolg in der totalen Dominanz über sein Kabinett hatten wahrscheinlich den Dopaminspiegel in seinem Gehirn gesteigert, was wiederum seinen Blick auf Ziele, die er als wichtig ansah, verengte. In Bill Clintons Gehirn dagegen war diese chemische Verwandlung wahrscheinlich geringer ausgefallen. Und während Blairs chemisch induzierte Aufmerksamkeitsverengung ihn die Risiken im Kosovo nicht erkennen ließ, konnte Clintons von der Macht weniger verändertes Gehirn nur zu gut erkennen, dass sich die brutalen Berge des Kosovo leicht in eine Art Vietnam verwandeln konnten, wenn man dort Bodentruppen einsetzte. Blairs unterdrückte Minister wagten es wegen ihrer Machtlosigkeit im Kabinett nicht, sich Blairs Willen zu widersetzen – wovor Clintons streitbare Berater nicht zurückschreckten.

Ich sprach in den letzten Jahren von Tony Blairs Amtszeit einmal mit einem seiner Spitzenberater. Er verteidigte seinen Chef bedingungslos, aber einmal zeigte er doch eine Lücke in seinem Panzer. »Sorgen macht mir, wie absolut überzeugt er von allem ist, was er tut«, murmelte er mit einem Stirnrunzeln. Eine solche unerschütterliche Selbstgewissheit ist das Symptom eines von Dopamin befeuerten Gehirns, das auf Handeln fixiert und nur begrenzt zu Selbstreflexion und Vorsicht fähig ist. Die Welt ist viel zu komplex für Selbstgewissheit – und ein allzu selbstbewusster Spitzenpolitiker sollte uns in der Tat Sorgen machen. Gewissheit angesichts der unvorhersagbaren Komplexität des Weltgeschehens geht leicht in Realitätsverlust über. Tony Blair war davon stärker betroffen als Bill Clinton, und das war einer der Faktoren, warum ihre Freundschaft endete. Aber warum wurde Tony Blair innerlich durch die Macht so viel stärker verändert als Bill Clinton? Dieses Rätsel bliebe noch zu lösen.

Ich möchte Sie nun bitten, eine kleine Geschichte zu schreiben – nur einen Absatz, höchstens 50 Wörter. Das dauert nur ein paar Minuten, und Sie sollten sich daransetzen, ohne vorher groß zu überlegen oder zu planen. Gehen Sie von einer der folgenden beiden Vorstellungen aus: ein bärtiger Kapitän, der von Deck eines Passagierschiffs auf die See hinausspäht, oder eine Gruppe Frauen in weißen Kitteln in einem Labor. Schreiben Sie jetzt bitte eine Geschichte zu einem dieser beiden Gedankenbilder.

Danach schauen Sie sich Ihre Geschichte noch einmal an und versuchen Sie eine kleine Analyse. Markieren Sie auf dem Papier oder am Bildschirm die Stellen, an denen Ihre Figuren –

- entschlossen, entweder geistig oder körperlich kraftvoll, handeln
- ungefragt anderen helfen oder ihnen Ratschläge geben
- versuchen, die Handlungen anderer zu regulieren oder zu kontrollieren
- versuchen, jemanden zu beeinflussen, zu überreden oder mit ihm streiten
- versuchen, jemanden zu beeindrucken
- bei anderen Menschen starke, einseitige Reaktionen oder Emotionen auslösen
- sich um ihr Prestige oder ihr Ansehen sorgen.

Professor D.G. Winter von der University of Michigan hat diese Methode entwickelt, um durch die Analyse der in den Geschichten enthaltenen Vorstellungen die Motive ihrer Autoren zu entschlüsseln.[21] Als verschiedene Bewerter nach seiner Anleitung zählten, wie oft die Situationstypen, nach denen sie eben gesucht haben, auftraten, erzielten sie einen hohen Grad an Übereinstimmung. Mit anderen Worten: Es ist möglich, die zugrunde liegenden Motive eines Menschen wissenschaftlich zuverlässig zu messen, indem man den Inhalt seiner schriftlichen und mündlichen Äußerungen analysiert.

Wir können die Motive von Menschen nicht ergründen, indem wir sie einfach fragen, denn unsere Motive sind zum größten Teil unbewusst, und was wir über unsere inneren Antriebe sagen, wird oft vom sozial Akzeptablen und unserem Selbstbild bestimmt. Aber wenn wir tatsächlich handeln – oder unsere imaginären Gestalten in einer Geschichte handeln lassen –, dann wird es möglich, einen Blick in die wolkenverhangene Welt unserer größtenteils unbewussten Handlungsmotive zu werfen.

Winters System kann also zuverlässig verschiedene Arten von Motiven bewerten – und dasjenige, das Sie gerade in Ihrer eigenen Geschichte gesucht haben, ist der Drang nach Macht.

Denken Sie kurz an Ihre Freunde, Familienangehörigen und Kollegen. Von welchen würden Sie sagen, dass sie von Machtstreben getrieben werden? Damit meine ich, dass sie danach streben, im Leben anderer Menschen Wirkung zu zeigen. Sie können zum Beispiel darauf aus sein, Befehle zu erteilen, Entscheidungen zu treffen, die Kontrolle zu übernehmen und so weiter – dann sind sie handlungsorientiert. Das Machtstreben kann sich aber auch als ein Geben zeigen – zum Beispiel von Ratschlägen, Geschenken und Anweisungen. »Wirkung« bezieht sich auch auf die Beeinflussung anderer Menschen, etwa indem man sie zu etwas überredet oder Gefühle in ihnen auslöst, indem man sie überrascht oder schockiert. Wirkung zu zeigen bedeutet auch, dass man sehr um seine eigene Reputation besorgt ist.

Schauen wir uns eine von Tony Blairs frühen außenpolitischen Reden an. Er hielt sie am 15. Dezember 1998, während seines zweiten Amtsjahrs: »Ich habe immer gesagt, dass Großbritannien zwar nie das mächtigste Land der Welt sein kann, aber es kann ein entscheidendes Land sein. Das bedeutet, dass wir auf den Stärken unserer Geschichte aufbauen; es bedeutet, dass wir neue Bündnisse schmieden, neue Einflussmöglichkeiten gewinnen und einen neuen Kurs für die britische Außenpolitik abstecken. Es bedeutet, dass wir uns ein für alle Mal klarmachen, dass wir nicht entweder zusammen mit den USA oder zusammen mit Europa stark sein können; es bedeutet, dass wir darauf vertrauen, beides zu erreichen.«

Blairs Betonung von Wirkung, Einfluss und Stärke – einer entscheidenden Rolle im Gang der Geschichte – könnte nicht klarer
sein. Nur wenige andere Regierungschefs eines mittelgroßen
Landes würden wohl behaupten, dass ihre Rolle, oder überhaupt
die eines einzelnen Landes, »entscheidend« für die Weltpolitik
sein könne. Sein Text ist voller Aktionsverben und schildert ein
Programm, das nicht nur Großbritannien, sondern die Zukunft
der Menschheit gestalten will. Und das ist kein absichtlich her-
ausgesuchtes Zitat. In seiner Autobiografie geht es Blair ständig
um seinen unbedingten Willen, zu kontrollieren und zu verändern. An einer Stelle beklagt er sich über die »Gummihebel« des
Regierungsapparates, die sich verbiegen, wenn er sie umlegen
will, und, zumindest in seinen Augen, wenig bewirkten. Während seiner gesamten Amtszeit als Premierminister bemühte er
sich um die Schaffung von Systemen und inneren Zirkeln, die
diesen Gummihebeln Festigkeit und ihm selbst persönliche
Kontrolle über politische und soziale Ereignisse und Regeln
geben sollten.

Ohne diese in vieler Hinsicht bewundernswerte Konzentration auf Handeln, Wirkung und Ergebnisse wäre es, um nur ein
Beispiel zu nennen, kaum zum Frieden in Nordirland gekommen. Führungspersönlichkeiten sollten positives Handeln passi-
vem Zuschauen auf jeden Fall vorziehen. Mir geht es hier um die
psychische Verfassung Tony Blairs und das Ausmaß, in dem er
vom Machthunger getrieben wurde.

Wir haben bereits gesehen, wie der Politikforscher Stephen
Dyson vom Wabash College Blairs Antworten in den Fragestun-
den des Unterhauses analysiert hat, wo der Regierungschef sich
in freier Rede ohne Manuskript sofort zu jeder Frage äußern
muss, die ein Abgeordneter ihm stellt. Mithilfe von Margaret
Hermanns Methoden zur Messung von Blairs Zuversicht, die
Ereignisse kontrollieren zu können, und wieder im Vergleich
mit anderen globalen Spitzenpolitikern und seinen Vorgängern

als Premierminister analysierte Dyson jetzt Blairs Machtstreben.

Wie sich herausstellte, war dieser Drang bei Blair sehr viel
größer als bei seinem viel mächtigeren Freund und Kollegen Bill
Clinton. Blair war ein statistischer Ausbrecher unter anderen
Führungspersönlichkeiten der Weltpolitik: Er übertraf diese
bereits sehr machtbewussten Menschen noch einmal um 98
Prozent. Und Bill Clinton? Er war, laut einer weiteren Analyse
Margaret Hermanns, durchschnittlich durch Machtstreben
motiviert und vergleichbar mit anderen Spitzenpolitikern, trotz
der objektiv größeren wirtschaftlichen, militärischen und politischen Macht, die ihm unterstand.[22]

Ist dies also der Schlüssel für die Lösung des Enigmas von
Bill Clintons Freund – dass ihre Motivation sich grundsätzlich
unterschied? Tony Blair hatte einen tief verwurzelten Machthunger, den Bill Clinton nicht annähernd teilte. Führte dies
auch zu grundsätzlich anderen politischen Einschätzungen und
Grundsätzen? Möglich ist es. Wir haben ja gesehen, wie Macht
die Gehirnfunktionen verändert, indem sie die Aufmerksamkeit
einengt, ein illusorisches Kontrollbewusstsein schafft und die
Zielgerichtetheit verstärkt. Aber wenn Bill Clinton über mehr
Macht als Tony Blair verfügte, warum veränderte sich sein
Gehirn weniger stark?

Der Killer-Instinkt

Ich bezweifle, dass Tony Blair und Bill Clinton jemals bei einem
Computerspiel gegeneinander antraten. Doch stellen wir uns vor,
dass wir sie dazu gebracht haben. Sie spielen ein einfaches Spiel,
bei dem sie einen Knopf drücken, wenn ein Ziel auf dem Bildschirm erscheint, und dabei sollen sie möglichst schneller sein

als ihr Gegner. Das Spiel dauert etwa zehn Minuten, und davor und danach entnehmen wir von beiden eine Speichelprobe.

Mit der Speichelprobe können wir den Spiegel des Stresshormons Cortisol feststellen, das der Körper, wie bereits erläutert, während Stresssituationen wie Bewerbungsgesprächen, Prüfungen, Wortgefechten oder Kämpfen in den Blutstrom ausschüttet. Und warum interessiert uns der Stresslevel von Blair und Clinton? Nun, ihr unterschiedlicher Machthunger lässt darauf schließen, dass Körper und Gehirn in unterschiedlicher Art auf Gewinnen und Verlieren reagieren werden.

Was genau sagen wir da voraus? Tony Blairs Cortisolspiegel müsste sich wegen Blairs großem Machthunger erhöhen, wenn er verliert, und senken, wenn er gewinnt. Bill Clinton, nicht ganz so machthungrig gestrickt, erlebt Verlieren nicht ganz so stark als Stresssituation, sein Cortisolspiegel würde weniger ansteigen und er würde auch weniger stark absinken als Blairs, wenn er gewinnt.

Diese Voraussage mache ich aufgrund der Forschungen Michelle Wirths und ihrer Kollegen an der University of Michigan.[23] Die Forscher ließen eine Gruppe männlicher und weiblicher Freiwilliger dieses Reaktionsspiel spielen, aber sie verfälschten die Ergebnisse so, dass die einzelnen Teilnehmer über falsche Rückmeldung einer Gewinner- oder Verlierergruppe zugewiesen wurden. Wirth maß den Machthunger mithilfe der Methoden, die auch Tony Blairs starken Drang zur Macht enthüllten, und sah sich dann an, wie Versuchspersonen mit geringem und solche mit ausgeprägtem Machtstreben sich in ihrer Reaktion auf Gewinnen und Verlieren unterschieden. Menschen mit großem Machthunger wie Tony Blair zeigten dabei einen starken Rückgang der Stresshormone. Und sie hassten es wirklich zu verlieren – ihr Stresshormonspiegel schoss dann nach oben.

Für die weniger Machthungrigen bedeutete das Verlieren weniger Stress. Ich sage hier nicht »wie Bill Clinton«, denn er lag mit seinem Machtstreben zwar wesentlich unter dem Tony Blairs und war in Bezug auf andere globale Spitzenpolitiker nur Durchschnitt, aber solche Menschen sind an sich schon ziemlich machtbewusste Typen, also ist »weniger machthungrig« bei Clinton relativ zu verstehen.

Besonders interessant an Wirths Ergebnissen war, dass bei den weniger Machthungrigen der Cortisolspiegel anstieg, wenn man ihnen sagte, dass sie gewonnen hätten. Gewinnen bedeutete für sie Stress.

Vielleicht ist Ihnen so etwas schon im Sport aufgefallen. Manche Sportler haben den »Killer-Instinkt« – die Motivation, einen Vorteil bis zum Sieg auszunutzen. Andere schrecken im entscheidenden Moment zurück und überlassen ihrem Gegner den Sieg. Der Killerinstinkt im Sport ist vielleicht ein Gegenstück zum Machthunger, und die Aussicht, einen anderen Menschen zu beherrschen, kann bei jemandem mit geringem Machthunger durchaus eine unbewusste Abneigung auslösen, den Gegner zu besiegen und das Spiel zu gewinnen.

Drohung und Beschwichtigung im menschlichen Dschungel

Die bildgebenden Verfahren der modernen Hirnforschung bestätigen, dass Machthunger ein echter Faktor in der Funktionsweise unseres Gehirns ist. Nehmen wir nur den alltäglichen Umgang von Politikern und Geschäftsleuten miteinander. Bewusst oder unbewusst sind wir ständig damit beschäftigt, unseren Rang in der Hackordnung festzulegen, während wir mit verschiedenen Gesprächspartnern unterschiedlichen Ranges zusammentreffen. Der Gesichtsausdruck ist dabei eines der wichtigsten Signale unserer aktuellen Position – achten Sie einmal auf das beflissene Lächeln und den bescheiden abge-

wandten Blick der Untergebenen, wenn der große Boss herein-
kommt.

Unter den alltäglichen Droh- und Beschwichtigungssignalen
des sozialen und geschäftlichen Dschungels ist der Gesichtsausdruck einer der wichtigsten Anzeiger unseres Platzes in der
Hackordnung. Das wütende Gesicht eines Kollegen könnte uns
zum Beispiel zeigen, dass er uns herausfordert, weil wir unsere
Befugnisse übertreten haben. Ein überraschtes Gesicht dagegen
sagt uns, dass wir nicht ohne Wirkung auf unser Gegenüber
bleiben.

Machthungrige Menschen sind besonders auf mimische
Signale dieser Wirkung geeicht, die sie auf andere Menschen
zeigen. Oliver Schultheiss und seine Kollegen von der University of Michigan haben die verschiedenen Prozesse im Gehirn
entschleiert, die diesen unterschiedlichen Ebenen des Machtstrebens zugrunde liegen.[24]

Schultheiss studierte mithilfe von fMRI-Bildern die Reaktionen von Männern und Frauen mit verschieden stark ausgeprägtem Machtstreben auf Bilder von wütenden, überraschten und
neutral blickenden Gesichtern. Wie vorausgesagt, zeigte sich bei
den Probanden mit starkem Machtstreben eine sehr viel stärkere Aktivierung der für Emotionen, Körperempfindungen und
Belohnungen zuständigen Hirnareale. Die wütenden Gesichter
schienen bei den Menschen mit starkem Machtstreben eine viel
stärkere »Bauchreaktion« auszulösen und setzten die Hirnregi-
onen des Striatums und der unteren Stirnhirnlappen in Betrieb,
die ständig den Belohnungswert von Dingen und Situationen
untersuchen.

Der Drang zur Macht ist ein wichtiger Faktor für das Verhalten eines Menschen, kommt uns aber nicht unbedingt zuerst in
den Sinn, wenn wir andere Menschen einschätzen. Wir richten
uns dabei eher nach klassischen Charakterzügen, zum Beispiel, ob jemand introvertiert oder extravertiert, ängstlich oder

emotional stabil ist, aber wir denken nicht an einen Faktor, der viel größere Auswirkungen auf unser Leben haben kann – das Machtstreben eines Menschen.

Das gilt für Ehen und Beziehungen wie für Politik und Regierung; es ist entscheidend am Arbeitsplatz und in der Schule oder im Club. Es wirkt sich sogar beim Sex aus: Menschen mit ausgeprägtem Machthunger – sowohl Männer wie Frauen – haben durchschnittlich öfter Geschlechtsverkehr als weniger Machthungrige[25] und machen auch schneller Karriere als diese.

Eine der Schattenseiten ist, dass Männer mit ausgeprägtem Machtstreben mit höherer Wahrscheinlichkeit ihre Partnerin missbrauchen – besonders, wenn die Frau in der Beziehung einen höheren Status oder mehr Geld hat. Wenn Sie sich die Menschen Ihrer näheren sozialen Umgebung anschauen – Nachbarn, Kollegen, Freunde, Familienangehörige – dann wird die kleinräumige »Politik« dieser Menschen hauptsächlich vom verschieden stark ausgeprägten Machtstreben bestimmt. Einige werden nach Dominanz streben – womöglich ohne es selbst zu merken und vielleicht mit den besten Absichten. Doch tatsächlich ist es so, dass der eigene Seelenfrieden und das Wohlergehen zum großen Teil von den Beziehungen zu anderen Menschen abhängen und diese wiederum vom Machtstreben der jeweils anderen mehr geprägt werden als von jedem anderen Faktor.

Wenn es um die große Politik geht, vervielfachen sich die Effekte des Machthungers anderer Menschen auf das eigene Leben: Hätte es den Irakkrieg auch gegeben, wenn Tony Blairs ungewöhnlich starkes Machtstreben ihn nicht zur Unterstützung der Pläne George W. Bushs getrieben hätte? Bush war militärisch nicht auf britische Hilfe angewiesen, wohl aber innen- wie außenpolitisch auf Blairs Unterstützung. Hätte Blair sich dem Irakkrieg entgegengestellt, wäre der US-Kongress dann vielleicht ermutigt worden, dem Präsidenten harte Fragen zu stellen, anstatt ihm den militärischen Blankoscheck auszustellen, den viele Kongressabgeordnete später bereuten?

Eine der größten Gefahren für die Welt entspringt dem Testosteronschub im Blut machthungriger Spitzenpolitiker nach einem Sieg. Dieser Hormonschub ist wie ein Rausch. Wie ein Bergsteiger, der immer nach dem nächsten, noch gefährlicheren Gipfel Ausschau hält, findet es der machtgierige Politiker schwierig, sich mit den Mühen der Ebene aufzuhalten und ganz gewöhnliche Alltagspolitik zu betreiben – er will dieses chemische Hochgefühl, das ihm ein spektakulärer Sieg bringt. Leider muss bei dieser Droge, wie bei allen Drogen, der nächste Schuss stärker sein, um die gleiche Wirkung hervorzubringen.

Politische Führer mit einem starken psychischen Machtstreben neigen dazu, die Regierungsgeschäfte mit einem kleinen Kreis von Vertrauten zu führen und das etablierte Kabinetts- und Ausschusssystem zu übergehen. So spüren sie direkter, wie sie die Macht ausüben. Spitzenpolitiker mit geringerem oder durchschnittlichem Machthunger dagegen neigen eher dazu, Aufgaben zu delegieren, Ratschläge einzuholen und einen Konsens mit ihren Ministern und Beamten zu suchen. Ihre Entscheidungen werden so zwar langsamer getroffen, aber später auch weniger oft bereut, weil die verschiedenen Sichtweisen mit einfließen.

Tony Blair war berüchtigt für seine extrem kurzen Kabinettssitzungen, in denen die Minister eigentlich nur über bereits getroffene Beschlüsse informiert wurden, und trotzdem beklagte er sich immer noch, wie ich erwähnt habe, dass die Macht der Regierung ein »Gummihebel« sei, der sich biege, wenn er daran ziehe, und sein übermächtiges Bedürfnis nach Einfluss sabotiere.

Blairs großer Machthunger hatte gute und schlechte Wirkungen. Seine direkte Beteiligung an der Nordirlandpolitik und seine strikte Kontrolle waren ein Schlüsselfaktor im Friedensprozess, und er konnte als nach Wirkung strebender Weltpolitiker, der vor einer militärischen Intervention nicht zurückschreckte,

einige ehrenvolle Siege verbuchen. Als in Sierra Leone drogen-
berauschte »Rebellen« Babys und Kindern die Hände abhackten,
schickte Blair eine Einsatztruppe, die das Land stabilisierte und
den Rebellenchef Charles Taylor schließlich vor das Internationale Kriegsverbrechertribunal in Den Haag brachte. Gegen den
Widerstand träger europäischer Politiker, deren Selbstsucht
und Untätigkeit Tausende brutale Morde in Bosnien zugelassen
hatte, intervenierte er mit den USA im Kosovo und verhinderte
dort einen weiteren Völkermord auf dem Balkan.

Viele halten allerdings Blairs Beharren darauf, gegen den
Willen der Bevölkerungsmehrheit britische Truppen mit in den
Irak zu schicken, für ein schweres Versagen der demokratischen
Kontrolle über den Regierungschef. Ob Blair sich auch auf das
Irak-Abenteuer eingelassen hätte, wenn sein Gehirn sich nicht
durch die Chemie der Macht und die Testosteronschübe seiner
vorherigen Siege verändert hätte, ist eine »Was-wäre-wenn«-Spe-
kulation, die man nie wirklich auflösen kann. Klar ist allerdings,
dass weder Tony Blairs große politische Begabung noch seine
beträchtliche moralische Courage oder seine Zugehörigkeit zu
einer liberalen sozialdemokratischen Partei ihn vor den Wirkungen der Macht auf sein Gehirn schützen konnten, und auch
die Freundschaft mit seinem weniger machthungrigen Freund
Bill Clinton konnte das nicht überleben.

Die Demokratie, eine der großen Errungenschaften der Zivi-
lisation, entstand nur zu einem einzigen Zweck – uns und unsere
Kinder vor der hirnverändernden Chemie der Macht und ihren
Folgen zu bewahren. Tony Blair hielt sich zehn Jahre im Amt
des Premierministers. Da das britische Recht keine Beschrän-
kung der Amtsdauer vorsieht, hätte er auch noch weitermachen
können, wenn nicht der demokratische Druck gewesen wäre, der
in einem von politischen Parteien bestimmten System auch den
Regierungschef treffen kann. Dieser Druck drängte den unwilli-
gen Blair schließlich aus dem Amt.

Dieser Druck war im Fall eines anderen Ministerpräsidenten beträchtlich verwässert. Silvio Berlusconi hielt sich sehr lange im Amt des italienischen Regierungschefs, weil er ein ausgedehntes Medien- und Fernsehimperium kontrollierte, das ihm half, bei Wahlen die notwendigen Mehrheiten aufzutreiben. Die Demokratie kommt nur einem kleinen Teil der Menschen zugute, aber selbst dort, wo es sie gibt, wird sie oft von der Manipulation der öffentlichen Meinung durch die Massenmedien unterlaufen. Berlusconi ließ vom Parlament ein Gesetz beschließen, das ihn von einer Anklage wegen Steuerhinterziehung entlastete, was zu Anschuldigungen führte, er habe es zu ebendiesem Zweck eingebracht. Seine ausgelassenen Partys mit jungen, knapp bekleideten Schönheiten, die im Jahr 2009 Schlagzeilen machten, zeigen, wie sich der Zusammenhang zwischen Macht und Sex noch bis ins Alter hält.

Auch Dominique Strauss-Kahn war ein mächtiger Mann. Das Magazin ›Forbes‹ stufte ihn als Nummer 37 der mächtigsten Menschen der Welt ein[26] – vor jenem schicksalsträchtigen 14. Mai 2011, an dem er in New York aus einer startbereiten Air-France-Maschine heraus festgenommen und der sexuellen Nötigung angeklagt wurde. Die Anklage wurde später fallen gelassen. Am 31. Oktober 2010 brachte ›Newsweek‹ einen Artikel über ihn: »Dominique Strauss-Kahn hat es bis ganz nach oben geschafft … Fast ohne eigenes Zutun sammelt der Direktor des Internationalen Währungsfonds mitten in der Krise immer mehr Macht an«, schrieb das Magazin über den damaligen heißen Favoriten der französischen Präsidentschaftswahlen 2012.

In einem weiteren, ziemlich prophetischen Absatz hieß es: »Bevor DSK [Dominique Strauss-Kahn] nach Washington ging, warnte ein Kolumnist der Pariser ›Libération‹, sein ›einziges echtes Problem‹ könnte ›seine Einstellung zu Frauen‹ werden.« Der in Frankreich als der »Große Verführer« bekannte Strauss-Kahn wurde seinem Spitznamen schon wenige Monate nach

Amtsantritt 2007 gerecht. Im Januar 2008 gestand er eine Affäre mit einer jungen Angestellten des IWF ein, der Wirtschaftswissenschaftlerin Piroska Nagy. Eine Freundin Nagys berichtete später, die Affäre habe zwar auf beiderseitigem Einverständnis beruht, aber »... sie [Nagy] habe sich genötigt gefühlt, weil Mr. Strauss-Kahn so übermächtig und unnachgiebig gewesen sei und es ihr sehr schwer gemacht habe, Nein zu sagen«.[27]

Ohne die sexuelle Beziehung zu einem Zimmermädchen im Hotel im Jahr 2011 hätte DSK eine gute Chance gehabt, französischer Präsident zu werden und dadurch Immunität vor französischen Gerichten zu erlangen. Im Lichte dessen, was wir über den Zusammenhang von Macht und Sex wissen, bleibt es der Vorstellung überlassen, wie sich seine »Einstellung zu Frauen« noch entwickelt hätte, wenn er sich vor rechtlichen Folgen sicher gewusst hätte.

Wladimir Putin ist ein weiterer globaler Spitzenpolitiker mit offensichtlichem Machthunger. Die Regierung, die er führt, hat die Mechanismen einer demokratischen Gesellschaft beträchtlich geschwächt – unter anderem durch ihr Vorgehen gegen die Unabhängigkeit der Medien und der Gerichte. Nachdem Putin 2012 abermals Präsident wurde, und wenn er, wie zu erwarten, zwei weitere Amtszeiten absolviert, wird er, abwechselnd als Präsident und als Ministerpräsident, fast ein Vierteljahrhundert lang über Russland geherrscht haben. Die Vorliebe des ehemaligen KGB-Offiziers für Fotografien, auf denen er, oft mit nacktem Oberkörper, zusammen mit Tigern und Bären posiert,[28] soll vielleicht hauptsächlich die Wähler beeindrucken, aber man kann sich dem Eindruck kaum entziehen, dass die Langzeitausübung der Macht signifikante Auswirkungen auf Präsident Putins Gehirn gehabt hat.

Angela Merkel allerdings, die deutsche Bundeskanzlerin, die 2011 von ›Forbes‹ als sechstmächtigster Mensch der Welt und mächtigste Frau der Welt eingestuft wurde,[29] scheint zumindest oberflächlich von den Symptomen eines durch Macht veränderten Gehirns ziemlich frei zu sein, anders als ihre beschriebenen männlichen Kollegen in Italien, Russland, Großbritannien und Frankreich. Während der Eurokrise wurde sie im Gegenteil oft für ihre angeblich schwache Führung kritisiert, die eine gemeinschaftliche Reaktion auf die Krise verhindere, und schien durch die konstitutionellen und parlamentarischen Zwänge des deutschen politischen Systems stark eingeengt. Darauf, ob es ein Zufall ist oder ob das Geschlecht eine Rolle bei den Effekten der Macht auf das Gehirn spielt, komme ich in Kapitel 5 zurück.

Die meisten Menschen, die Alkohol trinken, werden nicht danach süchtig. Ihr Konsum wird vielmehr durch Rituale, durch Konzentration auf den Geschmack statt auf den Rausch, durch Kombination mit Essen und so weiter reguliert. Erst wenn diese Einschränkungen entfallen und große Mengen mit dem Ziel der Trunkenheit konsumiert werden, setzt die Sucht ein. Das gilt auch für die politische Macht. Wenn sie im Rahmen der Zwänge und Rituale demokratischer Institutionen ausgeübt wird, bleibt ihre Infusion im Blutkreislauf der politischen Führer reguliert und die Sucht wird vermieden. Erst wenn der reine Alkohol der Macht ins Blut eines machthungrigen Menschen gelangt, entstehen wirklich große Probleme.

Wir alle unterscheiden uns voneinander in unserem Machtstreben. Die Welt braucht Führer, die Dinge verändern und Spuren hinterlassen möchten. Machthunger ist nichts Schlechtes an sich – Lehrer, Psychologen, Ärzte, Manager, Wahlkämpfer sind alle davon getrieben, Wirkung zu zeigen und Spuren zu hinterlassen. Aber wenn ein mit großem Machthunger ausgestattetes Gehirn der wirklichen Macht in zu hohem Maß ausgesetzt wird, wird es problematisch.

Die Macht in den Händen eines machthungrigen Menschen wie Tony Blair ist ein starker Cocktail, der das egozentrische Selbstbewusstsein des von der Macht veränderten Gehirns übermäßig verstärken kann. Ein weniger machthungriger Mensch in gehobener politischer oder wirtschaftlicher Stellung gibt dagegen oft einen ausgezeichneten Stellvertreter ab, weil seine versöhnenden und auf Konsens ausgerichteten Fähigkeiten ihm ermöglichen, zwischen der Rücksichtslosigkeit des mächtigen Chefs und den verletzten Gefühlen der Untergebenen zu vermitteln, die unter der bedenkenlosen Zielstrebigkeit eines dominanten Vorgesetzten leiden.

Das soll nicht heißen, dass gute Chefs nicht auf Konsens aus sein sollten – ganz im Gegenteil, ein Boss, der sein Team im Konsens führt, ist das Ideal. Aber ein effektiver Chef muss auch über ein Minimum an Machtbewusstsein verfügen, ansonsten ist die Verantwortung der Machtausübung zu viel Stress für ihn. Wenn wenig machthungrige Manager auf den Chefsessel befördert werden, überflutet der Stress ihr Gehirn mit Cortisol, was, wie im nächsten Kapitel beschrieben wird, das Urteilsvermögen ebenfalls beeinträchtigen kann.

Im vorigen Kapitel haben wir gesehen, wie man zum Gewinner werden kann, indem man zufällig zur richtigen Zeit am richtigen Ort ist – wie das NT-Buntbarschmännchen, das zufällig in der Nähe schwimmt, wenn eine Möwe sich ein unglückliches T-Männchen aus dem Tanganjikasee fischt. In diesem Kapitel habe ich gezeigt, dass Machtgewinn auch im menschlichen Gehirn sehr reale Veränderungen erzeugt, genauso real wie bei den T-Cichliden, dass aber diese Veränderungen individuell sehr variabel ausfallen.

Die Macht macht uns klüger, ehrgeiziger, aggressiver und konzentrierter. Diese Eigenschaften werden verstärkt, wenn wir siegen, und verstärken so wiederum unsere Chancen auf künftige Siege. Die Macht verändert uns, indem sie Türen im Gehirn öffnet, die uns mehr Macht gewinnen helfen. Die Macht befähigt uns, durch einen positiven Feedback-Loop machtinduzierter Gehirnveränderungen, zum Siegertyp zu werden.

Das ist ein lebhaftes Beispiel für den »Matthäus-Effekt«, benannt nach dem Evangeliumzitat: »Wer hat, dem soll gegeben werden.« Im vorigen Kapitel haben wir gesehen, wie der Gewinner-Effekt funktioniert – das Gewinnen an sich macht uns zukünftige Siege leichter. Im vorliegenden Kapitel habe ich gezeigt, dass es beim Menschen nicht nur das reine Gewinnen ist, das uns zu Siegertypen macht. Vielmehr ist es die Tatsache, dass die Macht unser Gehirn umformt, um uns klüger und konzentrierter zu machen und so unsere Macht zu verstärken und uns für weitere Siege vorzubereiten.

Jedenfalls reagieren einige von uns empfindlicher auf Macht als andere und werden physisch und psychisch stärker von ihr verändert.

Aber die Lösung dieses Rätsels wirft sofort das nächste auf – warum müssen Menschen wie Tony Blair immer und unbedingt gewinnen? Was steckt hinter diesem Machthunger? Die Antwort auf diese Frage ist keineswegs trivial, weil die Mächtigen für ihre Macht einen hohen Preis bezahlen. Sehen Sie sich nur die Fotografien junger, fit wirkender Regierungschefs wie Tony Blair, Bill Clinton, George W. Bush und Barack Obama bei ihrem Amtsantritt an und vergleichen Sie sie mit Aufnahmen aus späteren Jahren der Amtszeit: Binnen kurzer Zeit altern die Gesichter, das Haar ergraut und die Stirnen furchen sich mit den Falten, die der unauslöschliche Preis der Macht sind.

Dass man so auffällig schnell altert, wenn man an der Macht ist, sagt uns deutlich, dass diese Macht eine große Belastung ist, und sollte uns davon abhalten, nach ihr zu streben. Was also treibt einige Menschen, ihre Jugend zu opfern? Was bringt Menschen dazu, nach Macht zu streben?

Diese Frage bringt uns zum vierten Geheimnis: Warum wollen wir unbedingt gewinnen?

4

Rote Teppiche

Warum wollen wir gewinnen?

Im Jahr 1956 wurde dem Schauspieler Charlton Heston die Titelrolle in ›Alexander der Große‹ angeboten, dem Blockbuster jenes Kinojahres. Heston zögerte lange, lehnte aber schließlich zugunsten der Hauptrolle in einem anderen Epos ab – ›Die zehn Gebote‹. Seine scharf geschnittenen Züge, seine beeindruckende Größe von 1,90 Meter und sein sonorer Bariton – nicht zu reden von einer auffallenden Ähnlichkeit mit Michelangelos Moses – machten ihn zur Idealbesetzung. Aber die MGM-Studiobosse waren nicht allzu sehr um ihren Alexander-Film besorgt, als Heston absprang. Warum nicht? Weil sie einen noch größeren Star für die Rolle am Haken hatten, angeblich den bestbezahlten in Hollywood. Die blauen Augen und die sanfte Stimme dieser Ersatzbesetzung, nämlich Richard Burtons, übertrafen Hestons Ausstrahlung womöglich noch.

Diese beiden Hollywoodlegenden teilten also gutes Aussehen und einen schnellen Aufstieg, aber innerhalb von drei Jahren sollte sich etwas ereignen, das einen Abgrund zwischen ihnen aufriss.

Schauen wir uns das Jahr 1959 an. Der Kassenschlager dieses Jahres sollte ›Ben Hur‹ werden, aber die MGM-Filmmogule hatten ein Problem – sogar drei, genauer gesagt. Zuerst boten sie Marlon Brando die Hauptrolle an, aber der lehnte ab. Dann fragten sie Burt Lancaster, der ebenfalls absagte, genau wie Rock Hudson, die dritte Wahl.[1] Verzweifelt suchte das Besetzungsteam

nach einem passenden Schauspieler für die männliche Hauptrolle und fragte schließlich, nicht als Ersatz, sondern als vierte
Wahl, bei Charlton Heston an. Der überlegte nicht lange und
sagte zu – eine Entscheidung, die sein Leben für immer verändern sollte.

Der Grund dafür war – der Oscar, den er für die Titelrolle in
›Ben Hur‹ 1960 erhielt. Die vierte Wahl warf sich in Schale und
holte sich den Academy Award ab. Das war die einzige Oscar-
nominierung überhaupt für Charlton Heston. Richard Burton
dagegen, der nicht weniger als sieben Mal nominiert worden
war, gewann nicht einen einzigen. Die breite zeitliche Verteilung
seiner Nominierungen – 1952, 1953, 1964, 1965, 1966, 1969 und
1977 – zeigt, dass Burton keine Eintagsfliege war, sondern ein
erfolgreicher und begabter Schauspieler. Doch dieser seinerzeit
weltberühmte Darsteller bekam nie einen Oscar. Inzwischen ist
er hauptsächlich noch als zweimaliger Ehemann der Schauspie-
lerin Elizabeth Taylor in Erinnerung.

Richard Burton starb am 5. August 1984 mit 58 Jahren an
einer Hirnblutung. Vierundzwanzig Jahre später, am 5. April
2008, starb Charlton Heston mit 84 Jahren. Es wäre unseriös,
diese beiden Fakten – Burtons frühen Tod und Hestons Oscar –
miteinander in Verbindung zu bringen, wenn es da nicht ein
erstaunliches Forschungsergebnis gäbe: Oscargewinner leben
durchschnittlich vier Jahre länger als Oscarnominierte, die in
jeder anderen Hinsicht genauso erfolgreich sind.[2]

Burtons Tod hat womöglich gar nichts damit zu tun gehabt,
dass er nie einen Oscar gewonnen hat – solche Schlussfolgerun-
gen kann man nicht aus einem einzigen Beispiel ziehen. Der
Gegensatz zwischen seinem und Hestons Leben soll hier vielmehr eine Tatsache illustrieren, die tatsächlich gesichert ist – ein
Oscar erhöht die Lebenserwartung beträchtlich. Extrapoliert
man eine solche Steigerung um vier Jahre auf die Gesamtbevöl-
kerung, entspräche das der Heilung aller Krebserkrankungen.

Und das ist noch nicht alles: Wer mehr als einen Oscar gewinnt, lebt im Durchschnitt volle sechs Jahre länger als ein bloß Nominierter. Was steckt dahinter?

Bevor wir versuchen, diese Frage zu beantworten, sollten wir bedenken, dass dieses Wundermittel nicht nur in der Glitzerwelt Hollywoods funktioniert, sondern auch im nüchternen Reich der Wissenschaft. Nobelpreisträger leben durchschnittlich ein bis zwei Jahre länger als ihre Kollegen, die zwar für den begehrten Preis nominiert waren, ihn aber nicht erhalten haben.[3] Wie im Filmgeschäft steckt auch bei den Nobelpreisen bei der Endauswahl aus einer Gruppe mehr oder weniger gleich talentierter Nominierter ein gewisses Maß an Zufall und Politik, aber wenn man dann gewinnt, scheint es Körper und Geist der Gewinner in bemerkenswerter Weise zu beeinflussen. Warum?

Es ist dieses Rätsel, wie ein symbolischer Preis wie der Oscar oder der Nobelpreis das Leben eines Preisträgers verlängern kann, das ich hier lösen möchte. Die Antwort ist wichtig, weil uns die Erkenntnis, warum Gewinnen das Leben verlängert, bei der Beantwortung einer anderen Frage hilft – warum wollen Menschen eigentlich unbedingt gewinnen?

Die Totentürme von Glasgow

Als der amerikanische Autor Nathaniel Hawthorne 1857 Glasgow in Schottland besuchte, schrieb er: »Ich würde durchaus sagen, dass Glasgow die prachtvollste Stadt ist, die ich je gesehen habe.« Sein Besuch fiel in eine Zeit, zu der Glasgow eine der bedeutendsten Städte des britischen Empires war – vielleicht ein wenig mit Schanghai im heutigen China vergleichbar – und, dank seiner aufstrebenden Industrie und seines blühenden weltweiten Handels, eine der reichsten Städte Europas.

Man kann noch einen Nachklang dieses Reichtums erahnen, wenn man sich die Nekropolis auf dem Hügel über der Kathedrale ansieht, einen ausgedehnten, stillen Friedhof, der die Skyline der Stadt beherrscht. Diese merkwürdige, geisterhafte Totenvorstadt ist eine Ansammlung rußgeschwärzter Behausungen für die Leichen derer, die einst die rasend wachsende Wirtschaft Mittelschottlands antrieben.

Die Mausoleen – manche sind zweistöckig – sind von Gräbern umgeben, und auf vielen der Letzteren finden sich steinerne Obelisken. In der Nekropolis und auch auf anderen Glasgower Friedhöfen des 19. Jahrhunderts bieten diese Obelisken einen Anblick, der kaum weniger seltsam wirkt als die Steinfiguren der Osterinsel oder die mittelalterlichen Türme von San Gimignano in der Toskana.

Und genau wie die Osterinsel-Statuen und die Türme San Gimignanos unterscheiden sich auch die Obelisken in ihrer Höhe. Ihre Form ist immer gleich, aber die unterschiedliche Höhe sagt etwas aus über die darunter Begrabenen. Man kann davon ausgehen, dass die Größe des Monuments Reichtum und Sozialstatus des Toten und seiner Familien widerspiegelt. Indem sie die Höhe dieser Obelisken als stellvertretendes Maß für Reichtum und Sozialstatus einsetzten, fanden der Epidemiologe George Davey Smith und seine Kollegen von der University of Glasgow heraus, dass sie ein vorhersagbarer Indikator des Sterbealters der armen Seele darunter ist – je höher der Obelisk, desto länger das Leben.[4] Dass Reiche länger leben als Arme, kommt nicht überraschend. Wirklich Bedürftige können sich natürlich überhaupt keine Obelisken leisten. Der Zusammenhang zwischen der Höhe des Grabsteins und der Lebensdauer hatte sich aus der Abstufung des Reichtums innerhalb der vergleichsweise wohlhabenden Schicht dieser einstmals blühenden Stadt ergeben.

Ist das eine Antwort auf das Rätsel der langlebigen Oscargewinner? Geht es nur um Reichtum? Wurde Charlton Heston

84 Jahre alt, weil er sich mit dem Luxus und Komfort umgeben konnte, den ihm sein Oscar verschaffte? Das ist eher unwahrscheinlich; schließlich gibt es viele sehr lukrative Filme, die keinen Oscar gewinnen. Einnahmen und Preise gehen nicht automatisch Hand in Hand. Bedenken wir außerdem, dass Richard Burton nicht nur sieben Mal als »Bester Hauptdarsteller« nominiert wurde, sondern auch angeblich der bestverdienende Hollywoodschauspieler der 1950er-Jahre war. Um nachzuweisen, dass das Geheimnis der Oscars nicht nur im Geld liegt, brauchen wir belastbarere Daten. Um diese Daten zu bekommen, begeben wir uns jetzt in die Heimat der Nobelpreise, nach Stockholm.

Der Nobelpreis ist nicht nur eine große, sondern auch eine lukrative Ehrung – 2008 lag das Preisgeld knapp unter anderthalb Millionen Dollar. Das ist nur wenig mehr als der Gegenwert von 1901, der etwa 1,2 Millionen Dollar betrug. Einen Großteil des 20. Jahrhunderts hindurch, zwischen etwa 1920 und den späten 1980er-Jahren, lag es allerdings bei nur etwa einem Viertel des Betrags von 2008 und betrug weniger als 400 000 Dollar. Nobelpreisträger vom Anfang und Ende des 20. Jahrhunderts wurden also vergleichsweise viel reicher als ihre genauso geehrten Kollegen in der Jahrhundertmitte.

Anders als Hollywoodstars sind Wissenschaftler, auch die nobelpreiswürdigen, nicht reich und leben unauffällig von einem bescheidenen Universitätsgehalt – der Einfluss eines Nobelpreises auf ihre finanzielle Lage ist also immens. Wenn die Antwort auf das Geheimnis der Oscars im Geld liegt, dann müssten wir bei der Betrachtung des vergleichbaren Nobelpreis-Effekts – die Preisträger leben ein oder zwei Jahre länger als der durchschnittliche Nominierte – einen substanziellen Unterschied zwischen der Lebensdauer derjenigen Preisträger, die über eine Million Dollar erhielten, und derjenigen, deren Preisgeld nur 400 000 Dollar betrug, feststellen können.

Matthew Rablen und Andrew Oswald von der University of

Warwick in England haben diese Hypothese überprüft, indem
sie die Geburts- und Sterbedaten von 532 Nobelpreisnominier-
ten in Chemie und Physik für die Jahre 1901 bis 1950 verglichen.[5] (Neuere Daten konnten sie nicht bekommen, weil die
Nobelstiftung die Namen der Mitglieder des Nominierungs-
komitees und der Nominierten jeweils 50 Jahre lang geheim
hält.) Was war das Ergebnis? Verschaffte das plötzliche Milli-
onenvermögen diesen engagierten, hart arbeitenden Forschern
ein längeres Leben? Nein. Die Höhe des Preisgeldes spielte
keine Rolle; es war das einfache Faktum des Gewinnens, das
lebensverlängernd wirkte.

Die Geschäftswelt mag von den akademischen Hallen Stock-
holms und dem Nobelpreis weit entfernt erscheinen, aber auch
sie kann daraus lernen. Ist es angesichts der dramatischen Effekte
solcher Ehrungen denkbar, dass eine übermäßig auf finanzielle
Boni ausgerichtete Belohnungskultur den Motivationseffekt
symbolischer Würdigungen wie des Oscars und der Nobelpreise
verwässert? Wenn ich in der Leitung eines Unternehmens außer-
gewöhnlich gut arbeite und dafür einen großen Bonus erhalte,
besteht die Möglichkeit, dass ich meine Motivation eher dem
Geld als meinem innewohnenden Leistungswillen zuschreibe.
Außerdem kommt noch kognitive Dissonanz ins Spiel, eine verbreitete, aber größtenteils unbewusste geistige Fehlfunktion. Ich
gehe darauf in Kapitel 6 noch näher ein, aber sie kommt ungefähr so zustande:

Der menschliche Geist möchte mit seinen Gedanken und
Gefühlen und Taten im Einklang sein. Entdeckt er Unvereinbar-
keiten, so beginnt er sein Verhalten zu rechtfertigen, indem er
die Gedanken und die damit verbundenen Gefühle so abändert,
bis sie zum Verhalten passen. Wenn Sie zur Mitarbeit an einem
Wohltätigkeitsprojekt überredet wurden, denken Sie hinterher
vielleicht: »Ich habe gerade einen Tag ohne Bezahlung schwer
gearbeitet, um dieses Projekt zu unterstützen, also muss es mir

wirklich etwas bedeuten.« Dasselbe passiert auch bei weit grundlegenderen Entscheidungen, wie etwa: »Ich habe gerade diesen Mann geheiratet, also muss ich ihn wohl wirklich lieben.«

Carol Dwecks Forschungen an der Yale University, die ich in Kapitel 1 beschrieben habe, befassten sich mit der Frage des Wertes intrinsischer und extrinsischer Belohnungen für gutes Benehmen bei Kindern. Sie fand heraus, dass es die Motivation und die Begeisterung von Schülern sogar reduzierte, wenn sie für eine Arbeit, an der sie ohnehin interessiert waren, materielle oder finanzielle Belohnungen erhielten. Vermutlich lag auch hier kognitive Dissonanz vor: »Warum tue ich das? Ich bekomme Geld dafür, also tue ich es wohl kaum, weil es mir Spaß macht.«

Es gibt viele Tätigkeitsbereiche, in denen Menschen große Befriedigung – ein Belohnungsgefühl, das die Dopaminsysteme des Gehirns anschaltet – einfach daraus ziehen, dass sie gute Arbeit leisten, zu einer guten Sache beitragen oder ein bestimmtes Ziel erreichen. Respekt und Bewunderung anderer Menschen ist eine noch stärkere Quelle für Dopaminausschüttung im Gehirn. Das Lob eines respektierten Chefs kann für einen Angestellten eine viel größere intrinsische Belohnung als ein finanzieller Bonus sein. Die Anerkennung, die sich in der Verleihung eines Oscars oder eines Nobelpreises manifestiert, ist mehr wert als jede Geldsumme.

Noch einmal zurück zu den Nobelpreisträgern und ihren zwei zusätzlichen Lebensjahren. Das klingt vielleicht nach nicht viel, aber Rablen und Oswald betonen, dass auch die 532 Nominierten bereits einen sehr hohen Status in der akademischen Welt innehatten. Von Kollegen auf Tagungen weltweit gefeiert, zu Hause und an ihren Universitäten respektiert und bewundert, genossen sie bereits beträchtliche soziale Vorteile gegenüber ihren weniger erfolgreichen Kollegen. Dass also ihrer Lebensspanne durch eine einfache Preisverleihung noch einmal durchschnittlich zwei Jahre hinzugefügt wurden, ist ein erstaunlich großer Effekt –

nicht ganz so groß wie der Oscar-Effekt, der ja der Heilung aller Krebsfälle entspricht, aber immer noch beträchtlich.

Da die große Anerkennung durch einen Oscar oder Nobelpreis bei Menschen, die bereits viel Respekt und Aufmerksamkeit genießen, einen lebensverlängernden Effekt haben kann, könnte ein bescheidenes Lob für Menschen, die sozial weniger vorteilhaft dastehen als Spitzenforscher und Filmstars, auch potenziell beträchtliche Auswirkungen haben. Wenn wir uns die düsteren Reihen der Türme in der Glasgower Nekropolis und die langlebigen Nobelpreisträger ansehen, wird klar, dass das Geheimnis der Oscars nicht nur im Reichtum liegt. Irgendetwas anderes muss hier lebensverlängernd wirken, und dieses Etwas bewirkte vielleicht auch, dass die Glasgower, die heute unter den höchsten Türmen begraben liegen, länger gelebt haben.

Die Lösung des Geheimnisses der Oscars ist also nicht der Reichtum, aber was ist dann das Lebenselixier?

Politiker und Paviane

Wir schreiben das Jahr 2001, noch vor dem 11. September. Sir Christopher Meyer, britischer Botschafter in den USA, schreibt seinen täglichen Tagebucheintrag und notiert seine Eindrücke von den Gästen, die das, wie er es wiederholt liebevoll nennt, »Große Haus« besuchen,[6] nämlich die Residenz des britischen Botschafters neben dem Amtssitz des US-Vizepräsidenten im Naval Observatory an der Embassy Row – ein Posten, den sich jeder Diplomat erträumt.

Der *First Minister* (Ministerpräsident) von Schottland, Henry McLeish, war an diesem Tag zu Gast gewesen, und Meyer berichtet, dass McLeish »fast starr vor Schreck« wurde, als er zu seinem Erstaunen erfuhr, dass ihn Präsident Bush ins Weiße Haus eingeladen hatte. Meyer schreibt: »Während der arme Henry im Oval Office zappelte und stotterte, plauderte George W. Bush, begleitet von seiner damaligen Sicherheitsberaterin Condoleezza Rice, entspannt und erzählte Geschichten aus seiner Kindheit in Schottland.«

McLeish schrieb später für den britischen ›Parliamentary Monitor‹ einen Aufsatz über seinen Besuch, den der Journalist Paul Routledge mit dem eines Schuljungen verglich, der über seine Ferien berichten soll. »Wie erlebte ich den Präsidenten?«, schrieb McLeish. »Sehr angenehm und beeindruckend im Umgang. Ist das Oval Office tatsächlich oval? Jawohl, das ist es.«[7]

Der afrikanische Pavian ist ein unerschrockenes Tier, dessen fünf Zentimeter lange Eckzähne ihm eine abwechslungsreiche Ernährung von Wurzeln und Krebsen bis zu jungen Antilopen verschaffen. Unsere entfernten Vettern können ganze Rudel von Schakalen in die Flucht jagen. Wirklich Angst haben sie eigentlich nur vor Leoparden. Sie leben in einem Netz komplexer Sozialbeziehungen; einige Paviane können sich lange an der Spitze der Rangordnung halten, während andere niedriger stehen.

Auf ihren Wanderungen durch die Savanne führen die dominanten Männchen die Horde an, Weibchen und Jungtiere gehen in der Mitte, und die niederen Fußtruppen bilden die Nachhut und gehen den Chefs an der Spitze aus dem Weg. Das tun sie deswegen, weil es für einen niederrangigen Pavian großen Stress bedeutet, mit einem der Anführer zu tun zu haben – sogar so großen, dass in manchen Horden das niedere Männchen ein beliebiges Jungtier an sich reißt und dem dominanten Männchen als Friedenszeichen hinhält. So will er verhindern, dass er die Eckzähne des höherrangigen Tieres zu fühlen bekommt, denn der Anblick des Jungtieres soll milde stimmen. Leider ist nicht immer ein Baby greifbar, wenn es gebraucht wird, und selbst wenn, so bleibt der Stress für das untergeordnete Tier doch bestehen. Stress wiederum löst die Ausschüttung eines sehr wichtigen Hormons in den Blutkreislauf aus.

Wie ich in Kapitel 2 erwähnt habe, ist das Hormon Cortisol eine Art Turbolader, den Paviane, Menschen und andere Tiere in ihrem Notreaktionssystem haben, damit er ihnen gemeinsam mit Adrenalin und anderen Substanzen aus bedrohlichen und daher stressintensiven Situationen heraushilft. Cortisol ist das erste Stresshormon, das in den Kampf geworfen wird; es pumpt Glukose ins Blut und Gehirn, um die Reaktion zu beschleunigen. Auch Adrenalin wird durch Stress ausgeschüttet; es beschleunigt den Pulsschlag, erhöht den Blutdruck, verlagert den Blutstrom aus den Eingeweiden in die Muskulatur und macht den Organismus kampf- und fluchtbereit. Cortisol greift außerdem in die Arbeit des Immunsystems ein und legt die Verdauung vorübergehend still.

Die meisten niederrangigen Paviane haben wegen ihrer wiederholten Zusammentreffen mit dominanten Männchen des Rudels einen hohen Cortisolspiegel, wie der amerikanische Biologe Robert Sapolsky gezeigt hat.[8] Als Henry McLeish ins Oval Office trat, um von George W. Bush empfangen zu werden, stieg auch in seinem Blut der Cortisolspiegel, sein Herzschlag beschleunigte sich, und das alarmbereite periphere Nervensystem ließ seine Haut kalt und feucht werden. Außerdem hatte er wahrscheinlich plötzlich das Bedürfnis, auf die Toilette zu gehen – denn sich unnötigen Gewichts zu entledigen, macht es dem Körper leichter, dem Biss eines dominanten Männchens zu entgehen.

Wichtiger war, dass durch das Cortisol auch bestimmte Bereiche von Henrys Gehirn stillgelegt wurden, besonders die Gedächtnisareale tief im Hippocampus und die Selbstkontrollzentren in den Stirnhirnlappen. Henrys Erinnerungen an den Termin beim Präsidenten sind daher vermutlich ziemlich verschwommen, weil sein Kurzzeitgedächtnis nicht funktionierte und er nicht so genau wusste, was er tat. Kein Wunder, dass er sich nur noch an die Form des Oval Office erinnert. Auch die »Bremsen« seines Gehirns – das Hemmungsareal auf der Vorderseite des rechten Stirnhirnlappens, direkt unter der verschwitzten rechten Schläfe – griffen nicht besonders gut, und so sagte er sicherlich Sachen, die er später bedauerte. Wie so etwas aussieht, kann man an Kandidaten für Bewerbungsgespräche beobachten oder an den *Apprentices* (Lehrlingen) der gleichnamigen Fernsehsendung, wenn sie um einen Tisch versammelt sind, um das Urteil anzuhören, das Sir Alan Sugar (in der britischen Version) oder Donald Trump (in der US-Version) gleich über sie fällen wird.

Sir Christopher liefert noch eine weitere Beschreibung eines ungebremsten Gehirns unter Stress am Beispiel eines anderen britischen Politikers, der Washington besuchte. Der Cortisolberauschte war in diesem Fall John Prescott, Tony Blairs umgänglicher und loyaler, aber nicht unbedingt redegewandter Stellvertreter als Premierminister. Der Botschafter berichtet, dass Prescott seinen Rang als stellvertretender Regierungschef sehr ernst nahm und darauf bestand, die komplette außenpolitische Agenda mit US-Vizepräsident Cheney durchzusprechen. Das Problem dabei war, dass er, laut Sir Christopher, »auf die meisten Themen kaum vorbereitet und insgesamt sehr nervös war«. Sir Christopher »feuerte ihn stumm an, sich zusammenzunehmen, während er immer tiefer in seinen Sessel sank und immer schneller sprach«. Ein anwesender US-Senator mit militärischem Hintergrund hörte erstaunt zu, als Prescott erklärte, die britischen Harrier-Jets würfen ihre Bomben aus fünf Metern Höhe ab, und zwar bei Einsätzen, die über das Schicksal des »Balklands« entschieden.

Dank einer Studie Caroline Zinks und anderer am U.S. National Institute of Health haben wir eine ziemlich gute Vorstellung davon, was in den Gehirnen Henry McLeishs und John Prescotts abgelaufen sein könnte, als sie mit dem amerikanischen Präsidenten oder Vizepräsidenten zusammentrafen.[9] Zink und ihre Kollegen schufen künstliche soziale Hierarchien, in denen die Versuchsteilnehmer in Gegenwart von auffällig als Ein-, Zwei- oder Drei-Sterne-Spielern Klassifizierten wettbewerbsorientierte Spiele spielten. Selbst in der künstlichen sozialen Hierarchie löste die Begegnung mit einem Höherrangigen ziemlich viel zusätzliche Aktivität in genau jenen Hirnarealen aus – denen des dorsolateralen präfrontalen Cortex –, die für die Vorausplanung, Überwachung und gegebenenfalls Verhinderung dessen zuständig sind, was man gleich sagen wird.

Der Fachbegriff dafür lautet Self-Monitoring, und die rechte vordere Großhirnrinde ist unentbehrlich für diese so entscheidende menschliche Fähigkeit – Selbstkontrolle. Eine der beliebtesten Methoden, um sie abzuschwächen, ist Alkoholgenuss, und es liegt teilweise an der dämpfenden Wirkung des Alkohols auf Selbstkontrolle und Selbstbeherrschung, dass Menschen unter seinem Einfluss Dinge schreiben, sagen und tun, die sie am nächsten Morgen bitter bereuen – »Oh nein – was habe ich zum Chef gesagt?«

Dass Henry McLeish und John Prescott in Panik erstarrten wie ein Kaninchen im Strahl der Autoscheinwerfer, lag womöglich teilweise daran, dass der Überwachungsmechanismus ihrer Selbstkontrolle schon blockiert war, weil er genug zu tun hatte, um mit dem hochrangigen Gesprächspartner fertig zu werden. Das erklärt, warum so viele Leute nur Unsinn herausbringen, wenn sie einer Berühmtheit gegenüberstehen. Im Prinzip werden sie davon kurzfristig betrunken.

Henrys und Johns Lampenfieber und Ausfälle unterschieden sich kaum von den Reaktionen niederrangiger Paviane auf die Begegnung mit einem hochrangigen dominanten Männchen. Pech für McLeish, dass er kein Baby zur Hand hatte, das er Präsident Bush entgegenstrecken konnte, um ihn zu besänftigen und nicht gebissen zu werden. Henrys und Johns cortisolbetäubte Gehirne ließen sie außerdem in Verhaltensweisen verfallen, die den Statusunterschied zwischen ihnen und ihren amerikanischen Gastgebern noch vertieften.

Bringen uns diese Studien der Auswirkungen von Stress denn der Lösung des Rätsels der Oscars und des Geheimnisses der Friedhöfe von Glasgow näher? Begegnungen niederrangiger Individuen mit hochrangigen können sehr stressbeladen sein, und Stress führt zur Ausschüttung von Cortisol, das kurzfristig aufbauend wirkt, bei längerer Ausschüttung in den Blutkreislauf jedoch den Organismus schädigen kann, zum Beispiel auch das Gefäßsystem.[10] Ein chronisch hoher Cortisolspiegel führt außerdem zur Zellschrumpfung in bestimmten Hirnarealen.

Waren die erfolgreichen Oscargewinner und Nobelpreisträger und die Kaufleute, deren Familien sich die höchsten Grabobelisken leisten konnten, einfach wie dominante Paviane, deren hoher Status ihren Körper vor den schädlichen Langzeiteffekten des Cortisols schützte – denen niederrangige, erfolglosere Individuen durch wiederholten Kontaktstress mit Höherrangigen ausgesetzt waren, was eine beständige Cortisolausschüttung zur Folge hatte? Möglich. Aber es gibt ein Problem. Warum litten andere britische Politiker, über die Sir Christopher berichtet, nicht unter diesem doch anscheinend evolutionär vorgegebenen Statusstress? Michael Marmot und seine Kollegen vom University College London haben gezeigt, dass höhere Beamte länger leben und weniger krank werden als niedere Beamte, ungeachtet, wie gesundheitsbewusst sie leben.[11] Warum gibt es einen so beträchtlichen Unterschied in der Lebenserwartung zwischen Beamten? Und warum reagieren Politiker, die in ihren eigenen Ländern bereits sehr hoch aufgestiegen sind, so empfindlich, wenn sie auf ausländische höherrangige Kollegen treffen?

Ist die Lösung der Oscar-Geheimnisse einfach eine Frage der Position in der Statushierarchie? Der höhere Status des Oscargewinners, dem eines dominanten Pavians vergleichbar, kann das Rätsel teilweise erklären, aber nicht ganz. Die Nominierten sind bereits reiche und berühmte Filmstars mit hohem Status, sodass ein Oscar ihnen kaum durchschnittlich vier zusätzliche Lebensjahre bescheren wird. Wenn der Status das Rätsel der Oscars nicht löst, gibt es vielleicht noch einen anderen Faktor, eine weitere Zutat in diesem Elixier? Um diese Frage zu beantworten, stellen Sie sich bitte folgendes Szenario vor.

Dschingis Khan und die Typistinnen

Es war 1979, im lange vergangenen Zeitalter vor dem Aufkommen des Personalcomputers. Ich gab Linda, der Sekretärin des Fachbereichs Psychologie, meinen handgeschriebenen Bericht. Sie wirkte gestresst, als sie ihn entgegennahm und einige Blätter aus dem großen Stapel auf ihrem Schreibtisch zog.

»Hier ist Ihr letzter Bericht, Ian«, sagte sie. »Ich hoffe, es sind nicht zu viele Tippfehler drin. Ich habe nie genug Zeit, um sie zu verbessern, und kaum noch Tipp-Ex.«

Sie lächelte dünn, schob den Wagen der Schreibmaschine nach rechts und begann zu tippen, schnell und wütend, die Schultern über die ratternde Maschine gekrümmt.

»Verdammt! Das Farbband ist alle.« Man konnte die Buchstaben kaum noch erkennen. Sie wühlte in der Schreibtischschublade, fand ein neues Farbband, riss das alte heraus und drückte die neue Spule in die Halterung. Leise vor sich hin fluchend fädelte sie das freie Ende des Farbbands auf die leere Spule. Dann stand sie auf und hielt mir ihre geschwärzten Fingerspitzen hin.

»Diese Farbe kriegt man kaum wieder ab, und sehen Sie sich diesen Stapel an – den schaffe ich nie.« Seufzend ging sie sich die Hände waschen.

Die andere Sekretärin des Fachbereichs hieß Clare. Sie erledigte die Schreibarbeiten für einige andere Psychologen. Als ich an ihrer offenen Tür vorbeikam, steckte ich kurz den Kopf hinein. Sie lackierte sich gerade die Fingernägel.

»Meinen Sie, Sie könnten diesen Bericht kurz auf Fehler durchsehen, Clare?«

Sie sah freundlich lächelnd auf. »Tut mir leid, Ian. Ich habe viel zu tun – es ist schon am besten, wenn Linda ihre Sachen selbst durchsieht.«

»Sie ist ziemlich beschäftigt …«

Das Lächeln verschwand. »Ich auch.« Ihre Augen wiesen auf einen einzigen Bericht, der auf ihrem sonst leeren Schreibtisch lag.

Ich wollte eine Bemerkung machen, überlegte es mir aber anders und ging lieber. Ich würde mir selbst Tipp-Ex suchen und die Korrekturen mit einem schwarzen Stift darüberschreiben, wenn es getrocknet war. So machten es die Psychologen, für die Clare arbeitete, sowieso oft.

Linda und Clare hatten den gleichen Job. Aber Linda war überarbeitet und gestresst, während Clare entspannt und heiter war. Sie hatten denselben Status, schienen aber sehr unterschiedlich auf ihre Rolle zu reagieren.

Bei vielen Pavianarten Afrikas haben es die höherrangigen Männchen leichter, sich Sexualpartner zu suchen – kaum überraschend, schließlich können sie die gestressten Konkurrenten mit niedrigerem Status einfach beiseitedrängen. So ist das in der Evolution, denken wir da vielleicht – die dominanten Männchen geben ihre Gene eben öfter weiter als die gestressten und unterdrückten niedrigeren Männchen.

Bei uns Menschen ist dieser sexuelle Vorrang von Alphamännchen übrigens genauso stark ausgeprägt wie bei anderen Primaten. Nehmen wir nur Tim Robinson, einen netten, ruhigen Buchhalter aus Miami in Florida. Sein Urururururururur-

ururururururururururururururururururururururururururu-
rururururgroßvater war Dschingis Khan. Er weiß das, weil die
Gene seines Y-Chromosoms auf ein äußerst nachkommenreiches
Individuum zurückführen, das um 1200 in Zentralasien lebte.[12]
Weil diese Person der Ur-hoch-vierzig-Großvater ungefähr eines
Zwölftels aller männlichen Asiaten ist (sowie eines unbekannten
Anteils der Frauen, die ja kein Y-Chromosom haben), kann man
annehmen, dass der mongolische Herrscher Dschingis Khan
ein ziemlich aktives Sexleben hatte, wofür ihm seine Gene sehr
dankbar sein sollten.

Dschingis Khan war der absolute Herrscher des flächenmäßig
größten Reiches der Weltgeschichte; es reichte vom Japanischen
Meer im Osten bis vor die Tore Wiens im Westen. Er hatte sechs
mongolische Ehefrauen, aber auf seinen Eroberungszügen heira-
tete er außerdem zahlreiche Töchter fremder Herrscher, die klug
genug waren, sich ihm zu unterwerfen. Immer wenn ein weiteres
Land erobert war, konnte die dann anstehende Massenvergewalti-
gung der Frauen außerdem erst dann beginnen, wenn die schöns-
ten ausgesucht und dem Großkhan gebracht worden waren.

Dan Bradley, einer meiner Kollegen am Trinity College in
Dublin, und seine Kollegen haben eine irische Entsprechung zu
Dschingis Khan gefunden. Dan ist ein äußerst kluger, beschei-
dener und freundlicher Genforscher, der sich sehr für einen iri-
schen Sagenhelden interessiert, den größten irischen Hochkönig
Niall mit den Neun Geiseln.[13] Der war ein Kriegsherr des fünften
Jahrhunderts und herrschte von einer Festung im Nordwesten
Irlands aus. Er jagte zahlreiche Invasionsarmeen auf ihre Schiffe
zurück und vergnügte sich gerne mit blutigen Überfällen auf
Nachbarkönigreiche, mit allem, was damals dazugehörte. Nialls
Dynastie blieb außerordentlich lange an der Macht – bis zu den
Tagen Königin Elizabeths I., die Ende des 16. Jahrhunderts nicht
nur das Trinity College gründete, sondern vor allem die Macht
des alteingesessenen irischen Adels brach.

Bradleys Forschungen haben ergeben, dass Niall ein Landes-vater im wörtlichen Sinne war – ein Mann, der 1500 Jahre nach seinem Tod über drei Millionen lebende Nachkommen hat, in Irland wie im Ausland. Schon der heilige Columban von Iona soll sein Ururenkel gewesen sein, und heute stammt ein Zwölf-tel aller männlichen Iren von ihm ab – darunter auch der ganz unkriegerische Dan Bradley selbst, den manche Kollegen jetzt Dschingis Dan nennen.

Dschingis Khan, Niall mit den Neun Geiseln und die Chefs der Pavianhorden hatten und haben alle ein sehr aktives Sex-leben und konnten sich die begehrenswertesten Weibchen des Stammes oder der Horde aussuchen. Für ihre männlichen Untergebenen war das Leben – besonders, was Sexualität und Familie anging – nicht einfach und ziemlich eingeengt, weil die Alphamännchen sich die Weibchen untereinander aufteilten und unterlegene Männchen, die etwa zu konkurrieren wagten, mit Bestrafung rechnen mussten.

Allerdings haben die niederrangigen Pavianmännchen doch eine clevere Methode gefunden, um auch ihre Gene weiterzu-verbreiten, und zweifellos haben es die Männer im Gefolge von Dschingis Khan und Niall genauso gemacht. In Quentin Tarantinos Film ›Pulp Fiction‹ von 1994 soll ein kleiner Gangs-ter, gespielt von John Travolta, die Frau des psychopathischen Gangsterbosses einen Abend lang ausführen. Zwar setzt ihn die Aufgabe sehr unter Stress, aber im Laufe des Abends gibt er ihren gnadenlos angewandten verführerischen Blicken nach und erliegt ihrem Status als Braut des Chefs. Genauso geht es auch in Pavianhorden zu. Hier wählen sich die Weibchen nie-derrangige Männchen für platonische Freundschaften aus. Man laust sich gegenseitig – etwa die Entsprechung zu Travoltas und Uma Thurmans Hamburger und Slow Dancing. Viele der niede-ren Männchen, die sich die Weibchen für diese Art Freundschaft auswählen, enden allerdings – wie es vielleicht auch in ›Pulp Fiction‹ passiert wäre, wenn sich die von Uma Thurman gespielte Gangsterbraut nicht eine Überdosis Heroin verpasst hätte – mit ihren Gespielinnen im Pavianäquivalent eines Bettes.

Die niederrangigen Paviane entkommen also den Monopolansprüchen der dominanten Männchen auf die Weibchen, indem sie hinter den Kulissen diese subtile Kontrolle ausüben. Interessanterweise zeigen die betreffenden niederrangigen Männchen weniger Stress einschließlich der körperlichen Begleiterscheinungen als die anderen, die diesen Trick noch nicht gelernt haben.

Was hat das alles mit Linda, Clare und den Schreibmaschinendramen eines Universitätsfachbereichs in den 1970er-Jahren zu tun? Linda und Clare standen beide in der sozialen Hierarchie des Fachbereichs unter den Dozenten, und wir können aus Michael Marmots Forschungen[14] ohne Weiteres schließen, dass sie in den nächsten vierzig oder fünfzig Jahren vermutlich öfter krank werden würden als die Psychologen, deren Berichte sie abtippten.

Aber während Linda deutliche Anzeichen für den Stress zeigte, den eine solche untergeordnete Tätigkeit mit sich bringt, schien Clare viel weniger unter Druck zu stehen. Warum? Beide hatten schließlich dieselbe Aufgabe und denselben Status, aber Clare hatte einen großen Vorteil – Kontrolle. Clare hatte die Fähigkeit, sich Kontrolle über den Ablauf ihrer Arbeit zu verschaffen. Sie erklärte sich zu bestimmten Tätigkeiten bereit, zu anderen nicht. Das Ergebnis war, dass ihr Schreibtisch nicht vor unerledigten Papieren überquoll und sie sich ihren Arbeitstag selbst einteilte. Linda dagegen fühlte sich ständig überlastet und hatte, warum auch immer, keine Kontrolle über ihre Arbeit.

Wie die untergeordneten Paviane, die sich Kontrolle über ihr Sexualleben verschafften, indem sie anfänglich platonische Freundschaften mit den Weibchen der Chefs suchten, konnte Clare ihre Arbeitsbelastung kontrollieren, indem sie verschiedene interpersonelle Strategien anwandte und so eines der schädlichen Symptome eines niedrigen Status vermied – Kontrollverlust.

Ich habe damals weder Lindas noch Clares Blutdruck, Pulsfrequenz oder Blutcortisolspiegel gemessen, aber ich würde wetten, dass Linda eine Menge mehr Stresssymptome zeigte als Clare. Das war jedenfalls bei den niederrangigen Pavianen so, die sich mit den Weibchen anfreundeten, und es gilt auch für Beamte: Diejenigen, die bessere Kontrolle über ihre Arbeitsabläufe haben, haben ungeachtet ihrer nominellen Rangstufe einen niedrigeren Blutdruck als ihre Kollegen mit demselben Status, die weniger Kontrolle haben. Angesichts der Kosten und des Profitverlusts, den Krankheiten für Firmen mit sich bringen, können selbst kleine Steigerungen des Kontrollgefühls der Angestellten über ihren Arbeitsplatz den Krankenstand senken und der Firma mehr Einsparungen bescheren als sämtliche Gesundheitsprogramme für die Belegschaft.

In einem berühmten Versuch erforschte Martin Seligman 1972 die Auswirkungen gleicher Mengen von Stress – in Form elektrischer Schläge – auf zwei Gruppen Versuchstiere. Die Tiere der einen Gruppe konnten den Stromschlägen entkommen, indem sie über eine niedrige Barriere sprangen, die der anderen erhielten die Stromschläge nach dem Zufallsprinzip und konnten nichts dagegen tun.[15] Auch wenn die Anzahl der Stromschläge bei beiden Gruppen identisch war, litten die Tiere, die ihnen nicht entkommen konnten, danach unter einem Zustand, den Seligman als »erlernte Hilflosigkeit« bezeichnete und der sich in Apathie, Depression und Angst äußerte; selbst wenn sie später den Elektroschocks entkommen konnten, taten sie es nicht.

Auch Linda befand sich in einer Situation erlernter Hilflosigkeit – sie fühlte sich von einer unkontrollierbaren Arbeitsbelastung ständig überfordert –, im Gegensatz zu Clare, die genauso viel arbeiten musste, aber weit weniger gestresst war, weil sie den

Arbeitsablauf im Griff hatte. Liegt das Geheimnis der Langlebigkeit darin, wie viel Kontrolle wir über unser Leben haben?

Haben wir hier die Lösung des Geheimnisses der Oscars vor uns? Gewinnen wir mehr Kontrolle über unser Leben, wenn wir einen Oscar oder den Nobelpreis erhalten, und werden so weniger anfällig für Stress und seine schädlichen Wirkungen? Ja, auch das, aber das ist noch nicht alles: Wie erklären wir die unterschiedlichen Reaktionen Lindas und Clares auf etwa die gleiche Arbeitsumgebung? Objektiv gesehen hatten beide dasselbe Ausmaß an Kontrolle über ihren täglichen Arbeitsablauf, und dennoch wurde Linda von den an sie gestellten Ansprüchen regelrecht überfordert.

Und schließlich hat ja auch der durchschnittliche Oscarnominierte, der nie tatsächlich auf die Bühne gerufen wird, um die goldene Statuette entgegenzunehmen, schon eine Menge Kontrolle über sein Leben. Macht es wirklich einen so großen Unterschied, ob man den Oscar tatsächlich bekommt, wenn man doch ohnehin ein ungeheuer privilegiertes und selbstbestimmtes Leben führt?

Also: Ja, Kontrolle ist wichtig, aber es fehlt immer noch etwas, um die heilkräftige Wirkung der Oscars zu verstehen. Dafür müssen wir in der Zeit zurück und in ein Kriegsgebiet reisen.

Überleben, Ausweichen, Widerstehen, Entkommen

Es war der 26. Oktober 1967. Die Warnlichter auf der Armaturentafel und eine elektronische Sirene sagten dem Piloten, dass sich das Zielradar einer Boden-Luft-Raketenbatterie auf seinen A-4E-Skyhawk-Bomber eingestellt hatte. Das Yen-Phu-Kraftwerk in der Innenstadt von Hanoi wuchs vor ihm aus dem Boden. In 1000 Meter Höhe löste er seine Bomben aus, aber schon raste auch das schimmernde Geschoss voller Sprengstoff auf ihn zu, riss seiner Maschine die rechte Tragfläche ab und schleuderte ihn in den Himmel hinaus. Das war das letzte Mal, dass John McCain ein Flugzeug von innen sah, bis er am 14. März 1973 wieder nach Hause fliegen durfte.

Als McCain gefangen genommen wurde, bekam er im berüchtigten Kriegsgefangenenlager »Hanoi Hilton« keine medizinische Behandlung. Die Vietnamesen hätten ihn an seinen Verletzungen sterben lassen, fanden aber dann heraus, dass sein Vater ein Admiral und designierter Oberbefehlshaber der US-Streitkräfte im Pazifik war. Robert Timberg beschreibt in seinem Buch ›The Nightingale's Song‹ von 1995 die gebrochene, verdreckte und abgemagerte Gestalt, die in die von Kakerlaken verseuchte Zelle der sogenannten Plantage, eines anderen Kriegsgefangenenlagers, getragen wurde. McCain war in so schlechtem Zustand, dass seine beiden Zellengenossen glaubten, er würde die Nacht nicht überleben – aber nur, bis sie den seltsamen, fiebrigen Glanz in seinen weit aufgerissenen Augen sahen – den Glanz puren Lebenswillens, der ihn bis morgens um drei Uhr, als er endlich einschlief, ununterbrochen reden ließ.

McCain musste einige militärische Informationen preisgeben, um ärztlich versorgt zu werden, weil er ansonsten gestorben wäre. Also unterschrieb er ein »Geständnis«. Als ihm aber 1968 die Freilassung angeboten wurde, reagierte er mit einem Strom von Flüchen gegen die hochrangigen US-Vertreter, die gekommen waren, um einen Sohn der Elite herauszuboxen. Wäre ihnen das gelungen, hätten sie damit Hunderttausende US-Soldaten demoralisiert, die nur zu gut wussten, dass die meisten Gebildeten und Reichen dem Einsatz in Vietnam ausgewichen waren. McCains Weigerung, sich freikaufen zu lassen, muss umso härter für ihn gewesen sein, als sein Zellengenosse, der ihn gesund gepflegt hatte, das Angebot akzeptierte. McCain blieb weitere fünf Jahre Kriegsgefangener, einen Großteil davon in Einzelhaft.

Im Jahr 1968 verwendeten die Vietnamesen Folter und Methoden der »geistigen Kontrolle«, wie sie schon die nordkoreanischen
Streitkräfte über ein Jahrzehnt zuvor eingesetzt hatten. Während
des Koreakriegs Anfang der 1950er-Jahre hatten es die Nordko-
reaner so geschafft, kriegsgefangene US-Soldaten im Fernsehen
auftreten zu lassen, anscheinend nach einer Gehirnwäsche, die
den amerikanischen Kapitalismus verdammten und die Wunder
des Kommunismus priesen. Wie kam es, dass junge amerikanische Soldaten hier für ein politisches System einzutreten schienen, das ihrer Herkunft und Erziehung so fern stand? Wie kam es
zu dieser anscheinend so erfolgreichen Gehirnwäsche?

Um dieses Phänomen zu untersuchen und gleichzeitig
Methoden zu finden, um gefangen genommene US-Soldaten
gegen seine Wirkungen zu immunisieren, begann das US-Mili-
tär, wichtige Bestandteile der südostasiatischen Methoden zu
übernehmen, um seine eigenen Soldaten zu trainieren. Das Programm *Survival, Evasion, Resistance and Escape* (»Überleben,
Ausweichen, Widerstehen und Entkommen«, abgekürzt SERE)
dient seit Jahrzehnten zur Schulung amerikanischer Soldaten in
diesen Techniken. Es umfasst Einzelhaft, sensorische Deprivation (Entzug von Sinnesreizen), ständigen Lärm, plötzliche und
desorientierende Gewalt, Schlafentzug, erzwungene Beibehal-
tung anstrengender Körperhaltungen und in einer kleinen Zahl
von Fällen auch Waterboarding.

Wenn Ihnen diese Liste bekannt vorkommt, dann deswegen,
weil das SERE-Programm auch die Grundlage der Prozeduren in
Guantánamo Bay, Abu Ghraib und den illegalen Gefängnissen
der CIA in Polen, Rumänien und anderen Ländern nach dem
11. September 2001 ist. Die Bilder, die man zuerst 2002 aus
Guantánamo Bay sah, waren bizarr – Gefangene in orangen
Overalls mit Kapuzen, Ohrenschützern, großen schwarzen Bril-
len, dicken Fausthandschuhen und in Ketten schlurften in der
erstickenden Hitze Kubas zu »Übungen«. Diese Kostümierung

hatte ihren Sinn: Sie sollte die Wahrnehmung von so vielen Sinnesreizen wie möglich verhindern. Dadurch kann es zu schwerer Desorientiertheit und psychoseartigen Symptomen kommen, darunter zu Halluzinationen und lähmender Angst.

Die US-Generäle hatten ein Problem: Warum brachen manche Menschen unter dieser Behandlung zusammen, andere aber nicht? Konnten sie diese Frage beantworten, dann konnten sie ihre Soldaten auch davor schützen. Schließlich fanden sie zumindest teilweise eine Antwort, und zwar in einem inzwischen öffentlichen Geheimbericht von Militärpsychologen, der 1978 entstand.[16]

Die sonnige Pazifikküste bei San Diego kennt durchaus auch kühle Meeresbrisen, die die glühende Sommerhitze mildern, und der kalte Nebel des *June Gloom* (»Juni-Düsternis«) erinnert eher an San Francisco als an Südkalifornien. Aber ansonsten ist der Sommer in San Diego wirklich brutal heiß. Deshalb fürchten ihn die Soldatinnen und Soldaten besonders, die während dieser Jahreszeit den Kurs an der SERE-Trainingseinrichtung der US-Marine absolvieren müssen. Sie wissen, dass die Hitze die körperlichen und seelischen Leiden, die ihnen in einem äußerst realistisch simulierten Kriegsgefangenenlager bevorstehen, noch verstärken wird.

Einen SERE-Kurs durchzumachen treibt den Spiegel des Stresshormons Cortisol im Blut bis zum Ende des Trainings in schwindelerregende Höhe. Unter so starkem Stress brechen manche Soldaten zusammen und enthüllen mehr Informationen als das Minimum, das das Kriegsrecht von ihnen als Kriegsgefangene verlangt. Wer also bricht zusammen, und warum?

Der Bericht von 1978 beantwortet diese Frage, aber er hilft auch bei der Lösung des Rätsels der Oscars und der Erklärung der Obelisken von Glasgow, des Lampenfiebers von Henry McLeish und der unterschiedlichen Erfahrungen von Linda und Clare an ihren Arbeitsplätzen.

Nehmen Sie sich bitte einen Moment Zeit, um die folgenden Fragen zu beantworten. Dadurch bekommen Sie eine Vorstellung davon, wie wahrscheinlich es wäre, dass Sie in einem SERE-Training zusammenbrächen. Kreuzen Sie bitte Ihre Antwort an; die Skala geht von 5 für »Ich stimme absolut zu« bis 1 »Ich bin absolut dagegen«.

1. Auf lange Sicht bekommen die Menschen das,
    was sie verdienen.

    ① ② ③ ④ ⑤

2. Die meisten Leute wissen gar nicht,
    wie sehr sie ihres Glückes Schmied sind.

    ① ② ③ ④ ⑤

3. Für meine Prüfungsergebnisse ist es wichtig,
    wie hart ich vorher arbeite.

    ① ② ③ ④ ⑤

4. Wenn man beharrlich und ausdauernd genug ist,
    wird man auch Erfolg haben.

    ① ② ③ ④ ⑤

5. Jeder kann den Lauf der Welt beeinflussen,
    nicht nur die Mächtigen.

    ① ② ③ ④ ⑤

6. Unser Leben wird vorrangig durch Kräfte
    bestimmt, die wir nicht verstehen und
    nicht kontrollieren können.

    ① ② ③ ④ ⑤

7. Besser nicht zu lange im Voraus planen,
    weil das eigene Schicksal größtenteils vom
    Zufall bestimmt ist.

    ① ② ③ ④ ⑤

8. Meistens verstehe ich nicht, warum
    Politiker so handeln, wie sie handeln.

    ① ② ③ ④ ⑤

9. Prüfungsfragen haben oft so wenig mit dem Inhalt der
   Kurse zu tun, dass es sinnlos ist zu lernen.

   ① ② ③ ④ ⑤

10. Einen guten Job bekommt man am ehesten,
    wenn man zur richtigen Zeit am richtigen Ort ist.

    ① ② ③ ④ ⑤

Diese Fragen gleichen jenen, die aus den Studien des amerikanischen Psychologen Julian Rotter von der University of Con-
necticut abgeleitet und von Barry Collins an der University of
California in Los Angeles entwickelt worden sind.[17]

Zählen Sie jetzt bitte Ihre Punkte aus den ersten fünf Antworten zusammen – es sind höchstens 25, mindestens 5.

Dann zählen Sie die Punkte der Antworten aus den letzten
fünf Fragen zusammen – wieder sind es mindestens 5 und
höchstens 25.

Je mehr Punkte die Soldaten in Fragen wie den ersten fünf
und je weniger sie in Fragen wie den letzten fünf hatten, desto
geringer war die Wahrscheinlichkeit, dass sie zusammenbre-
chen würden. Wenn sie zum Beispiel bei den ersten fünf Fragen
25 Punkte hatten, aber 5 bei den letzten fünf, wären sie unter
dem SERE-Training kaum zusammengebrochen. Hatten sie aber
5 Punkte für die ersten fünf Fragen und 25 für die letzten, dann
wäre es sehr viel wahrscheinlicher gewesen, dass sie unter dem
starken geistigen und physischen Druck des Programms nach-
gaben.

Aber warum sollten Antworten auf Fragen über Prüfungs-
noten und Politik etwas mit der Widerstandsfähigkeit gegen
Folter zu tun haben? Die Antwort auf diese Frage ist der Schlüssel nicht nur für unsere Reaktion auf Folterungen und Gehirnwäsche, sondern erklärt womöglich auch das Geheimnis der
Oscars. Die Antwort liegt in unserem Glauben, die Dinge unter
Kontrolle zu haben.

Linda hatte nicht viel Kontrolle über ihre Arbeitsabläufe, Clare aber schon. Die niederrangigen Pavianmännchen, die anderenfalls unter Stress gestanden hätten und krankheitsanfällig gewesen wären, erlangten wenigstens ein bisschen Kontrolle über ihr Leben, indem sie sich mit den Weibchen der Pavianbosse anfreundeten. In John McCains Fall, wie auch bei jenen SERE-Kandidaten, die es schafften, Verhören und Folter zu widerstehen, war das Entscheidende allerdings nicht die echte Kontrolle, sondern der Glaube, dass sie ihr Leben allgemein unter Kontrolle hatten.

Die Militärpsychologen des SERE-Ausbildungszentrums in San Diego erforschten mit diesen Fragen, wieweit jemand glaubt, sein Schicksal in der Welt selbst kontrollieren zu können. Es war dieses Gefühl der Kontrolle, das McCains Zellengenossen aus den Augen eines ansonsten gebrochenen Körpers blitzen sahen.

Einrichtungen wie die vietnamesischen Kriegsgefangenenlager, Abu Ghraib oder Guantánamo Bay brechen also einige Gefangene, aber nicht alle. Und das bezieht sich nicht auf den Geist oder Körper, sondern auf das Gehirngewebe selbst. Gehirnzellen schrumpfen unter dem Schock der überhohen Dosen an Cortisol, die die Folterung freisetzt und die für das Gehirngewebe giftig sind. Die Entstehung neuer Hirnzellen in den Gedächtniszentren wird unterbunden. Wie kommt es, dass manche Hirne schrumpfen, andere aber nicht?

Die Antwort finden wir 3500 Kilometer nordöstlich von San Diego im kanadischen Montreal, wo sich einige Forscher ebendiese Frage stellten. Ein Team des Montreal Neurological Institute setzte Versuchsteilnehmer Stress aus, indem sie schwierige Rechenaufgaben unter Zeitdruck lösen mussten, während gleichzeitig ihre Gehirne gescannt wurden und sie kritische Rückmeldungen über ihre Leistungen von den Forschern erhielten. Das ist wirklich eine ziemlich belastende Situation, wie auch alle physiologischen Messungen während des Versuchs bestätigten.[18]

Andererseits weiß man ja, dass manche Menschen von Prüfungssituationen, Kritik und Problemen am Arbeitsplatz stärker belastet werden als andere. Manche Leute sind eben einfach sehr nervös, oder? Aber diese Ergebnisse sind durchaus relevant: Die Montrealer Forscher fanden heraus, dass es einen starken Zusammenhang zwischen der Größe des Gedächtniszentrums, des sogenannten Hippocampus, im Gehirn und dem Gefühl der Probanden gab, ihr Leben unter Kontrolle zu haben, wie ein Fragebogentest ähnlich dem obigen ergab.

Niemand kann im heutigen Geschäftsleben Stress vermeiden, und manche Berufe erfordern nun einmal Überstunden und harte Deadlines. Der Stress fordert seinen Tribut von Hirn und Körper. Das Problem dabei ist, dass Menschen vielleicht den Schein aufrechterhalten können, gut damit fertig zu werden, dass aber dennoch schon wichtige Hirnareale von den schädlichen Chemikalien angegriffen sein können, die Stress über längere Zeiträume freisetzt. Es bedeutet für die leitenden Angestellten ein enormes Risiko, wenn Gedächtnis, Problemlösungs- und Planungsfähigkeiten geschädigt werden. Die Lektion aus der Montrealer Studie lautet, dass wir die Menschen vielleicht vor den schlimmsten, unsichtbaren Wirkungen von Stress schützen können, wenn wir ihnen so viel Kontrolle wie möglich über ihre Arbeitsabläufe geben, auch wenn wir die gegebene Arbeitsbelastung oder die Unerbittlichkeit der Deadlines nicht verringern können.

Der Glaube, die Dinge unter Kontrolle zu haben, wirkt also wie ein Gegengift gegen den Stress – eine Art antivirales Medikament gegen das mutierte Virus namens psychische Belastung. Mit dem Bewusstsein innerer Kontrolle über das eigene Leben pumpt der Körper weniger Cortisol in den Blutkreislauf. Über das ganze Leben hinweg betrachtet, erspart sich der Körper so wiederholte Überdosen eines starken Hormons, das in hohen Dosen Gehirnzellen und ihre Verbindungen einschrumpfen lässt, besonders in den empfindlichen Gedächtniszentren des Gehirns.

Ist das die endgültige Lösung des Geheimnisses der Oscars? Stärkt es irgendwie den Glauben, das eigene Leben zu kontrollieren, wenn man einen Oscar gewinnt oder den Nobelpreis erhält, und schützt es vor den Auswirkungen von Stress? Ist Kontrolle etwas, das mit dem Status zusammenhängt, und verlängerte sie deshalb das Leben und füllte die Taschen derjenigen, die die größten Grabobelisken in Glasgow errichten ließen? Hatte die Typistin Clare ihre Arbeit besser im Griff, weil sie generell glaubte, alles im Griff zu haben, sich entsprechend verhielt und so wirkliche Kontrolle erlangte? Leben Manager deshalb länger und gesünder, weil sie die Zügel der Macht in den Händen halten, und dies wiederum, weil ihr Glaube, Kontrolle über die Dinge zu haben, sie rasch aufsteigen ließ? Ist es dieser entscheidende Glaube, der unser Leben und unsere Karriere prägt, wo auch immer wir in der Hackordnung stehen?

Ist das Oscar-Rätsel also gelöst? Gewinner leben länger, weil es ihren Glauben stärkt, ihre Umwelt unter Kontrolle zu haben, und dieser Glaube schützt sie vor den schädlichen körperlichen Auswirkungen von Stress? Ja, aber diese Erklärung genügt immer noch nicht ganz. Um herauszufinden, was diesem vielversprechenden, aber unvollständigen Ansatz noch fehlt, betrachten wir einige Ereignisse, die sich im Frankreich des 12. Jahrhunderts abgespielt haben.

Der psychologische Kreuzzug

Am 31. März 1146 hielt Bernhard von Clairvaux, Abt und bedeutender Vertreter des Zisterzienserordens, im französischen Vézelay im Auftrag des Papstes eine Predigt, zu deren Zuhörern auch der französische König Ludwig VII. zählte. Die Predigt war wichtig, weil das christliche Europa noch unter dem Eindruck der Massaker nach dem Fall des Kreuzfahrerstaates Edessa stand. Mit seiner Predigt peitschte er eine beachtliche Menge von Zuhörern zu kriegerischer Begeisterung auf: Die Menschen warfen ihre Werkzeuge beiseite und verließen Haus und Hof, um der Hitze und den Schlachtfeldern des Nahen Ostens entgegenzuziehen. Wie hatte er es geschafft, die mürrischen Bauern aufzurütteln? Bernhard war einer der ersten Evangelisten des Ich. Er hatte ihnen eine neue Art spiritueller Erlösung versprochen: die Erlösung des Individuums im Gegensatz zu derjenigen der kollektiven Seele.

Bernhards Osterpredigt sollte zu den Waffen rufen und Rekruten für den Zweiten Kreuzzug werben. Das war keine leichte Aufgabe – unter den erschöpften, kriegsmüden Bauern gab es sehr viel weniger Kriegsbegeisterung als bei den kampffreudigen Rittern. Das war einer der Gründe, warum Papst Eugen III. sich Bernhards Hilfe versichert hatte; denn dieser Mönch war ein begeisternder, feuriger Prediger und stand mit an der Spitze einer grundlegenden Umformung des menschlichen Geistes in der christlichen Welt. Die Auswirkungen dieser Umformung auf unseren Geist und unser Gehirn begleiten uns bis heute.

Was veränderte sich in der menschlichen Psyche? Die biblische Prophezeiung, dass die Endzeit der Menschheit in einer spirituellen Erlösung gipfeln werde, die mit der Wiederkunft Jesu Christi zusammenfallen werde, erschien den Menschen damals so lebendig und real, wie es für uns heute die Mondlandung oder die Hiroshima-Bombe sind. Diese theologischen Lehren waren keine vagen, abstrakten Ideen, sondern lebendige, furchterregende Wahrheiten, für die Menschen lebten und starben.

Aber es bestand ein entscheidender Unterschied im Wesen dieser Wahrheiten vor und nach der Zeit des Bernhard von Clairvaux, wie der Sozialpsychologe Roy Baumeister von der Florida State University in seinem grundlegenden Aufsatz ›How the Self Became a Problem: A Psychological Review of Historical Research‹[19] (›Wie das Ich zum Problem wurde: Eine psychologische Bewertung der historischen Forschung‹) dargelegt hat. Offensichtlich war diese psychische Verschiebung kein plötzlicher Wechsel, den ein einziger Mann verursacht hatte. Vielmehr war, wie Colin Morris von der Universität Oxford schreibt, Bernhard von Clairvaux ein besonders wichtiger Brennpunkt für die geistigen und sozialen Umwälzungen seiner Zeit.

Worin bestand nun dieser schwindelerregende Wandel im menschlichen Bewusstsein, der damals ablief? Die Antwort ist der Titel von Morris' Buch – ›The Discovery of the Individual, 1050 – 1200‹ (›Die Entdeckung des Individuums zwischen 1050 und 1200‹). In der christlichen Lehre heißt es, dass Jesus Christus, der Messias, zum Jüngsten Gericht auf die Erde zurückkehren werde. Dann sollten in einer apokalyptischen Umwälzung diejenigen »errettet« (in den Himmel befördert) werden, die an ihn glaubten, während die anderen ihrem Schicksal überlassen würden. Morris sagt nun, dass es bis zu Bernhards Zeiten eigentlich bereits genügt habe, formelles Mitglied der Kirche zu sein, um »errettet« zu werden; das galt schon als Fahrkarte zur spirituellen Erlösung. Die Errettung war, mit anderen Worten, kollektiv und nicht individuell. Gemäß diesem Glauben war die Einzelperson nicht besonders wichtig. Die spirituelle Erlösung war also bis zu dieser Zeit eine Sache der theologischen Buchführung – eines hauptsächlich äußerlichen Systems von Disziplin, Buße und Ablass. Aber im Laufe des 12. Jahrhunderts wurden alte Gewissheiten auf einmal angezweifelt. Regeln, die man zuvor für unveränderlich, ewig und gottgegeben gehalten hatte – etwa, wie sich ein Ritter oder ein Mönch korrekt zu verhalten habe –, wurden auf einmal von verschiedenen Gruppen und Autoritäten unterschiedlich ausgelegt. Der Konsens begann an den Rändern zu bröckeln, und verschiedene Versionen, wie man zur Erlösung gelange, konkurrierten miteinander.

Es war, als sei eine Perlenkette gerissen und habe ihre Perlen auf dem Boden verstreut. Man konnte sie auf viele verschiedene Arten neu auffädeln – und es gab mehrere konkurrierende Ketten, die sich dafür anboten. Aber welche war die richtige?

Plötzlich konnte man verschiedenen Autoritäten folgen. Der Weg durchs Leben war nicht länger eine einzige, feste und vorgegebene Wahrheit; man konnte ihn nicht mehr gehen, ohne sich seiner selbst bewusst zu sein. Wie wird der menschliche Geist mit einer solchen Lage fertig? Genauso wie ein Kind, das zwischen streitenden Eltern hin und her gerissen ist – es wendet sich nach innen, zum individuellen Ich einer inneren Welt, und Bernhard von Clairvaux war der Psychologe, der dem Kind bei dieser Bewältigung half.

Bernhards Therapie bestand darin, dass man das Kreuz nahm. Die Pilger machten sich Kreuze aus Holz oder Stoff und hielten sie als Symbol ihrer geheiligten Verpflichtung hoch – und als wirksames, individuelles Mittel, um Absolution und göttliche Gnade zu erlangen. Die Menschen strömten mit ihren Kreuzen zu Bernhard; er opferte der Sage nach sogar seinen Umhang, damit Stoffkreuze daraus geschnitten werden konnten. Einige Zeit darauf schrieb er dem Papst, dass ganze Städte und Burgen von der männlichen Bevölkerung nahezu verlassen seien – nur ein Mann für sieben Frauen sei geblieben. Und anders als beim Ersten Kreuzzug beteiligten sich diesmal auch die europäischen Herrscherhäuser, und zwar nicht nur aus politischen und wirtschaftlichen Gründen, sondern angetrieben von der fieberhaften Erregung über die Aussicht auf eine neue, bessere – vor allem aber individuelle – Erlösung.

Damals setzte auch die große Zeit der Pilgerfahrten ein, etwa der nach Santiago de Compostela in Spanien. Auf solchen Fahrten suchten die damaligen Europäer, deren ursprüngliche Gewissheit verloren gegangen war, eine neue zu finden – in den Wahrheiten einer inneren und äußeren Reise, die sie dabei entdeckten. Diese neue Konzentration auf das eigene Innere spiegelte sich auch in der Kunst wider; die Maler ließen die stilisierte Ikone hinter sich und malten konkrete, einzelne Menschen aus Fleisch und Blut – das Porträt entstand. Ungefähr zur selben Zeit entdeckten die Dichter die römische Literaturform der Satire wieder – den sardonischen Spott über einstmals anerkannte Weisheiten, der den Menschen noch weiter vom blinden Glauben einer nicht hinterfragten Existenz entfernte.

Natürlich gab es die Einzelpersönlichkeit auch schon vor 1146, und das Kollektivempfinden noch lange danach. Aber die Reise ins eigene Innere ging jetzt sehr viel schneller vonstatten. Ein weiterer Meilenstein in der Geschichte des Ich wurde mit dem Wirken Martin Luthers und der Reformation vier Jahrhunderte später erreicht. Die Reformation griff die Kirche auf der höchsten Ebene an, und die folgenden Umwälzungen gaben dem Konzept des Individuums einen weiteren gewaltigen Schub vorwärts. Das Aufkommen des Protestantismus verursachte eine weltumspannende Epidemie individueller Gewissenserforschung und persönlichen Verantwortungsgefühls.

Aber auch die Protestanten entfesselten das Bewusstsein der Einzelpersönlichkeit noch nicht: Die Pilgerväter verlangten gewiss gnadenlose Selbsterforschung, aber das neue Ich, das sie damit ausbrüteten, wurde sorgfältig in einen Käfig aus religiösen und sozialen Vorschriften gesperrt. Das Individuum musste jetzt auf eine Weise mit der biblischen Wahrheit ringen, von der die Menschen des 12. Jahrhunderts noch nichts gewusst hatten, aber es war immer noch nicht das befreite Ich der Hippies in den 1960er-Jahren.

Die Befreiung des Individuums in den 60ern war ein weiterer historischer Meilenstein in der Entwicklung des Ich. Noch nie zuvor hatten sich ganz normale Menschen so von allen Regeln befreit gefühlt; noch nie zuvor hatten sie sich ihre Identität so frei wählen können. Wir sahen jetzt eine neue Art Pilgerfahrt, aber diesmal nicht zu heiligen Schreinen wie dem von Santiago de Compostela, sondern stattdessen ins eigene Innere, auf der Suche nach diesem verborgenen – und jetzt geheiligten – Ich.

Als Peter Mansfield und Paul Lauterbur in den 1970ern das Magnetresonanzverfahren (*Magnetic Resonance Imaging, MRI*) erfanden, wofür sie 2003 den Medizin-Nobelpreis erhielten, konnten sie noch nicht ahnen, dass dieses Verfahren, das mit starken Magnetfeldern einen Einblick ins Innere des Körpers und des Gehirns ermöglicht, eines Tages dazu dienen würde, die Anatomie genau dieses Ich zu sezieren, dessen Befreiung Bernhard von Clairvaux mehr als 800 Jahre zuvor mit in die Wege geleitet hatte. Das MRI-Verfahren wurde später zum funktionellen MRI (*functional MRI, fMRI*) weiterentwickelt, das der Psychologie in den 1990er-Jahren einen Durchbruch bescherte, weil die Forscher jetzt die physischen Vorgänge im Gehirn beobachten konnten, die den geistigen zugrunde liegen. Zum allerersten Mal drehte sich im Schloss der persönlichen Subjektivität ein Schlüssel.

Neben Gedächtnis, Emotionen, Schlussfolgern und Aufmerksamkeit suchten die Forscher im weichen, pulsierenden Gewebe des Hirns auch nach jenem verborgenen Wesen, dem Ich. Wie es angesichts der Reise ins eigene Innere, auf die Bernhard, Luther und Timothy Leary Millionen westlicher Jugendlicher geschickt hatten, nur angemessen war, befand sich das Ich tatsächlich teilweise im Innern des Gehirns. Versuchspersonen, die sich bei den typischen Studien zur Selbstbetrachtung in den lauten Tunnel des MRI-Scanners gelegt hatten, wurden gebeten, über sich selbst nachzudenken und Fragen zu beantworten wie etwa »Würden Sie sich als kontaktfreudig beschreiben?« oder »Sind Sie ein ängstlicher Mensch?«. Dieselben Fragen wurden dann auch über bekannte Persönlichkeiten gestellt, und die Aktivität des Gehirns wurde jeweils aufgezeichnet.

Wenn wir uns auf diese Art selbst erforschen sollen, wird die innere Oberfläche des vorderen Teils in unserem Gehirn sehr aktiv. Hinter der Stirn krümmen sich die beiden Hirnhälften in sich selbst zurück, und diese inneren Oberflächen des Cortex gehören zum Netzwerk für Selbstbetrachtung. Aber in diesem inneren Streifen der Hirnrinde gibt es noch eine Arbeitsteilung: Der untere Teil – der ventromediale präfrontale Cortex – ist am ehesten die Stätte unserer wirklich persönlichen, subjektiven Gedanken über uns selbst. Dieses Areal ist stark mit den Emotionszentren des Gehirns verbunden.

Darüber, im dorsomedialen präfrontalen Cortex scheint das Areal zu liegen, in dem Selbstbetrachtung eher im Hinblick auf die Außenwelt stattfindet. Dieses obere Ich-Areal ist anstatt mit den Emotionszentren mit denjenigen Hirnrindenbereichen verbunden, die für Nachdenken, Planen und Beurteilen zuständig sind, und in diesem Areal stellen wir Vergleiche unserer selbst mit anderen Menschen und Dingen an; hier stellen wir uns auch vor, welche Gedanken in anderen Menschen vor sich gehen.

Wenn wir atheistisch orientierte Menschen der Babyboomer-Generation aus der Nachkriegszeit befragen, wie sie über sich selbst und ihre Eigenschaften denken, sehen wir die übliche Aktivität der inneren Hirnrinde in der Mitte des Stirnlappens, besonders zentriert auf den emotionalen unteren Teil. Aber wie sieht es aus, wenn geistige Nachkommen Bernhards von Clairvaux oder Martin Luthers über sich selbst nachdenken? Beide haben zwar mitgeholfen, den einzelnen Zahn des Ich aus dem großen Zahnrad der Orthodoxie zu befreien, aber verglichen mit nichtreligiösen, selbstzentrierten Menschen des späten 20. und frühen 21. Jahrhunderts waren sie – so können wir zumindest annehmen, wenn auch nicht beweisen – wohl eher wie einige praktizierende Christen von heute, die ihre Identität immer noch in einer größeren, transzendenten Realität eingebettet sehen. Professor Shihui Han von der Universität Beijing hat einen faszinierenden Test entdeckt, mit dem sich feststellen lässt, ob historische religiöse

Glaubenseinstellungen sich immer noch in den Gehirnen heutiger religiöser Gläubiger manifestieren.[20] Anhand chinesischer Christen und im Vergleich mit Nichtgläubigen fand er heraus, dass die Gläubigen ein ganz anderes Aktivierungsmuster zeigen.

Laut Han aktivierten die Christen den dorsalen (oberen) Teil der mittleren Hirnrinde der Stirnlappen, wenn sie an sich selbst dachten sehr viel stärker als den ventralen Teil mit seinen starken emotionalen Verbindungen. Mit anderen Worten, ihre Selbstreflexion war stärker mit der Außenwelt und den Gedanken anderer Menschen verbunden, als es bei den Nichtgläubigen der Fall war. Genauer gesagt, wenn sie über sich selbst nachdachten, haben sie sich womöglich gefragt, was Jesus wohl von ihnen halten würde. Woher wissen wir das? Weil die Stärke der Aktivität in diesem oberen Teil des Hirnareals eng damit zusammenhing, wie wichtig die Versuchsteilnehmer das Urteil Jesu bei der subjektiven Bewertung der Persönlichkeit anderer Menschen nahmen. Damit glimmt Bernhards Theologie – der Glaube, dass jeder Mensch selbst etwas für seine Erlösung tun kann – noch als geisterhafter Schimmer in den Gehirnen christlich gläubiger chinesischer Studierender nach. Ihr individuelles Ichbewusstsein schien, anders als das ihrer atheistischen Altersgenossen, durch das Gefühl bestimmt, dass sie von der Quelle ihrer erhofften Erlösung beobachtet wurden und gerichtet werden würden.

Aber ist dies für das Geheimnis der Oscars hilfreich? Wie erklärt die Bewusstwerdung der Individualität, wie das durch den Gewinn eines Oscars verstärkte Gefühl, die Dinge im Griff zu haben, die Verlängerung des Lebens? Dieses Gefühl der Kontrolle ist ungeheuer wichtig, wie wir bereits gesehen haben. Aber hier ist nun die entscheidende Frage – Kontrolle *durch wen?* Wenn wir nur Zähne im Zahnrad des Schicksals sind, dann sind unsere Willensfreiheit und unsere Kontrollmöglichkeit in der Welt ziemlich begrenzt, außer wenn wir Oligarchen oder mächtige Staatschefs sind.

Viele kleine Selbstständige arbeiten lieber 80 Stunden pro Woche für weniger Geld, als sie in einer großen Firma verdienen könnten, nur um das Gefühl zu haben, ihr eigener Herr zu sein. Zu dieser berauschenden Freiheit stellt sich noch ein anderes Gefühl ein, und dieses Etwas, das tief im 12. Jahrhundert verwurzelt ist, hilft uns vielleicht zu erklären, warum Kontrolle ein so wichtiger, wenn auch nicht der einzige, Bestandteil der Lösung für das Geheimnis der Oscars ist.

Das Ich ist ein einsamer Ort, und die Kehrseite seiner Befreiung ist seine Isoliertheit und Verwundbarkeit, besonders in einer säkularisierten Welt. Wir haben gesehen, dass das Gefühl, das Leben unter Kontrolle zu haben, entscheidend ist, um überleben zu können. Hat das etwas mit Bernhards individuellem Ich und seiner Suche nach Erlösung zu tun? Wenn das Gefühl der Kontrolle die Oscargewinner länger leben lässt, was genau ist dieses lebensverlängernde Etwas, das sie kontrollieren?

Sie nannten ihn nur Null-Achtzehn. Niemand kannte seinen Namen. Vielleicht hatte er ihn selbst schon vergessen, er existierte eigentlich ohnehin nicht mehr. Wenn er sprach oder sich umblickte, hatte man den Eindruck, sein Inneres sei völlig leer. Null-Achtzehn war jung und nicht einmal der Schwächste seiner Arbeitsgruppe, aber trotzdem wollte niemand mit ihm zusammenarbeiten.

Die anderen hielten sich von ihm fern, weil er so schrecklich abgestumpft war. Er war so apathisch, dass er nicht einmal Schlägen auswich, seine Kräfte zu bewahren versuchte oder nach Essen suchte. Er führte mit völliger Gleichgültigkeit jeden Befehl aus; manchmal fiel er vor Erschöpfung einfach zu Boden, weil er sich nicht mehr die Mühe machte, dagegen anzukämpfen. Als er an der Reihe war, schlurfte Null-Achtzehn gehorsam und mit derselben Teilnahmslosigkeit in die Gaskammer.

Primo Levi schildert in seinem Buch ›Ist dies ein Mensch?‹,

dem bewegenden Bericht über seine Haftzeit in Auschwitz, die Symptome, an denen man erkannte, dass ein Mitinsasse den Überlebenskampf aufgegeben hatte. Null-Achtzehn war einer dieser Menschen. Levi fiel auf, dass die Häftlinge schnell starben, wenn sie unter den unmenschlichen Haftbedingungen im Lager erst einmal ihre Persönlichkeit aufgegeben hatten.

Levi beschreibt aber auch die Griechen auf dem Markt von Auschwitz, einer verbotenen Ecke des Lagers, wo Brotkrusten und Suppe (halbtassenweise) gehandelt wurden. Die Griechen aus der jüdischen Gemeinde von Thessaloniki saßen schweigend und bewegungslos da wie Sphingen, mit ihren Schüsseln dicker Suppe, die nicht vergleichbar mit dem Schmutzwasser war, das im Rest des Lagers als Suppe ausgegeben wurde. Sie genossen die Früchte ihrer Zusammenarbeit und Solidarität, die es ihnen ermöglichten, die wichtigsten Posten in der Häftlingshierarchie zu ergattern und das Monopol auf dem Hungermarkt zu halten. Dieser Gemein- schaftssinn erhielt und schützte nicht nur ihre Körper, sondern auch den Wesenskern ihrer Menschlichkeit, dieses wertvolle, individuelle Ich. Die vielen dagegen, die wie Null-Achtzehn sich selbst und damit die Selbstachtung aufgaben, starben, selbst wenn sie nicht in die Gaskammer kamen, sehr schnell an ... ja, woran? Verzweiflung? Depression? Oder gibt es ein Selbst, dessen Bestand genauso lebenswichtig ist wie ein schlagendes Herz? War es das Versagen dieses Organs, an dem Null-Achtzehn starb?

Der schlimmste Stress

Sally Dickerson, Professorin an der University of California in Irvine, stellte eines Tages die wichtige Frage, was für uns am meisten Stress bedeutet.[21] Sind es finanzielle Probleme? Gesund- heitliche Sorgen? Schwierigkeiten am Arbeitsplatz? Angst vor dem Tod? Sorgen um die Kinder? Furcht vor Einbrechern oder Überfällen? Phobien? Überlastung? Ja, das alles sind wichtige Stressfaktoren, aber es gibt, wie sich herausstellte, eine Art von Stress, die den Cortisolspiegel mehr als jeder andere ansteigen lässt – abgesehen von einer unmittelbar lebensgefährlichen Situation.

Ich wuchs in einer Sozialwohnung auf. Mein Vater hatte für damalige Verhältnisse eine gute, feste Arbeit als Betriebselektriker, aber wir hatten einfach nie genug Geld für ein Auto oder irgendwelchen Luxus. Viele meiner Schulfreunde gehörten zur Mittelschicht, lebten in vergleichsweise geräumigen Wohnungen oder Häusern und ihre Väter hatten ein Auto. Mein Vater fuhr mit dem Fahrrad zur Arbeit. In der Pubertät schämte ich mich für meine Herkunft. Dieses Gefühl – im Wesentlichen eins der sozialen Unterlegenheit – verschwand zwar, als ich erwachsen wurde, aber ich war schockiert, als es nach einigen Jahren plötzlich wieder auftauchte. Ich war längst zu Hause ausgezogen, aber als ich an einer Tagung in Glasgow teilnahm, übernachtete ich wieder bei meinen Eltern. Ein angesehener Glasgower Psychiater bot an, mich nach der Konferenz nach Hause zu fahren. Ich schäme mich richtig, einzugestehen, dass ich ihn schon an der Hauptstraße, fast einen halben Kilometer von der Wohnung meiner Eltern entfernt, bat, mich aussteigen zu lassen, damit er nicht sah, wo ich aufgewachsen war. Ich weiß noch, wie er mich ansah, als er losfuhr. Er wusste genau, dass ich nicht in das Haus gehen würde, vor dem ich ausgestiegen war.

Damals wusste ich es noch nicht, aber meine Gefühle in dieser Situation gehören zu denen, die Dickerson als die verbreitetste und stärkste Form von Stress beim Menschen identifiziert hat – *social-evaluative threat*, abgekürzt SET, also ein Bedrohungsgefühl, das entsteht, wenn man die Beurteilung durch andere Menschen fürchtet. Diesem Gefühl liegt die Befürchtung zugrunde, dass andere das eigene Ich für minderwertig halten könnten.

Scham ist eine evolutionsgeschichtlich sehr alte Emotion, die schon Charles Darwin als fast ausschließlich von der Beurteilung durch andere Menschen ausgelöst beschrieb. Nehmen wir wieder die Paviane als Beispiel. So ziemlich der größte Stressfaktor für einen Pavian – bezogen auf den Blutcortisolspiegelanstieg – ist eine Herabstufung in der Rangordnung nach einer verlorenen Konfrontation mit einem anderen Pavian. Bei Menschen ist das genauso. Für viele von uns – Henry McLeish wäre ein solcher Fall – ist die Begegnung mit einem höherrangigen dominanten Individuum eine Quelle von Bedrohung und Scham.

Bei allen Tieren, auch beim Menschen, löst soziale Bedrohung starke Wirkungen auf das Immunsystem aus. Wenn dieses Gefühl der Herabsetzung oder Zurückweisung andauert, kann es zu Gesundheitsschäden führen. Es ist dieses Gefühl der sozialen Ablehnung, das eine Entlassung so schmerzlich macht, auch wenn man eine gute Abfindung erhält. In einer Studie untersuchten Steve Cole und seine Kollegen von der University of California in Los Angeles das Fortschreiten der Krankheit bei HIV-positiven Menschen.[22] Wie sich herausstellte, erlitten diejenigen, die gegenüber einer Zurückweisung infolge ihrer Homosexualität besonders empfindlich waren, in den folgenden neun Jahren größere Verluste in der Funktion ihres Immunsystems, besonders bei den sogenannten CD4-T-Zellen, als diejenigen, die mit solcher sozialen Ausgrenzung besser fertig wurden. Bei den Menschen, die ihr Ich bedroht sahen, trat AIDS etwa zwei Jahre früher auf als bei den selbstsichereren Studienteilnehmern mit einer weniger bedrohten homosexuellen Identität.

Da beide Gruppen HIV-infizierter männlicher Homosexueller zu Beginn der Studie gesund waren und sich am Anfang des neunjährigen Beobachtungszeitraums in ihren körperlichen, sozialen und psychischen Voraussetzungen nicht voneinander unterschieden, liegt das Ergebnis nahe, dass die empfundene Persönlichkeitsbedrohung, hervorgerufen durch die Befürch-

tung, dass andere eine schlechte Meinung haben beziehungsweise einen bestimmten Aspekt der eigenen Identität zurück-
weisen, tatsächlich gesundheitsschädlich ist. Es handelte sich
hier nicht um die allgemeinen Auswirkungen einer psychischen
Niedergeschlagenheit. Woher wissen wir das? Weil das Gefühl
der sozialen Ablehnung einen starken Zusammenhang mit dem
Zustand des Immunsystems, gemessen am CD4-T-Zellenspiegel,
aufweist – Traurigkeit, Angst, allgemeiner Stress und Depressionen aber nicht, wie Sally Dickerson und ihre Kollegen herausgefunden haben.[23]

Als Bernhard von Clairvaux die individuelle Persönlichkeit
des Vor-Renaissance-Europäers aus dem ehemals unbewussten
Gemeinschaftsgefühl befreien half, hatte das Vor- und Nachteile.
Die Vorteile waren ein Aufblühen der individuellen Kreativität
und des freien Denkens, die schließlich in der Geburt der Naturwissenschaft und der modernen Welt kulminierten. Ein Nachteil aber war, dass das so geschaffene verwundbare, bedrohte
individuelle Ich anfällig für Scham war. Was ist Scham? Es ist
die Nachschöpfung der negativen Urteile anderer Menschen im
eigenen Kopf.

Denken Sie an eine Situation zurück, in der Sie sich für etwas
schämten. Wie fühlt es sich an? Man möchte sich am liebsten
verstecken, zusammenkauern, von anderen Menschen zurückweichen, die Augen senken und so weiter. Das alles sind evolutionsgeschichtlich alte Unterwerfungsgesten, und sie gleichen sehr
den Unterwerfungsgesten anderer Primaten, wenn sie vor einem
dominanten Artgenossen zurückweichen: Sie implizieren, dass
man nachgibt und sich zurückzieht.

In unserer evolutionären Vorgeschichte halfen uns diese Gesten beim Überleben, indem wir unseren Konkurrenten zeigten,
dass wir nicht mehr – zumindest nicht mehr direkt – mit ihnen
um Nahrung oder Partner kämpfen wollten. Wenn man das
Dominanzgefühl des Chefs durch eine Unterwerfungsgeste im

Büro verstärkt, kann das den Frieden am Arbeitsplatz wiederherstellen. Unterwerfungsgesten, zu denen auch die Scham gehört, dienen schon seit Jahrmillionen dazu, die Gruppe zusammenzuhalten und zu viel Kräfteverschwendung durch Streitigkeiten zu verhindern.

Der Mensch ist ein Herdentier und wir haben ein starkes Bedürfnis geerbt, von anderen Menschen akzeptiert zu werden, denn sonst würden wir womöglich aus der Gruppe ausgeschlossen und Raubtieren oder konkurrierenden Horden zum Opfer fallen. Bildet man mit anderen Menschen eine Gruppe, so muss man versuchen, sich in ihre Gedanken hineinzuversetzen. Ich muss dahinterkommen, was sie über mich denken und für mich fühlen – wie kann ich sonst wissen, ob sie mich akzeptieren? Das heißt, ich muss Bilder des Geisteszustands anderer Menschen in meinem eigenen Geist reproduzieren. Die erfolgreichsten Firmen sind diejenigen, in denen die Firmenkultur es den Angestellten und Managern erleichtert, einander gegenseitig zu »lesen«, weil sich alle als Teil dieser Kultur sehen.

Aber es ist nicht der Geist anderer Menschen allgemein, von dem ich mir ein Bild mache, sondern ihre Reaktion auf mich, damit ich mich in der Politik, den Intrigen, Loyalitäten und Verrätereien der Gruppe zurechtfinde. Dazu muss ich ein Bild meines Ich erschaffen, das sich im Zentrum des geistigen Schulhofs befindet. Das »Ich«, das dabei entsteht, ist in Wirklichkeit die Summe aller Vorstellungen, die sich im Geist aller anderen über mich findet. Der große amerikanische Soziologe George Herbert Mead ist der bekannteste Forscher, der sich mit diesem »Ich« als Spiegel der Vorstellungen anderer von einem selbst befasst hat.

In der christlichen Welt vor 1150 war dieses »Ich« unveränderlich in die solide und unendliche Wirklichkeit des göttlichen Schicksals eingemeißelt. Der Platz des Einzelnen in der Welt war ein Ratschluss Gottes, und das wirklich wichtige Ziel im Leben – nämlich, die Seele vor der ewigen Verdammnis zu retten – war

Sache der Gruppe: Wenn die Kirche alles richtig machte, konnte einem nichts passieren. Seit der Mitte des 12. Jahrhunderts und dann wieder in der Reformation, am spektakulärsten aber in der zweiten Hälfte des 20. Jahrhunderts, brach dieses »Ich« immer weiter vom Granitfels der Unendlichkeit los. Es war nicht mehr länger sicher im Geist Gottes geborgen, und heute im 21. Jahrhundert ist das »Ich« nicht einmal mehr unbedingt im Geist einer Menschengruppe geborgen – der Gemeinde, der Großfamilie oder auch nur der Kernfamilie. Es gibt keine stabile Gruppe, in deren Spiegel das Ich sich sieht. Stattdessen bewegen wir uns von einer Beziehung zur nächsten, und die Erhaltung dieses »Ich«, das die Summe der Ansichten meiner Mitmenschen über mich ist, obliegt plötzlich mir selbst. Ich muss mich aktiv um mein Selbstbild kümmern.

Das Gefühl der Befreiung, das man dadurch gewinnt – welcher Jugendliche, der in einer Kleinstadt aufwächst, hat noch nicht davon geträumt, der pausenlosen Überwachung anderer zu entkommen? –, geht allerdings mit einer Verwundbarkeit des »Ich« einher, das ständig von Veränderungen in den sich verschiebenden Spiegeln der vorüberziehenden Vorstellungen der Mitmenschen in einer veränderlichen sozialen Umgebung bedroht ist.

Was können wir angesichts solcher Unsicherheit anderes tun, als uns zu verteidigen, indem wir ein Selbstbewusstsein aufbauen, das uns schützt? Aber dieses Selbstbewusstsein ist vielleicht zu schwach, und Bedrohungen des verwundbaren, offen liegenden Ich, das von seinem sicheren Platz im Geist der Gruppe vertrieben wurde, gehören daher zu den schwersten Stresserlebnissen eines Menschen. Mehr noch, diese Bedrohungen werden umso mehr verstärkt, je weniger wir die Kontrolle darüber haben. Was das Rätsel der Oscars angeht, so habe ich bereits gezeigt, dass Kontrolle – und noch wichtiger, das Gefühl, Kontrolle zu haben – ein potenzieller Grund ist, warum Oscargewinner länger leben als nur Nominierte.

Doch wenn es um die Frage geht, aus welchem Grund wir diese Kontrolle erstreben, so hat uns Bernhard von Clairvaux bereits eine mögliche Antwort gegeben. Unser Kontrollstreben ermöglicht uns, unser Ich zu schützen. Kontrolle ist für uns körperlich und geistig gesund. Bin ich ein kleiner Teil einer größeren Einheit, so ist mein »Ich« doch geschützter und sicherer, denn die größere Einheit existiert – ebenso wie auch mein »Ich« in einem gewissen Sinne – auch ohne mich weiter. In der globalisierten Welt ist das Konzept lebenslanger Loyalität zur Firma im japanischen Sinn zwar nicht mehr praktikabel, aber es liegen potenziell enorme Vorteile darin, wenn man versucht, Firmenkulturen zu schaffen, in denen die Angestellten sich persönlich eingebunden fühlen.

Wenn aber mein »Ich« alleine dasteht, dann ist es alles, was ich habe. Und die größte Bedrohung dieses »Ich« ist die Beurteilung und mögliche Ablehnung durch die Mitmenschen; Scham und Demütigung sind für das Rädchen im Getriebe sehr viel weniger bedrohlich als für das selbstständige Individuum. Der Soziologe Max Weber schrieb von der »noch nie da gewesenen inneren Einsamkeit des Individuums«, die der Protestantismus mit sich gebracht habe. Bernhard von Clairvaux hat vielleicht das »Ich« in vielerlei Hinsicht befreit, aber die Bedeutung des Individuums bei der Erlösung der eigenen Seele wuchs nach Luthers Revolution noch an.

Die innere Einsamkeit macht das Gefühl, das Leben unter Kontrolle zu haben, so wichtig für Körper und Geist. Man verbringt sehr viel Zeit im Leben damit, anderen Menschen eine gute Meinung über sich beizubringen und schlechte Beurteilungen des »Ich« zu vermeiden. Wenn Letzteres bedroht wird, spuckt der Körper mehr Stresshormon aus und belastet das Immunsystem stärker als bei fast jeder anderen Form von Stress; solche Bedrohungen können in Extremsituationen sogar tödlich wirken.

Primo Levi schrieb über die Juden von Thessaloniki: »Ihre Abneigung gegen willkürliche Brutalität und ihre erstaunliche Erkenntnis, dass zumindest die Möglichkeit der menschlichen Würde überleben konnte, machte die Griechen zum am meisten geschlossenen nationalen Kern im Lager, und in dieser Hinsicht zum zivilisiertesten.«[24] Die Juden von Thessaloniki wussten, wie sie ihr Leben retteten, indem sie sich auf die Stärke ihrer Gruppe verließen. Null-Achtzehn dagegen hatte den Kampf um den Erhalt seines »Ich« aufgegeben und damit nicht nur die Kontrolle, sondern auch das Streben danach. Ohne Ich gab es keinen Grund mehr, etwas kontrollieren zu wollen. Der Tod von Null-Achtzehns Ich führte unvermeidlich zum Sterben seines Körpers. Dieses schreckliche Extrembeispiel zeigt nur zu deutlich, wie grundlegend ein robustes Ich für das Wohlbefinden des Körpers ist.

Und damit sind wir wieder bei den Oscars. Könnte es sein, dass die goldglänzenden Figuren dem Ich irgendeinen Schutz vor Bedrohung und damit vor dem mörderischen Stress bieten, der auftritt, wenn das Ich in Gefahr gerät? Bevor ich darauf antworte, kehren wir noch einmal in den Zweiten Weltkrieg zurück – diesmal aber nicht in das eisige Elend von Auschwitz, sondern in die dumpfe Furcht von London.

Die Bombenangriffe auf London, der sogenannte *London Blitz,* waren in der Geschichte die ersten großflächigen Luftangriffe auf eine Stadt, mit einer Ausnahme: Der britische Admiral Lord Nelson ließ 1807 die dänische Hauptstadt Kopenhagen mit Artillerieraketen beschießen, wobei 2 000 Zivilisten ums Leben kamen. Die Angriffe von Hermann Görings Luftwaffe auf London und andere britische Städte forderten allerdings über 40 000 Menschenleben. Die Angriffe wurden immer nachts geflogen, und zwar auch, weil die Dunkelheit den Schrecken verdoppelte, den sie bei den Menschen auslösten. Dieser Terror gehörte zu Hitlers Strategie, den Widerstandsgeist der Briten gegen die geplante deutsche Invasion via Ärmelkanal zu schwächen.

Jeder, der an Angststörungen leidet, weiß, dass Furcht konditioniert werden kann. Wenn man beispielsweise Angst hat, vor anderen Menschen zu reden, dann bekommt man nicht nur Angst, wenn man tatsächlich am Rednerpult steht. Menschen und Dinge, die mit dem Auftritt zusammenhängen, können zu den sogenannten konditionierten Stimuli werden und sie auslösen – etwa der Anblick der Präsentationssoftware auf dem Bildschirm des Laptops, die Begegnung mit dem Diskussionsleiter der letzten Präsentation oder der Aufenthalt in einem Hörsaal. Diese konditionierten Stimuli haben die Macht, Angst auszulösen; sie sind die Hauptgründe dafür, warum eine sehr spezifische Phobie sich immer weiter ausbreiten und das Leben eines Menschen weit über die Angstsituationen hinaus vergiften kann.

So geschah es auch den Londonern. Für manche wurde die Dunkelheit zum konditionierten Stimulus, doch bei den meisten war es ein viel spezifischerer Reiz, nämlich das gefürchtete Heulen der Luftschutzsirenen, durch das Mütter mit ihren schläfrigen Babys mitten in der Nacht in die Splitterschutzgräben im Garten oder in die kalten, dumpfigen Tunnel der U-Bahn getrieben wurden.

Die Luftschutzsirene wurde zum Angstauslöser, auch wenn der Schrecken der Bombardierung danach ausblieb; ihr jaulender, anschwellender Ton brachte bei vielen Londonern das Herz zum Rasen und kalten Schweiß zum Ausbruch. Und weil der Luftalarm sich Nacht für Nacht wiederholte, ob nun deutsche Bomber kamen oder nicht, forderte der andauernde Stress seinen Tribut von den Gehirnen und Körpern der Einwohner. Ihr Blutkreislauf war voller Cortisol, das die Immunsysteme schwächte, Arterien verstopfte, die Adrenalindrüsen zum Anschwellen brachte und – besonders bei jenen, die glaubten, keine Kontrolle über die Ereignisse zu haben – die Gehirnzellen im Hippocampus, dem Gedächtniszentrum des Gehirns, schrumpfen ließen.

Wenn man Labormäuse der Entsprechung dieser Luftschutzsirenen aussetzt, also Tonsignalen, die zu konditionierten
Angststimuli gemacht worden sind, dann zeigen sie ebenfalls
Anzeichen von Furchtsamkeit und sogar von Depression und
Verzweiflung.[25] Wenn sie einen anderen Ton hören, geschieht
allerdings etwas ganz anderes. Wenn sie diesen Ton hörten,
stolperten die erschöpften Londoner ins Morgengrauen hinaus –
den tiefen, erleichterten Seufzer des durchgehenden Entwar-
nungssignals (beide Töne kann man sich im Internet anhören:
http://www.youtube.com/watch?v=erMO3m0oLvs). Dieses Signal stand für Sicherheit – keine Bomben mehr, kein Sterben,
keine Verletzungen, kein Terror.

Bei den Mäusen besteht die Entsprechung in einem Ton, der
nicht mit Stress und Angst verknüpft ist und daher für Sicherheit steht. Für viele Menschen hat das Nachhausekommen am
Feierabend nach einem harten Arbeitstag diese Eigenschaft –
eine Kombination von Klängen, Gerüchen und anderen Rei-
zen, die voraussagt, dass hier kein Stress mehr droht. Für sie ist
das Zuhause ein Sicherheitssignal, das ihnen sagt, dass sie jetzt
entspannen können. Für andere dagegen, die auch zu Hause
arbeiten oder dort eigene Stressfaktoren haben, entfällt dieses
Sicherheitssignal.

Sicherheitssignale sind deshalb so bemerkenswert, da sie das
Fehlen von Stress voraussagen und gleichzeitig als Gegengifte
für einige der schädlichen Auswirkungen von Stress fungieren.
Wenn die Labormäuse das Sicherheitssignal hören, lassen sie
Angst, Depression und Verzweiflung hinter sich, und in den
Gedächtniszentren ihres Gehirns wachsen sogar neue Zellen
nach. Die Sicherheitssignale lösen außerdem die Ausschüttung
eines wichtigen chemischen Stoffs im Gehirn aus, des sogenannten *Brain-Derived Neurotrophic Factor (BDNF)*, wörtlich also
einer im Gehirn erzeugten Nervennahrung. Das ist eine Art
Gehirndünger, der die Bildung neuer Verbindungen zwischen

Gehirnzellen erleichtert. Sicherheitssignale verhindern also tatsächlich Stress mitsamt seinen schädlichen Wirkungen. Wir schauen uns also die goldglänzenden Oscarfiguren an und fragen uns: Ist das womöglich ein großes Sicherheitssignal für das empfindliche Ich?

Der größte Stress, dem der Mensch Tag für Tag ausgesetzt ist, besteht in der Bedrohung des Ich. Berühmte Filmstars sind immer nur so gut wie ihr letzter Film; ihr Ich wird ständig kritisch beurteilt und damit bedroht. Das gilt entsprechend auch für international bekannte Wissenschaftler: Sie sind immer nur so gut wie ihr letzter Aufsatz und haben mit ihren bisherigen Leistungen selbst eine Marke gesetzt, an der sie immer und immer wieder gemessen werden. Der Vertreter ist immer nur so gut wie sein letzter Abschluss. Niemand vergleicht den neuen Film des Regisseurs, das neue Paper des Forschers oder den neuen Abschluss des Vertreters mit seiner Durchschnittsleistung. Der Vergleich gilt immer demjenigen Film/Aufsatz/Vertrag, an den man sich am besten erinnert, und das ist gewöhnlich der beste.

Das ist die Lösung, die ich für das Rätsel der Oscars anbiete. Wenn man einen Oscar bekommt, dann ist das sozusagen ein machtvolles und fast ewig gültiges Sicherheitssignal für das Ich – eine Art lebenslanger Versicherung, die das »Ich« gegen den furchtbaren Stress negativer Bewertung durch die Mitmenschen schützt. Der Oscar ist eine einzige lange Entwarnung – ein dauerndes Symbol dafür, dass das Ich sicher ist. Deshalb lässt der Oscar die Menschen vielleicht so viel länger leben – indem er das Ich schützt, schützt er den Körper.

Und das ist ein sehr beeindruckender Vorteil des Siegens. Aber hat der Kampf um den Schutz dieses zerbrechlichen und verborgenen Ich auch einen Nachteil? Wenn mehrere Milliarden Menschen auf dem Planeten alle gleichzeitig nach dem Sieg streben, um ihr persönliches Ich unsterblich zu machen, muss es doch auch Nachteile haben? Das führt uns zur abschließenden Frage, die ich in diesem Buch stellen möchte: Hat das Gewinnen auch Nachteile? Und zu unserem letzten Rätsel, dem der fliegenden Vorstandsvorsitzenden.

5

Fliegende Vorstandsvorsitzende

Hat das Gewinnen auch Nachteile?

Am 18. November 2008, zwei Monate nach dem Zusammenbruch von Lehman Brothers und Merrill Lynch am »Schwarzen Sonntag«, als es so aussah, als wäre bald kein Bargeld mehr in den Geldautomaten, und ein Börsencrash wie 1929 unmittelbar bevorzustehen schien, machten sich drei CEOs auf den Weg nach Washington, um dort um Geld zu betteln. Rick Wagoner von General Motors, Alan Mulally von Ford und Robert Nardelli von Chrysler baten die US-Regierung um 25 Milliarden Dollar, um ihre fast bankrotten Firmen über Wasser zu halten. Alle drei hatten auf die Veränderungen am amerikanischen Automobilmarkt nicht etwa mit dem Entwurf neuer, benzinsparender Wagen reagiert, sondern indem sie ihre veralteten Spritfresser weiterproduzierten und billiger verkauften.

Zum ungeheuchelten Erstaunen der wartenden Pressevertreter erschien jeder Einzelne der drei Firmenchefs in seinem eigenen Firmenjet. Die 36 Millionen Dollar teure Luxusmaschine von GM, in der Wagoner eintraf, war nur eine aus einer ganzen Flotte, die den Managern zur Verfügung stand, die nichts gegen die drohende Auslöschung ihrer Produktlinien getan hatten. Selbst die Empörung der Nation und der Presse durchdrang die Blase, in der diese Konzerne schwebten, wohl nicht: ABC News berichtete zum Beispiel, dass »Ford und GM verlauten ließen, es gehöre zur Firmenpolitik, den CEOs Firmenjets zur Verfügung zu stellen, und dass dies nicht zur Disposition stünde, obwohl

diese Firmen sich über akuten Mangel an Mittel beklagen«.[1]
Innerhalb von zwei Wochen kamen die Manager wieder nach
Washington, um abermals um Geld zu bitten, diesmal allerdings
in ihren umweltfreundlichsten Autos. Ford wie auch GM kün-
digten an, die Firmenflugzeuge abzuschaffen.[2]

Wie konnten hochintelligente und sorgfältig ausgewählte Firmenbosse die öffentliche Meinung über ihr Verhalten so außer
Acht lassen? Diese Frage geht uns alle an, weil wir schließlich
alle manchmal ungläubig auf unser eigenes Verhalten zurück-
blicken und uns fragen: »Habe ich das wirklich getan?« Auch
das Urteilsvermögen der intelligentesten und erfolgreichsten
Menschen setzt hin und wieder aus. Ein solcher Fauxpas kann
einen teuer zu stehen kommen und den Sieg kosten. Gibt es eine
Verbindung zwischen Erfolg und solchen Ausfällen? Verzerrt es
das Urteilsvermögen auf irgendeine Weise, wenn man gewinnt?
Diese Frage können wir besser beantworten, wenn wir das Rätsel der fliegenden Vorstandsvorsitzenden gelöst haben. Dafür
schauen wir uns zunächst einen anderen CEO an, der ebenfalls
geflogen ist – in diesem Fall aber zu nahe an der kapitalistischen
Sonne.

Wetterverkäufer

Fünfundzwanzig Kilometer südwestlich der Innenstadt von
Denver liegt ein Komplex klobiger weißer Betongebäude. Hier,
im US-Bundesgefängnis Lakewood, Colorado, denkt der Insasse
Nr. 29296-179 an den 21. Februar 2028, den Tag seiner Freilassung. Vielleicht fragt er sich hin und wieder, was er eigentlich
anfangen wird, wenn er aus dem Tor tritt und vermutlich seine
gebeugten Schultern gegen den eisigen Wind stemmen muss, der
von den Schneefeldern der Rocky Mountains bläst. Dann wieder

denkt er vielleicht an seine Zeit als allmächtiger CEO von Enron zurück, dem ehemals sechzehntgrößten Konzern der Welt.

Enrons Jahresbericht zur Jahrtausendwende 2000 macht ein bisschen schwindelig: Schon die erste Zeile der Bilanz jagt einen kleinen Schauer durch den Körper – Jahreseinkünfte 100 Milliarden Dollar, eine ungeheure Steigerung gegenüber den 40 Milliarden von 1999. Stellen Sie sich die wohlige Gänsehaut vor, die ein Enron-Anteilseigner bekam, wenn er diese Zeile las.

Die Börsenhändler, die Enron-Anteile kauften, die Marktanalysten, die sie dazu drängten, und die Anteilseigner, die den rasanten Anstieg des Kurses zufrieden verfolgten, waren nicht überrascht, Skilling auf Platz 2 der Liste der 50 besten CEOs von 2001 zu finden, die das Magazin ›Worth‹ jährlich veröffentlicht. Dieses angesehene Fachblatt nannte ihn überschwänglich, wie die ›New York Times‹ schreibt, »übersmart und überselbstsicher«.[3]

Die ›Business Week‹ zeigte sich nicht weniger enthusiastisch. In einem Artikel über Skilling vom 15. Mai 2000 hieß es: »Wenn der Vorsitzende von Enron Corp, Jeffrey K. Skilling, einmal im Jahr wichtige Kunden zu einem Ausflug einlädt, dann geht es nicht zum Golfen. Stattdessen kann es passieren, dass Skilling einen auf ein Tausend-Meilen-Querfeldein-Trekking mit dem Fahrrad durch Mexiko oder eine siebentägige Wanderung durch das australische Outback mitnimmt. Da überrascht es nicht, dass Skilling (46) seine Abenteuerlust nicht nur in der Freizeit auslebt. Sein Wagemut hat dazu beigetragen, den Erdgas- und Strommarkt in den USA zu revolutionieren. Die Deregulierung dieses Sektors in dem letzten Jahrzehnt machte Skillings einst schläfrige Pipeline-Firma zum führenden Energiehändler der Nation.«[4]

Skilling beschränkte sich nicht auf den Energiemarkt, sondern stürzte sich auch auf den Handel mit anderen *commodities* wie etwa Internetkapazitäten. Sein bekanntester Coup bei der Erschließung neuer Märkte war aber vielleicht der Handel mit dem Wetter. Der Enron-Geschäftsbericht für 2000 sagt dazu: »Das Wetter war noch nie so gut für uns. Unser Wetter-risiko-Absicherungsgeschäft hat im Volumen um das Fünffache zugenommen: Im Jahr 2000 tätigten wir in diesem Bereich 1629 Transaktionen gegenüber 321 im Vorjahr. Wie in allen Geschäftsfeldern kombinieren wir auch unsere Wetterprodukte mit Cross-commodity Capabilities (Transaktionen über verschiedene Energieträger und -märkte hinweg, A. d. Ü.). So haben wir zum Beispiel eine Dreijahres-Niederschlags-Transaktion abgeschlossen, die finanzielle Entschädigungen entsprechend dem Erdgaspreis vorsieht, falls der Niederschlag unter ein vorbestimmtes Minimum sinkt. Unsere Wetterabteilung hat in Zusammenarbeit mit mehreren anderen Enron-Gruppen das Risiko transferiert und dabei Transaktionen mit insgesamt zehn anderen Firmen in drei Marktsegmenten (Erdgas, Wetterprodukte, Versicherungen) abgeschlossen. Das gebündelte Endprodukt sicherte den Kunden optimal ab.«[5]

Solche »Wetterderivate« sind im Grunde Wetten auf das Wetter in einem bestimmten zukünftigen Zeitraum. Diese Wetten können noch durch einen Bezug auf den Preis von Erdgas oder anderer Energieträger erweitert werden, deren Absatz vom Wetter abhängt. Ein Schirmhersteller hätte zum Beispiel auf der Tradingseite von Enron Online-Wetten platzieren können, die ihm einen finanziellen Ausgleich eingebracht hätten, wenn die Niederschlagsmenge unter einen vorbestimmten Wert gefallen wäre. Üblicher sind solche Derivate als Wetten etwa auf den zukünftigen Kupferpreis; der Gegenstand der Wette hat hier immerhin einen tatsächlichen Wert, anders als das Wetter. Dennoch wurden diese Wetterderivate bei Enron Online tatsächlich gehandelt. Es handelte sich im Prinzip um ein organisiertes Glücksspiel mit enormem Einsatz.

Jeffrey K. Skilling war ganz oben angekommen, und er wusste

es. Er brannte geradezu, und seine legendäre Arroganz versprach ungeahnte Reichtümer für Enron, seine Anteilseigner, seine Trader – und für ihn selbst.

Dann, am 14. August 2001, trat Skilling plötzlich und unerwartet »aus persönlichen Gründen« zurück. Am 2. Januar jenes Jahres hatte der Kurs der Enron-Aktie bei 84,06 Dollar gestanden. Bei Börsenschluss am 14. August, wenige Minuten vor Skillings Abschied, betrug er noch 42,93 Dollar und erreichte am nächsten Morgen, als die Nachricht von Shillings Rücktritt die nervös gewordenen Märkte erreichte, den Stand von 36,87 Dollar. Am letzten Handelstag des Jahres 2001 bekam man Enron-Aktien für 60 Cent pro Stück.

Der katastrophale Zusammenbruch unter Skilling vernichtete Milliarden von Dollar und die Pensionsfonds Tausender loyaler Angestellter. Im Jahr 2001 erschien so etwas noch so unerhört und grotesk, dass Presse, Analysten, Politik und Aktionäre die Erklärung dafür in der Persönlichkeit und/oder der psychischen Störung der Firmenleitung suchten, bei CEO Skilling, Präsident Kenneth Lay oder CFO Andrew Fastow. Wie kam es, dass ein so erfolgreicher Konzern von schlimmen Fehlern bei der Besetzung der Schlüsselposten im Management in die Knie gezwungen wurde? Bestimmt mussten die Headhunter und Personalberater jetzt ihre Auswahlmethoden für Chefposten überdenken?

Enrons Handelsgeschäft beruhte auf einem Geflecht komplizierter Transaktionen, von denen sich viele auf Abschlüsse oder Ereignisse bezogen, die Jahre in der Zukunft lagen. Jeder Glücksspieler kann bestätigen, dass niemand vor dem Verlieren gefeit ist, und tatsächlich verlor Enron viele seiner Wetten auf die Energiepreise von morgen. Um das zu verschleiern, wurde eine Reihe dubioser »Partnerschaften« vorgeschoben. Diese dienten, wie sich herausstellte, nur dazu, finanzielle Verpflichtungen aus der Bilanz des Konzerns herausschreiben zu können, damit die Gewinne astronomisch und die Aktionäre ekstatisch blieben.

Erst als einige sachkundige und misstrauische Journalisten hinter die Kulissen schauten, brach das Kartenhaus zusammen. Wie konnte eine Gruppe hochintelligenter Siegertypen, aus denen das Enron-Management bestand, so etwas zulassen?

Und wie, wenn wir schon dabei sind, konnten die fliegenden Vorstandsvorsitzenden die vorhersehbare PR-Katastrophe zulassen, als sie mit ihren luxuriösen Firmenjets nach Washington kamen? Wenn man als Spitzenmanager ein Gehalt mit Zusatzleistungen, Pensionsansprüchen und Aktienoptionen in solch enormer Höhe verdient, dann gehört doch wohl die Fähigkeit, die öffentliche Meinung einzuschätzen, zu den Grundvoraussetzungen, die man mitbringen muss? Wie erklären wir dieses Rätsel? So abwegig es auf den ersten Blick erscheinen mag, wir sollten uns dazu ein Leiden namens Restless-Legs-Syndrom (RLS) ansehen.

Die Frau mit den ruhelosen Beinen

Es war schon so weit, dass sie abends nicht ins Bett gehen wollte. Das Gefühl in den Beinen, das sie zwang, sie ständig zu bewegen, war wie ein Kribbeln tief unter der Haut, ein Jucken, bei dem man sich nicht kratzen konnte. Kate, wie wir sie hier nennen wollen, war kürzlich 50 Jahre alt geworden und ertrug es nicht mehr. Sie war durch Schlafmangel ständig übermüdet und außerdem erschöpft von den bizarren Impulsen in ihren Beinen. Sie ging zum Arzt, der prompt RLS diagnostizierte und ihr ein Medikament namens Pramipexol verschrieb, das oft Linderung bringt.

Kates Beine wurden in der Tat ruhiger, und sie fühlte sich bald besser. Aber dann geschah etwas Seltsames. Kate war keine Spielerin und hielt Glücksspiele sogar für unmoralisch. Für Zocker hatte sie nichts übrig. Aber kurz nachdem sie begonnen hatte, regelmäßig Pramipexol zu nehmen, ging sie in ein Casino und begann zu spielen. Ihre ruhelosen Beine machten ihr immer noch zu schaffen, wenn auch nicht mehr so stark, und der Arzt erhöhte die Pramipexol-Dosis. Daraufhin beruhigten sich die Beine weiter, aber Kate wurde zu einer zwanghaften Glücksspielerin und verlor ziemlich viel Geld.

Zweieinhalb Jahre später fand sie sich in der Abteilung für Schlafstörungen der weltberühmten Mayo-Klinik wieder, wo die Ärzte ihr statt des Pramipexols jetzt Ropinirol gaben. Mit steigender Dosis eskalierte Kates Spielsucht so weit, dass sie über 140 000 Dollar verlor. Die Ärzte an der Mayo-Klinik setzten daraufhin das Ropinirol ab und ihr zwanghafter Glücksspieltrieb wurde abgeschaltet wie mit einem Lichtschalter.[6]

Pramipexol wird auch in der Behandlung der Parkinsonkrankheit eingesetzt. Ein anderes Team der Mayo-Klinik[7] befasste sich mit dem Fall von Jim – Name geändert –, der als relativ junger Mann an Parkinson erkrankt war. Er war jetzt 41 Jahre alt und hatte noch nie im Leben um Geld gespielt. Einen Monat nachdem Jim zum ersten Mal eine hohe Dosis Pramipexol erhalten hatte, war er zum zwanghaften Internetzocker geworden und verlor innerhalb weniger Monate 5000 Dollar. Zusätzlich wurde er auch noch shoppingsüchtig und kaufte zwanghaft Dinge, die er weder brauchte noch wollte. Sowie das Medikament abgesetzt wurde, war er wieder der Alte. Warum?

Ropinirol und Pramipexol erhöhen die Ausschüttung des chemischen Botenstoffs Dopamin im Gehirn. Manchmal helfen sie gegen RLS, obwohl man noch nicht genau weiß, warum eigentlich. Vielleicht hängt es mit einer kleineren Störung des dopamingesteuerten Bewegungssystems im Gehirn zusammen. Diese Medikamente wirken auch gegen den zu niedrigen Dopaminspiegel, der für Parkinson typisch ist. Aber warum machen sie manche Menschen zu Glücksspielsüchtigen?

Die Neurologin Birgit Abler und ihre Kollegen von der Universität Ulm nahmen sich dieser Frage an, indem sie eine Gruppe von Frauen wie Kate zusammenbrachten, die Dopaminagonisten gegen ihr RLS einnahmen. Die Frauen spielten dann um Geld, während sie in einem fMRI-Scanner lagen, einmal »mit« dem Dopaminagonisten und einmal »ohne«. Ohne das Medikament verhielten sich ihre Gehirne – besonders das als ventrales Striatum bezeichnete Areal, das entscheidet, ob etwas eine Belohnung ist oder nicht – völlig normal. Nach der Einnahme von Medikamenten, wie sie Kate erhielt, agierten die ventralen Striata allerdings plötzlich seltsam.

Wenn man die Nachricht von einem Lottogewinn erhält, führt dieses unwahrscheinliche und vor allem unerwartete Ereignis zu einer Dopaminflut im ventralen Striatum, und man fühlt sich auf einmal fantastisch. Wenn man beim Pferderennen auf den Favoriten setzt und gewinnt, ist die Dopaminflut nicht so bemerkenswert – schließlich war diese Belohnung zu erwarten. Wenn man wiederum sieht, dass man nicht im Lotto gewonnen hat, fällt der Dopaminspiegel zwar etwas ab, aber nur wenig; dieses Ergebnis ist enttäuschend, war aber zu erwarten. Wenn man beim Rennen eine große Summe auf den Favoriten setzt und das arme Pferd unerwartet stürzt, fällt der Dopaminspiegel schon stärker, und man fühlt sich ziemlich mies – schließlich war das ein unerwartetes negatives Ereignis.

Dopamin ist der Treibstoff der Belohnung, der uns sagt, was wir lernen und öfter tun und was wir vermeiden sollten. Im evolutionären Überlebenskampf hatten diejenigen einen Vorteil und konnten eher ihre Gene weitergeben, die besonders auf unerwartete, nicht nur bekannte, Belohnungen achteten und so neue Quellen für Nahrung und Wasser, Obdach und Wärme entdeckten. Auch die Beachtung unerwarteter Enttäuschungen – das ausgetrocknete Wasserloch oder der abgestorbene Obstbaum – war letztlich vorteilhaft, weil sie als Ansporn dienten, solche lebensbedrohlichen Fehlschläge in Zukunft zu vermeiden.

Deshalb veröffentlichen Lotterieveranstalter überall auf der Welt auch so gerne die enormen Summen, die jemand mit einer Chance von eins zu einer Million gewonnen hat. Solche seltenen und daher unvorhersehbaren Belohnungen bringen den Gewinnern einen enormen Dopaminanstieg. Die vielen Millionen Spieler dagegen, die nicht gewonnen haben, hatten damit schon gerechnet und erlebten folglich kein schmerzhaftes Absacken ihres Dopaminspiegels. Vielleicht löst der Anblick der dopamingesteuerten Freude des glücklichen Gewinners im Fernsehen sogar einen Abglanz von Stellvertreterglück bei diesen Millionen aus, der sie anspornt, Woche um Woche und gegen alle Wahrscheinlichkeit weiter Lotto zu spielen.

Abler und ihre Kolleginnen entdeckten bei ihren Versuchsteilnehmerinnen eine auf den Kopf gestellte Reaktion des ventralen Striatums, wenn sie ihre Medikamente genommen hatten. Seltsamerweise hatten sie dann einen Dopaminrausch, wenn eine sicher erwartete Belohnung ausblieb, wenn also sozusagen der Favorit im Pferderennen stürzte; wenn sie aber eine unvorhersehbare und unerwartete Belohnung erhielten, also das Äquivalent eines Hauptgewinns im Lotto, dann sank ihr Dopaminsignal im ventralen Striatum. Diese Frauen waren also eigentlich keine Spielsüchtigen, sondern die Dopaminagonisten der Art, wie sie auch Kate einnahm, veränderten ihre Gehirnchemie, sodass sie praktisch ein Dopamin-»High« statt eines »Entzugs« erlebten, wenn sie eine große, erwartete Belohnung nicht erhielten.

Viele Glücksspieler spielen für die Vorfreude des Gewinnens genauso wie für den gelegentlichen Treffer. Dieses Glücksgefühl wird vom Dopaminsystem des Gehirns ausgelöst, aber bei zwanghaften Spielern ist die normale Reaktion auf überraschende Gewinne und Verluste gestört, genau wie bei Ablers Versuchsteilnehmerinnen mit RLS. Die meisten Menschen würden das plötzliche Absinken des Dopaminspiegels nach einem großen unerwarteten Verlust – wenn der Favorit im Pferderennen auf den letzten Metern stürzt – als emotional schmerzhaft erleben und daraus lernen, solche Situationen in Zukunft zu meiden. Bei zwanghaften Spielern dagegen ist das Dopaminbelohnungssystem des Gehirns gestört, sie erleben nicht denselben schmerzlichen Absturz des Dopaminspiegels bei großen, unerwarteten Verlusten und lernen folglich auch nicht, sie zu vermeiden.

Das Glücksgefühl, das sich einstellt, wenn der einarmige Bandit plötzlich eine Kaskade von Kleingeld ausspuckt, wird also von einem Anstieg des Dopaminspiegels im ventralen Striatum des Gehirns ausgelöst. Bei Kate und Jim hatten die Medikamente die normale Funktion des Belohnungssystems gestört, und die Forschung legt nahe, dass dies den Drang zu Glücksspielen verstärkt[8] und die normale Beziehung zwischen Glück und Gewinn einerseits und Schmerz und Pech andererseits verzerrt. In den Gehirnen der Versuchsteilnehmern verursachte ein unerwarteter Gewinn nur eine schwache, leicht negative Reaktion im ventralen Striatum, während ein Verlust zu einem aufrüttelnden Dopaminstoß führte. Kein Wunder, dass Kate 140 000 Dollar verzockte, wenn der Verlust großer Summen ihr ein Dopamin-»High« bescherte.

Aber warum waren die Frauen in Ulm nicht zu zwanghaften Glücksspielerinnen wie Kate geworden? Die Antwort liegt möglicherweise in einem verwandten Teil des Gehirns, dem orbitofrontalen Cortex, der im Gegensatz zum Striatum nicht von dem eingenommenen Medikament beeinflusst wurde. Dieses Hirnareal ist für die Dämpfung von Trieben zuständig, und vielleicht hatten auch die Versuchsteilnehmer mit RLS einen gesteigerten Drang zum Glücksspiel empfunden, der aber durch ihren gesunden und normal funktionierenden orbitofrontalen Cortex unterdrückt wurde. Wir wissen es nicht, aber Kate, Jim und die wenigen anderen Menschen, die nach Einnahme entsprechender Medikamente zu Zockern werden, haben vielleicht bereits eine angelegte Schwäche in diesem Bereich, die es ihnen erschwert, den dopamin-induzierten Trieb zu beherrschen, den das Medikament hervorruft. Vielleicht hatten sie aber auch nur zufällig leichteren Zugang zu Glücksspielen als andere, gleichermaßen anfällige Menschen, die einfach keine Gelegenheit dazu bekamen.

Inwiefern hilft uns das Restless-Legs-Syndrom bei der Lösung des Rätsels der fliegenden CEOs? Findet sich die Lösung vielleicht in der Wirkungsweise des Dopaminsystems im Gehirn? Um das zu verstehen, sollten wir noch einmal das Glücksgefühl der Aktionäre nachempfinden, wenn sie von Enrons ungeheuren Profitsteigerungen von 40 Milliarden auf 100 Milliarden Dollar in nur einem Jahr lasen. Mit diesem Glücksgefühl im Geist können wir uns jetzt … ähem … sexuellen Dingen zuwenden.

Ruby, die Herzensdiebin, und der Maharadscha von Patiala

Die Marokkanerin Karima el-Mahroug – von Silvio Berlusconi, dem milliardenschweren Ex-Ministerpräsidenten von Italien, auch »Ruby, die Herzensdiebin« genannt – war siebzehn Jahre alt, als sie angeblich an einer von Berlusconis »Bunga-Bunga«-Partys teilnahm. Die italienischen Staatsanwälte gehen davon aus, dass der damals 74 Jahre alte Berlusconi sie für sexuelle Handlungen auf diesen Partys bezahlte, bei denen angeblich bis zu 20 halb nackte Frauen in verschiedenen Kostümen beteiligt waren.[9]

Als Berlusconis Ehefrau 2009 nach einer weiteren Begebenheit zwischen Berlusconi und einer jungen Frau in Neapel ihre Scheidungsabsicht bekannt gab, warf sie die Frage auf, ob ihr Mann möglicherweise krank sei. Die Geschichte von Ruby, der

Herzensdiebin, ist nur eine Anschuldigung aus einer ganzen Reihe gegen den alternden Berlusconi, bei denen es jeweils um sexuelle Begegnungen mit den zahlreichen Frauen geht, mit denen er sich umgab, und für die er aus einigen Ecken der italienischen Gesellschaft ebenso scharf verurteilt wie zähneknirschend bewundert wird.

Aber die Verbindung von sexueller Potenz und politischer Macht ist nie so stark formalisiert worden wie in einem bestimmten Gebiet in Nordwestindien. Der Pandschab ist eine Gegend extremer klimatischer Kontraste – im Winter fegen eisige Winde aus dem Himalaja über die Schwemmlandebene, während im Sommer brütende Hitze aus dem Süden heraufkriecht. Dieses Gebiet beherrschten die Maharadschas von Patiala Hunderte von Jahren lang; die Dynastie gelangte erst mit der Unabhängigkeit Indiens 1948 an ihr Ende.

Die Maharadschas von Patiala besaßen zahlreiche berühmte Juwelen, waren aber besonders für ein bestimmtes Schmuckstück bekannt, eine mit 1001 blau-weißen Diamanten besetzte Brustplatte.[10] Bis zum Beginn des 17. Jahrhunderts trug der Maharadscha diese Brustplatte einmal im Jahr an einem bestimmten Tag – und sonst nichts. Splitternackt und mit erigiertem Penis paradierte er vor seinen bewundernden Untertanen auf und ab, die ihm begeistert zujubelten. Diese magische Erektion hatte die Macht, das Böse abzuwehren und die dankbaren Untertanen zu beschützen.

Das sind zwei extreme Beispiele von vielen, die den Zusammenhang zwischen Geld, Macht und Sex illustrieren. Die Geschichte dieser Parade ist im Zusammenhang mit dem Rätsel der CEOs nicht etwa ein sensationslüsterner Exkurs, sondern nur zu relevant für die zentrale Frage dieses Kapitels. Sehen wir uns die Geschichte von Jim noch einmal an, der sehr jung von der Parkinsonkrankheit betroffen wurde. Als er das dopaminsteigernde Medikament einzunehmen begann, wurde er nämlich nicht nur zum zwanghaften Glücksspieler, sondern auch sein Sexualtrieb steigerte sich so sehr, dass er plötzlich mehrmals täglich mit seiner Frau schlafen wollte.

Aber die fliegenden CEOs nahmen ja keine dopaminsteigernden Medikamente, und auch ihr Sexualleben war normal. Was hat das eine mit dem anderen zu tun?

Sie wissen es vermutlich gar nicht, aber womöglich tragen Sie eine bestimmte Variante eines Gens in sich, das die Menge an Dopamin reguliert, die in den Synapsen des Belohnungssystems Ihres Gehirns zirkuliert. Das ist das sogenannte 10-Repeat-Allel des Gens DAT. Die Menschen haben entweder gar keines oder ein oder zwei Exemplare davon in ihrem Genom. Dieses Gen reguliert die im Striatum, wo die Belohnungszentren des Gehirns sitzen, verfügbare Dopaminmenge. In meinem Labor haben wir herausgefunden, dass gesunde Kinder mit zwei Exemplaren dieses Gens kurze Blitze auf der linken Seite eines Computerbildschirms mit geringerer Wahrscheinlichkeit wahrnehmen als auf der rechten: Ihre Aufmerksamkeit ist ein wenig nach rechts verschoben. Bei einem Konzentrationstest unterlaufen ihnen mehr impulsive und geistesabwesende Fehler.[11] Bestimmte Allele dieses Gens erhöhen außerdem die Wahrscheinlichkeit einer Diagnose mit Aufmerksamkeits-Defizit-Hyperaktivitäts-Syndrom (ADHS) und gelten als »Risikoallele«.

Was hat dieses Ergebnis mit Silvio Berlusconi und dem Maharadscha von Patiala zu tun? Ein kurzer Besuch bei einem Forscherteam der University of North Carolina hilft bei der Erklärung: Guang Guo und seine Kollegen erforschten die Auswirkungen des DAT1-Gens bei 2500 Jugendlichen, die sie über sieben Jahre hinweg bis ins frühe Erwachsenenalter untersuchten und befragten. Guos Team interessierte sich für das Problem von Geschlechtskrankheiten in dieser Altersgruppe und wollte wissen, warum manche Jugendliche mehr Sexualpartner als andere haben.

Weil DAT1 mit Dopamin und impulsivem Verhalten zu tun hat, zählten sie die Anzahl von Sexualpartnern bei Jugendlichen mit zwei Exemplaren dieses Gens – denjenigen, deren Aufmerksamkeit nach rechts verschoben war und die in meinen Konzentrationstests Impulsivitätsfehler begangen hatten – und verglichen sie mit der Anzahl der Sexualpartner bei jenen, die nur ein oder gar kein Exemplar des DAT1-Risikoallels hatten.

Das Ergebnis war bemerkenswert: Von den 18 bis 23 Jahre alten Männern gaben diejenigen ohne DAT1-Risikoallel an, seit ihrer ersten Befragung zwei Jahre zuvor durchschnittlich mit zwei verschiedenen Partnern Sexualkontakt gehabt zu haben. Die jungen Männer mit zwei Exemplaren des Risikoallels gaben dagegen durchschnittlich mehr als fünf Sexualpartner für denselben Zeitraum an. Das galt allerdings nur für die Männer – bei den Frauen hatte die Anzahl der Sexualpartner nichts mit ihrem DAT1-Profil zu tun.

DRD4, ein anderes Gen, beeinflusst ebenfalls den Dopaminspiegel im Gehirn. Mark Bellgrove und andere entdeckten bei einer in meinem Labor und dem meines Kollegen Michael Gill gemeinsam durchgeführten Studie, dass Kinder, die an ADHS leiden und zwei Exemplare eines bestimmten Allels des Gens DRD4 haben, bei Konzentrationstests geistesabwesender und impulsiver wirkten als vergleichbare Kinder, die keine zwei Exemplare hatten.[12] Und eine Gruppe geldgieriger Harvard-Studenten zeigte in einer anderen Studie, dass dieses Gen auch ihre Bereitschaft zu echten finanziellen Risiken veränderte.

Anna Dreber und ihre Kollegen an der Harvard University baten Studierende, die höchstens ein oder aber gar kein Exemplar dieses Dopamingens hatten, ein Finanzinvestmentspiel zu spielen, bei dem man echtes Geld gewinnen konnte. Jeder Studierende begann mit einem Guthaben von 250 Dollar und sollte dann zwischen 0 und 250 Dollar in das Ergebnis eines Münzwurfs »investieren« (es war also eigentlich eine Wette). Wenn er – die Versuchsteilnehmer waren ausschließlich männlich – verlor, verlor er auch seinen Einsatz. Wenn er gewann, erhielt er seinen Einsatz zweieinhalbfach zurück.

Ein vorsichtiger, risikoscheuer Teilnehmer konnte also seinen Einsatz ganz einfach behalten, indem er immer 0 Dollar setzte. Ein risikofreudiger Zocker dagegen würde stets hoch pokern und mit gleicher Wahrscheinlichkeit alles verlieren oder den Höchstgewinn von 625 Dollar einsacken. Nun konnte es sich nicht einmal Harvard leisten, allen diese Summe tatsächlich auszuzahlen, aber Dreber erklärte den Studenten, dass am Ende der Studie Lose gezogen würden und einer der Teilnehmer seinen Gewinn dann tatsächlich mitnehmen könne. Die Wetten hatten also eine reale Bedeutung für die Mitspieler.

Es ist nicht mehr schwer zu erraten, auf welches Ergebnis Dreber kam: Die Studenten mit dem DRD4-Muster, das Kinder in meinem Labor impulsiver und geistesabwesender machte, wagten in diesem Experiment sehr viel höhere Einsätze als diejenigen ohne dieses Gen. Dreber und ihre Kollegen setzten die Studie im realen Leben fort, und zwar während der nordamerikanischen Bridgemeisterschaften in Boston, Massachusetts, von 2008. Wie sich herausstellte, waren Männer mit einem oder zwei Exemplaren des DRD4-Allels signifikant stärker bereit, auf Risiko zu spielen, als andere Männer.[13]

In Kapitel 2 haben wir gesehen, dass Londoner Börsenhändler an Tagen mit hohem Testosteronspiegel mehr Profit machten: Das Gemeinsame an beiden Beispielen ist das Dopamin, der chemische Stoff im Gehirn, der glücklich macht, sei es das Glück des Spielers oder das beim Sex. Testosteron steigert den Dopaminspiegel, der wiederum das Verlangen nach Glückserlebnissen steigert.

Dopamin ist die Universalwährung des Begehrens, ob im Glücksspiel oder beim Sex. Und der hohe Wert und die leichte

Konvertierbarkeit dieser Währung erklären, warum Glücksspiel und Sex die Internetwirtschaft beherrschen.

Jeffrey Skillings Abenteuertouren mit den Enron-Gewinnen waren Teil des großen Casinos namens Enron. Die Firma hieß auch »Millionärsfabrik«, weil dort junge, clevere, ehrgeizige Einsteiger ermutigt wurden, selbst neue Derivate und auch gleich die Märkte zu entwickeln, auf denen sie gehandelt wurden – selbst wenn sie mit dem Wetter handelten. In Skillings Gehirn lief das Dopaminsystem wahrscheinlich auf Hochtouren während dieses ununterbrochenen Glücksspiels mit höchsten Einsätzen – genau wie bei vielen Wall-Street-Tradern, bevor 2001 die große Blase platzte.

Trading auf den Finanzmärkten kann wie ein Glücksspiel in sehr großem Maßstab sein. Man wettet auf die zukünftigen Preise realer Güter, aber auch auf abstrakte Entwicklungen, etwa, ob die Aktienkurse steigen oder fallen, ob ein Land seine Staatsschulden nicht mehr zahlen kann und so weiter. Enron verlieh diesen Wetten durch die Online-Trading-Plattformen eine neue Dimension. Hier konnte man in Sekunden enorme Transaktionen durchführen und auf eine riesige Bandbreite von Entwicklungen wetten – das Wetter ist nur das extremste Beispiel.

Das Glücksgefühl, das solche Wetten auslösen, ist universell – es sind dieselben Leitungsbahnen im Gehirn, die Ruby, die Herzensdiebin, wohl bei Silvio Berlusconi aktivierte. Aber können solche Aktivitäten, übermäßig und immer wieder betrieben, vielleicht süchtig machen? Werden die innerlichen Belohnungen irdischer Vergnügungen – darunter auch des Gewinnens – womöglich durch einen zentralen Bereich des Gehirns geleitet, eine Belohnungsbörse, wo mit ihnen gehandelt wird? Und kann eine Überlastung dieses Systems etwa dazu führen, dass man nach dieser Lust süchtig wird?

Ein Großteil der Weltwirtschaft dreht sich um Sex und

Glücksspiel. Es gibt aber noch ein drittes Handelsgut, das eine gewaltige weltweite Wirtschaftsmaschinerie antreibt – Drogen. Gleichen Glücksspiel und Sex womöglich süchtig machenden Drogen, die Abhängige zu extremem, irrationalem Verhalten treiben? Das tun sie tatsächlich. Mein Kollege Hugh Garavan hat gezeigt, dass Kokain in einer ganz ähnlichen Weise wie die völlig natürliche Belohnung beim Sex erregt und auch wie andere Belohnungen, etwa der Gewinn im Glücksspiel.[14] Drogen wie Kokain und Heroin übernehmen ein Belohnungssystem, das wir entwickelt haben, damit wir lernen, angenehme und nützliche Erlebnisse zu wiederholen und schmerzlichen aus dem Weg zu gehen. Aber die unverdünnte Einleitung in das ventrale Striatum und verwandte Hirnareale kann, genau wie Glücksspiel oder Sex in hohen Dosen, die natürliche Funktionsweise des Belohnungssystems stören und so das Verhalten zwanghaft und selbstzerstörerisch machen.[15] Wenn das Belohnungssystem derart überwältigt wird, entsteht ein Teufelskreis der Toleranz, in dem immer höhere Dosen nötig sind, um ein ebenso hohes »High« zu erreichen.

Im Jahr 2008 bekannte sich Kristin Davis schuldig, die größte und teuerste Prostituiertenvermittlung New Yorks betrieben zu haben, und saß vier Monate im Gefängnis auf Rikers Island. Zu den Kunden ihres Callgirlservices gehörten zahlreiche Wall-Street-Investmentbanker und CEOs, die, wie sie aussagte, die Rechnungen (2000 Dollar pro Stunde) oft mit der Firmenkreditkarte bezahlten. Es ist zwar keine wissenschaftlich gesicherte Beobachtung, doch das hochriskante Glücksspiel an der Wall Street könnte, insbesondere bei genetisch anfälligen männlichen Tradern, das Dopaminsystem genug gestört haben, um sie in einen Zustand rastlosen, nagenden Verlangens nach dem nächsten Dopaminschuss zu versetzen, sei es durch Zocken oder Sex oder Kokain.

Die enormen Gehälter und Boni der fliegenden CEOs lösten

vielleicht nicht dasselbe Glücksgefühl aus wie das Glücksspiel, das in Houston, Texas, die Luft bei Enron knistern ließ, und es gibt in diesem Fall auch keine Hinweise auf sexuelle Zwangshandlungen oder den Gebrauch illegaler Drogen. Aber es gibt noch einen Stoff, der das Belohnungssystem mit beharrlicher Kraft antreibt und den die fliegenden CEOs im Überfluss hatten – Macht.

Wie wir in Kapitel 3 gesehen haben, führt Macht zur Ausschüttung von Testosteron, das wiederum Dopamin freisetzt. Als der frühere US-Außenminister und Bonvivant Henry Kissinger sagte, Macht sei das stärkste Aphrodisiakum, hat er vielleicht aus Erfahrung gesprochen, und vom neurologischen Standpunkt aus hatte er völlig recht. Und alles – Geld, Sex, Macht oder Kokain –, was starke und wiederholte Dopaminschübe im Belohnungssystem des Gehirns auslöst, kann auch das unstillbare Verlangen einer Sucht auslösen.

Silvio Berlusconi hat wahrscheinlich einen sehr ausgeprägten Machthunger. Oliver Schultheiss und seine Kollegen von der University of Michigan haben gezeigt, dass Männer und Frauen mit starkem Machtbedürfnis sehr viel öfter Sex haben als diejenigen mit geringerem Machtstreben.[16] Und sowohl Männer wie Frauen mit stärkerem Machthunger werden in ihren Beziehungen eher untreu.[17] Selbst wenn Berlusconi keine Dopamingene hat, die ihn nach Sex und Risiko gieren lassen, so wäre sein sexueller Appetit durch die kombinierten Effekte auf das Dopaminsystem des Gehirns doch gesteigert, hervorgerufen durch seine große Machtausübung in Italien mittels Kontrolle über die meisten Fernsehsender, seinen Reichtum und sein politisches Amt.

Macht an sich ist für viele Männer nicht automatisch sexuell erregend. Aber wer zum Beispiel eine lockere Einstellung zu sexueller Belästigung hat – etwa jemand, der nichts dabei findet, von einer Geschäftspartnerin als Gegenleistung für einen lukrativen Vertragsabschluss sexuelle Gefälligkeiten zu fordern –, wird durch Gedanken an Macht oft sexuell erregt. Es gibt eine Untersuchung darüber, was geschieht, wenn man bei Männern mit einem solchen Standpunkt in ihrem Denken kleine Mengen an Macht initiiert, indem man sie unvollständige Wörter ergänzen lässt, die (ohne dass dies den Männern bewusst wird) Machtkonnotationen haben. Wenn sie das tun, finden sie eine ihnen unbekannte Frau, die sich im Raum befindet, attraktiver, als wenn sie neutralen Wörtern ausgesetzt sind. Das gilt auch, wenn die machtbezogenen Wörter keine offensichtlichen sexuellen Bezüge haben.[18] Männer, die sexuelle Belästigung dagegen nicht billigen, bewerten die Attraktivität einer unbekannten Frau in derselben Situation nicht höher.

Wenn der gewohnheitsmäßige Kokainkonsument einen zusammengerollten Geldschein oder die Abbildung eines weißen Pulvers sieht oder der Atmosphäre einer Party ausgesetzt ist, dann spuckt sein aufgeheiztes, lauerndes Belohnungssystem eine viel größere Dosis Dopamin aus als das eines unerfahrenen Kokainkonsumenten; diesen antizipatorischen Dopaminschub erlebt der Konsument als Verlangen. Aber diese Reaktion ist nicht auf die Droge begrenzt – der zwanghafte Glücksspieler und der Sexsüchtige, deren Belohnungssysteme genauso aufgeheizt sind, können ebenfalls ein entsprechendes dopaminvermitteltes Verlangen empfinden, das sie mit ihrem gestörten System nie völlig stillen können.

Und das ist vielleicht einer der Gründe dafür, warum Husni Mubarak es Anfang 2011 so schwierig fand, von seinem Amt als Präsident von Ägypten zurückzutreten, obwohl er bereits 81 Jahre alt war. Es erklärt vielleicht auch, warum Oberst al-Gaddafi lieber seine unbewaffneten und friedlich protestierenden Bürger von Hubschraubern aus beschießen ließ, als etwas von seiner Macht abzugeben.

Die Macht kann korrumpieren, und ein Grund dafür ist, dass

sie eine sehr starke Droge ist, die in hohen und wiederholten Dosen süchtig machen kann. Die Suchtqualitäten der Macht und ihre verzerrenden Wirkungen auf den menschlichen Geist haben allein im vergangenen Jahrhundert Hunderte Millionen Menschen das Leben gekostet, und zwar durch andere machtsüchtige, dopamingestörte Diktatoren wie Stalin, Mao, Kim Il- Sung, Hitler, Mugabe, Pol Pot und viele andere.

In weniger verderblicher Gestalt stößt dasselbe auch einigen aus der obersten Führungsriege großer Konzerne zu und kann zu einer ganzen Reihe von Persönlichkeitsveränderungen führen, wie sie z. B. an Jeffrey Skilling zu beobachten waren. Bei Enron war Skilling für seine legendäre Arroganz berühmt, die vielleicht auch zum Zusammenbruch des Unternehmens beigetragen hat. Auch seine Verachtung für die ihm Unterstellten war extrem. Ein ehemaliger leitender Angestellter erinnert sich, wie Skilling einmal im Auto an einer langen Schlange vorbeibrauste, die vor der Einfahrt zum Firmenparkplatz wartete, und als Reaktion auf protestierendes Hupen den Mittelfinger zeigte. Dieser für seine Abenteuertouren nach Mexiko und Australien bekannte Mittvierziger war als Student nach der Beschreibung eines Bekannten nur »ein unauffälliger Typ, nichts Besonderes, ein ganz netter Kerl« gewesen.[19]

Kann eine solche Persönlichkeitsveränderung auch die Haltung der fliegenden CEOs erklären? Machten ihre Dopaminbelohnungssysteme, angestachelt durch Macht und Boni, sie blind für die Sichtweise anderer Menschen und führten so zu ihrem gedankenlosen Verhalten? Vielleicht ja, aber diese Erklärung befriedigt noch nicht völlig. Arroganz ist unter erfolgreichen Führungspersönlichkeiten ziemlich verbreitet. Die fliegenden CEOs zeigten meines Wissens nicht die Arroganz Skillings, und ihre Firmen hatten sich auch nicht auf betrügerische Praktiken eingelassen wie Enron. Aber viele hoch bezahlte, mächtige Manager scheinen Risikokandidaten für bizarres Verhalten zu sein – wie etwa Sir Fred Goodwins angebliche Wut über die falschen Kekse zeigt, während seine Bank, die Royal Bank of Scotland, gerade den Bach hinunterging.

Allerdings sind die meisten Spitzenmanager keine zwanghaften Glücksspieler. Gibt es noch etwas anderes, das für ihr Verhalten verantwortlich sein könnte? Wenden wir uns dem Golfspiel zu, um mehr darüber zu erfahren.

Ein kostspieliger Putt

Der Ball lag nur einen Meter vom Loch entfernt, und Tiger Woods beugte sich über ihn und stellte sich vor, wie er ins Loch rollte. Dieses Ritual der inneren Vorbereitung auf den Schlag hatte er von seinem verstorbenen Vater gelernt. Es war das 16. Loch der Rückrunde gegen den Iren Padraig Harrington, und Woods führte komfortabel – bis er danebenschlug.

Vielleicht lag es am Wetter – beim Dunlop Phoenix Tournament von 2006 in Japan herrschten nur vier Grad Celsius. Vielleicht lag es auch daran, dass dieser irische Emporkömmling gerade einen großartigen Birdie eingelocht hatte. Aber es gibt noch eine andere mögliche Erklärung für den Schlag, die angesichts dessen, was wir inzwischen über Gewinnen und das Gehirn wissen, wahrscheinlich besser ist. Dieser Ein-Meter-Putt war 40 Millionen Yen wert – etwa 482 000 Dollar – [20], und noch wichtiger für einen bereits reichen Champion wie Woods war, dass er eine Menge Status, Stolz und Anerkennung bringen würde.

Es war der entscheidende Schlag des Rückspiels: Woods vergab am 17. Loch einen weiteren Putt, und Harrington konnte am letzten Loch einen leichten Treffer landen. Dieser Aussetzer am 16. Loch war der Anfang vom Ende für Woods Vorsprung, den er zu Anfang mit Birdies errungen hatte. Was war in Woods vorgegangen, dass es zu diesem Fehlschlag kam?

Christopher Frith und seine Kollegen vom University College London wollten untersuchen, ob solche Aussetzer nur berühmten Spitzensportlern passieren.[21] Sie scannten die Gehirne einer Gruppe freiwilliger studentischer Versuchspersonen, die versuchen mussten, eine »Beute« im Labyrinth eines Computerspiels zu erjagen. Friths Gruppe verglich den Effekt kleiner und großer Belohnungen auf ihre Leistung. Es gab natürlich keine Millionen und auch keinen Privatjet für einen Sieg; stattdessen lagen die Belohnungen in manchen Runden bei einem Dollar (niedrig) bzw. zehn Dollar (hoch).

Wenn Sie zufällig Aktien eines Unternehmens besitzen, das seinen Managern Millionenboni zahlt, dann sollten Sie vielleicht die nächste Seite überspringen. Bemerkenswerterweise schien die »hohe« Belohnung die Spieler nämlich ganz ähnlich zu »ersticken« wie der 500 000-Dollar-Preis und der bevorstehende Ruhm, der Tiger Woods aus einem Meter Entfernung danebenschlagen ließ. Wenn die Spieler zehn Dollar Belohnung in Aussicht hatten, hatten sie in 63 Prozent der Fälle Erfolg, verglichen mit 74 Prozent, wenn die Belohnung nur einen Dollar betrug. Was hat das aber mit Dopamin zu tun?

Die Antwort lautet: Je schlechter der Spieler sich schlug, desto mehr Aktivität entdeckten Frith und seine Kollegen in der dopaminreichen Belohnungsregion des ventralen mittleren Gehirns. Mehr noch, sie fanden heraus, dass die Spieler, die nach eigener Angabe am meisten auf das Geld aus waren, die größte Aktivität im Mittelhirn aufwiesen. Mit anderen Worten: Durch hohe Belohnungen wurde das Gewinnen zum Verlieren – je mehr man gewinnen wollte, desto eher verlor man –, und der wahrscheinliche Schuldige war ein Überschuss an dopamingespeister Motivation. Sie wollten so sehr gewinnen, dass dieses übermäßige Verlangen die Fähigkeit, die Aufgabe erfolgreich zu lösen, untergrub. Nach Padraig Harringtons erstaunlich gutem Birdie am 16. Loch und mit einer langen Liste früherer Erfolge im Nacken wollte Woods diesen Ball unbedingt einlochen, wahrscheinlich weniger aus finanziellen Gründen, sondern als Bestätigung für seinen Status und seinen Stolz.

Man kann Friths Ergebnisse kaum ignorieren, wenn man bedenkt, dass einer der fliegenden CEOs – Alan Mulally von Ford – im Jahre 2007 nicht weniger als 28 Millionen Dollar für vier Monate Arbeit erhielt, als er die Leitung eines Konzerns übernahm, der 2006 einen Verlust von 12,7 Milliarden Dollar verbucht hatte.[22] Aber es ist nicht nur das Geld, das glücklich macht – der Status kann dasselbe Glückserlebnis bringen. Wie ich im vorigen Kapitel gezeigt habe, leben Oscargewinner länger, weil der Preis einen bemerkenswerten beschützenden Effekt auf ihr Leben und ihr Selbstwertgefühl hat. Könnte ein Teil der Wirkungen des Geldes auf das Gehirn über diesen entscheidenden Drang des Menschen stattfinden – den Drang nach Anerkennung?

Das ist in der Tat so. Keise Izuma und seine Kollegen vom National Institute for Physiological Sciences in Japan[23] haben gezeigt, dass Geld und Status auf nahezu dasselbe Dopaminzentrum im mittleren Gehirn einwirken – Anerkennung durch andere Menschen führt zu einem Glücksschub, der dem einer gewonnenen Wette oder einer sexuellen Liebkosung entspricht. Nur in sehr hohen Dosen führt das allerdings zu der Dopaminflut, wie sie eine Linie Kokain hervorruft.

Eine bestimmte Menge Dopamin belebt und motiviert also und gibt das gesunde Aussehen, wie es auf Belohnung und Anerkennung folgt. Man wird dadurch auch scharfsinniger und bekommt dieses Glitzern im zielgerichteten Auge. Vor allem aber macht es risikofreudig. Das ist vielleicht der Hauptgrund, warum Firmen ihren CEOs solche ungeheuren Geldsummen auszahlen. In bestimmter Hinsicht funktioniert es so, wie die Aussicht auf Sex mit einem begehrenswerten Partner wirkt.

Indem die Dopaminaktivität im Belohnungssystem gesteigert wird, handelt man mutiger und entschlussfreudiger.

Aber wie passt das mit Tiger Woods' Aussetzer am 16. Loch zusammen oder damit, dass Friths Versuchspersonen die Beute im Computerspiel nicht fingen? Um das zu beantworten, müssen wir einen Umweg in den Wald zu drei Bären machen – und zu ihrer neuen Freundin.

Das Goldilocks-Prinzip

Goldilocks trieb die drei Bären im Märchen zur Verzweiflung, indem sie ihr Porridge weder zu heiß noch zu kalt und ihr Bett nicht zu weich und nicht zu hart wollte. Wie es der Zufall will, kann man dieses alte Märchen nicht nur auf Motivation anwenden, wie wir im ersten Kapitel gesehen haben, sondern es illustriert auch eine ziemlich entscheidende Gehirnfunktion. Dopamin ist ein chemischer Botenstoff, von dem wie im Märchen genau die richtige Menge vorhanden sein muss, um den besten Effekt auf die Leistung zu haben. Zu viel Dopamin stört die komplizierte Koordination und Organisation der Hirnareale, während zu wenig davon die Koordination von Partnerarealen des Gehirns verschlechtert. Die Parkinsonkrankheit ist ein Beispiel für eine Hirnfunktionsstörung durch Dopaminmangel, während Schizophrenie bei Dopaminüberschuss in bestimmten Hirnbereichen auftritt.

Belohnungen – ob nun in Form von Geld, Status, Anerkennung oder Sex – können so groß oder so häufig werden, dass sie das Gehirn aus der Goldilocks-Zone herausführen, genauso wie es die übermäßige Belohnung bei Drogen wie Kokain tut. Wenn das geschieht, funktioniert das System nicht mehr. Das war bei Jim und den Frauen mit RLS der Fall, deren Dopaminspiegel durch die Medikamente zu stark erhöht wurde.

Fehlende Belohnungen – wie sie sich in Armut, niedrigem Status oder sozialer Ablehnung manifestieren – können den umgekehrten Effekt haben: Der Dopaminspiegel des Gehirns sinkt unter die Goldilocks-Zone, was zu Lustlosigkeit, fehlender Motivation, Ängstlichkeit und Risikoscheu führt.

Wir wissen, dass der Dopaminspiegel im Verhältnis zu Geld, Status und Macht eines Menschen ansteigt. Könnte es also sein, dass die fliegenden CEOs aus der Goldilocks-Zone gerieten, weil sie überbelohnt waren? Könnte das ihr Verhalten erklären?

Möglicherweise. Aber es gibt andererseits viele ausgezeichnete CEOs, die ebenso hohe Belohnungen erhalten, sich aber nicht so verhalten wie die fliegenden CEOs. Es muss in diesem besonderen Eintopf noch andere Zutaten geben – und einer der besonders starken Gerüche aus diesem Topf ist der des Geldes.

Probieren Sie aus, wie schnell Sie aus folgenden fünf Wörtern einen sinnvollen Satz mit vier Wörtern machen können: *kalt es Schreibtisch draußen ist.* Jetzt der nächste: *Zeitung nahm Sally Laptop die.* Und dieser: *lang Fenster Gras das ist.* Wenn Sie diese Aufgaben gelöst haben, stellen Sie sich bitte vor, jemand bittet Sie um eine Spende für wohltätige Zwecke in der Dritten Welt. Wie viel geben Sie? Merken Sie sich bitte die Summe.

Jetzt lösen Sie die folgenden Aufgaben auf die gleiche Weise: *hohes ein Gehalt Schreibtisch zahlend.* Dann: *im gewann er Dieb Lotto.* Schließlich: *schnell wurde Fahrt reich er.* Jetzt bittet Sie wieder jemand um eine Spende für die Dritte Welt. Wenn Sie davon ausgehen, dass Sie zuvor noch nicht gespendet haben, wie viel geben Sie dann? Genauso viel wie beim ersten Mal, mehr – oder weniger?

Vielleicht ist Ihnen ein Unterschied zwischen den beiden Wörterlisten aufgefallen: Die letzten drei hatten einen Bezug zu Geld, die ersten drei nicht. Kathleen Vohs von der University of Minnesota und ihre Kollegen baten ihre Versuchspersonen, eine lange

Liste solcher Aufgaben zu lösen, von denen einige auf Geld bezogene Wörter beinhalteten, andere aber nicht. Die Versuchspersonen dachten, es ginge darum, die Aufgaben möglichst schnell zu lösen. Denjenigen in der Gruppe mit den »Geld-Wörtern« war nicht bewusst, dass sie gezielt diesen Wörtern ausgesetzt worden waren, aber ihr Unbewusstes hatte das sehr wohl registriert.

Alle Versuchsteilnehmer hatten zu Beginn des Versuchs 2 Dollar in 25-Cent-Münzen erhalten, als Anzahlung für die Aufwandsentschädigung. Nachdem sie die Satzbildungsaufgaben gelöst hatten, bat sie ein anderer Studierender um eine Spende für wohltätige Zwecke. Würden Sie einen Unterschied zwischen den beiden Gruppen erwarten? Vohs und ihre Kollegen taten es, und ihre Voraussage traf zu.

Diejenigen Teilnehmer, in deren Gehirn das Konzept »Geld« initiiert worden war, die also *money-primed* waren, spendeten signifikant weniger Geld als die anderen. Und Vohs gelangen noch weitere bemerkenswerte Beobachtungen. Die *money-primed* Versuchspersonen erwiesen sich als weniger hilfsbereit gegenüber einem vorübereilenden Kommilitonen, dem ein Bündel Bleistifte zu Boden fiel: Diese Gruppe hob signifikant weniger Bleistifte auf! Ebenfalls weniger hilfsbereit waren diese Probanden gegenüber anderen Kommilitonen, die vorgaben, nicht mit einer Versuchsaufgabe zurechtzukommen.

Was richtete das unbewusste Denken an Geld sonst noch an? Die Betreffenden rückten ihre Stühle weiter von den anderen ab und arbeiteten lieber für sich als zusammen mit anderen. Wenn sie die Wahl zwischen einer Freizeittätigkeit, bei der sie alleine waren, und einer Gruppenaktivität hatten, so bevorzugten sie die erste Möglichkeit – sie entschieden sich zum Beispiel eher für vier persönliche Einzelkochstunden anstatt eines gemeinsam unter Anleitung zubereiteten Mahls für vier Personen.

Warum kann es nun so tief greifende Auswirkungen auf einen Menschen haben, wenn er an Geld denkt? Vohs und ihre

Kollegen vermuten, dass Geld das Gefühl der Selbstzufriedenheit verstärkt, also das Gefühl, man habe die Ereignisse und sein Leben persönlich unter Kontrolle. Diese Selbstzufriedenheit, so Vohs, bringt die Menschen dazu, sich auf eigene, persönliche Ziele zu konzentrieren. Wegen dieser Fokussierung setzen sie sich von anderen Menschen ab und verhalten sich weniger altruistisch und stärker im Eigeninteresse. Geldmangel verstärkt den Glauben, keine Kontrolle über sein Leben zu haben, und führt vielleicht zu weniger Selbstsucht.

Es erscheint seltsam, aber Geld ist auch mit Gedanken an den Tod verbunden. Womöglich ist es aber doch nicht so seltsam, denn der Tod ist mit absolutem Kontrollverlust gleichzusetzen, während Geld die größte Kontrolle verleiht. Tim Kasser und Kennon Sheldon vom Knox College baten in einer Studie die Probanden, einen kurzen Aufsatz über den Tod zu schreiben. Sie stellten fest, dass diese Probanden im Vergleich zu einer Kontrollgruppe, die über ein neutrales Thema schrieb, sehr viel höhere Erwartungen an ihre finanzielle Situation in 15 Jahren hatten, einschließlich ihrer Ausgaben für Luxusgegenstände und Freizeitaktivitäten.[24] Anschließend ließen sie die Versuchspersonen ein Forstwirtschaftsspiel spielen und fanden heraus, dass jene, die sich mit dem Tod auseinandergesetzt hatten, sich gieriger zeigten und mehr Ressourcen verbrauchten als die Kontrollgruppe.

Wie wir gesehen haben, bedienen sich Sex, Macht, Geld und Kokain allesamt der gemeinsamen Währung Dopamin, und jeder dieser Faktoren kann das Verlangen nach den anderen auslösen. Die Prostituierten und das Kokain der im Film ›Inside Job‹ (2010) geschilderten Wall-Street-Trader sind genau wie die Hedgefonds-Anteile und Derivate, mit denen sie handeln, sehr liquide *commodities* und können leicht von einem Markt auf den anderen verschoben werden. Dopamin ist wie Gold – eine universell konvertierbare Währung.

Die fliegenden Vorstandsvorsitzenden dachten vermutlich sehr oft an Geld. Banken und Finanzhäuser setzen Boni ein, um ihre Manager anzuspornen – und das hat messbare Auswirkungen auf deren Gehirn. Aber nicht nur Geld hat diese neurologischen Effekte: Susanne Erk und ihre Kollegen von der Universität Ulm führten eine Studie durch, in der männlichen Versuchspersonen Abbildungen von Sportwagen und kleineren, weniger statusträchtigen Autos gezeigt wurden.[25] Sie stellten mit dem fMRI-Scanner fest, dass die Sportwagen die Aktivität des ventralen Striatums der Männer steigerten.

Es genügte also bei einer bestimmten Art Betrachter schon, sich nur das Bild eines Sportwagens anzuschauen, um das Belohnungszentrum des Gehirns ebenso anzuregen, als hätte man ihnen ein Bündel Geldscheine gegeben. Stellen Sie sich also das Glücksgefühl von Rick, Alan und Robert vor, das sich in ihren Gehirnen ausbreitete, als sie zum ersten Mal vor ihren Privatjets standen, die auf der Startbahn für sie bereitstanden.

Das Belohnungssystem des Menschen verträgt nur eine bestimmte Menge Dopamin. Wenn man es überfüttert, bekommt man die Art Probleme, wie Jim und die Frauen mit RLS sie hatten. Aber die fliegenden CEOs waren ja keine zwanghaften Spieler, und obwohl ihr Gehirn fast mit Sicherheit ständig von Gedanken an Geld und Dopamin auslösende Statussymbole wie Privatjets angeregt war, könnte da noch etwas anderes sein, das ihre Fehleinschätzung beim Flug nach Washington erklärt.

Wer nimmt den letzten Keks?

Stellen Sie sich vor, Sie hätten sich als Versuchsperson für eine Studie an Ihrer Universität gemeldet. Der Versuchsleiter weist Sie nach dem Zufallsprinzip einer Gruppe zu, die noch zwei andere

Personen des gleichen Geschlechts umfasst. Sie werden gebeten, eine halbe Stunde lang mit ihnen über umstrittene soziale Fragen zu diskutieren; Ihre Aufgabe besteht dabei darin, politische Lösungen für diese Fragen zu entwickeln. Jetzt kommt das Entscheidende: Einer von Ihnen wird, wieder nach dem Zufallsprinzip, zum Gruppenleiter bestimmt, der die Leistungen der Teilnehmer beurteilt. Dieser »Chef« oder diese »Chefin« vergibt Noten je nach der Qualität der Diskussionsbeiträge.

Wenn Sie sich das vorstellen, werden Sie merken, dass die Situation gar nicht so einfach ist. Von einem Fremden nach den eigenen geistigen Leistungen beurteilt zu werden ist ein ziemlich einschüchterndes Erlebnis. Der Gruppenleiter hat, wenn auch nur für eine halbe Stunde, Macht über Sie und Ihr kostbarstes Gut – Ihr Selbstwertgefühl.

Am Ende der Diskussion kommt der Versuchsleiter herein und stellt einen Teller mit fünf Keksen auf den Tisch. Fünf Kekse für drei Personen – wie geht das aus? Fast immer nimmt sich jeder der drei Teilnehmer einen Keks, womit noch zwei übrig bleiben, also nicht genug für eine zweite Runde. Die Versuchspersonen werden dabei natürlich gefilmt. Wer nimmt sich einen zweiten Keks? In den meisten Fällen – natürlich – der zufällig ausgewählte Gruppenleiter. Auch sonst zeigt er – oder sie – einige interessante Verhaltensänderungen.

Dacher Keltner und seine Kollegen von der Stanford University, die dieses Experiment durchführten, zeigten, dass der Gruppenleiter mit größerer Wahrscheinlichkeit ziemlich unappetitlich isst – er wird, mit anderen Worten, sozial enthemmt.[26] Er neigt dazu, mit offenem Mund zu kauen und zu krümeln. Diese Verhaltensweisen sind keine dauerhaften Spuren mangelhafter Erziehung oder einer schlampigen Persönlichkeit; wenn er ein normales Gruppenmitglied wäre, würde er ganz normal und ordentlich essen.

Wir haben in Kapitel 3 gesehen, dass Machtgefühl das Urteilsvermögen für den emotionalen Ausdruck anderer Menschen schwächt. Die Keksstudie zeigt, Machtgefühl führt auch dazu, dass man sich weniger daraus macht, was andere von einem denken; man wird selbstsüchtiger und weniger empathisch. Selbst ein kleines bisschen kurzfristige Macht kann uns zu Egozentrikern machen, die den Standpunkt anderer nicht wichtig nehmen.

Die fliegenden CEOs zeigten ein ähnliches Defizit an Einfühlungsvermögen, als sie nach Washington flogen: Das Gehirn dieser immens mächtigen Männer war von der Macht so geprägt worden, dass es ihnen schwerfiel, sich vorzustellen, wie andere Menschen ihr Handeln sahen.

Eine Folge fehlender Empathie und gesteigerter Egozentrizität besteht darin, dass man seine Mitmenschen als Werkzeuge wahrnimmt, die unseren Zwecken dienen. Professor Deborah Gruenfeld und ihre Kollegen an der Stanford University haben Belege dafür gefunden: Wenn man in ganz gewöhnlichen Menschen Machtgefühle weckt, fangen sie an, andere Menschen als Objekte zu betrachten. Nachdem bei einer Studie die Gehirne von BWL-Studierenden in einen Machtmodus versetzt worden waren, weil sie sich an eine Situation aus ihrem Leben erinnern sollten, in der sie Macht ausübten, betrachteten sie ihre Mitmenschen verstärkt unter dem Aspekt des Eigennutzes. Sie nahmen häufiger mit Kommilitonen Kontakt auf, weil sie sie brauchten, und weniger, weil sie sie mochten, gleichgültig, wie nützlich sie ihnen sein konnten.[27]

Wenn bereits kurze Erinnerungen an geringfügige Machtausübung in der künstlichen Umgebung eines psychologischen Versuchs einen Menschen egozentrischer und sozial enthemmter machen und ihn dazu bringen können, andere Menschen als Objekte zu betrachten, welchen Effekt hat dann wohl langfristige Machtausübung im großen Maßstab über Tausende Menschen auf den menschlichen Geist? Gruenfeld hatte eine einmalige

Gelegenheit, diese Frage zu untersuchen, und zwar bei einer Konferenz hochrangiger Manager, die allesamt lange Erfahrung in der Machtausübung hatten. Wie sie es vorausgesagt hatte, konnte Gruenfeld zeigen, dass mächtige Firmenbosse viel stärker noch als BWL-Studierende andere Menschen – nicht nur Untergebene, sondern auch Gleichrangige – nach ihrer Nützlichkeit einschätzten als nach ihren persönlichen Eigenschaften.

Am 27. September 2002 stieg in einer Kleinstadt bei Frankfurt am Main der elfjährige Jakob von Metzler, Sohn eines reichen Privatbankiers, aus dem Schulbus und machte sich auf den Heimweg. Am Abend erhielt die entsetzte Familie eine Lösegeldforderung für ihn. Obwohl die Familie sofort bezahlte, wurde Jakob nicht freigelassen. Vier Tage darauf wurde der 27 Jahre alte Jurastudent Magnus Gäfgen verhaftet und gestand die Entführung, wollte aber auch nach mehrstündigem Verhör nicht preisgeben, wo er sein Opfer gefangen hielt.

Der stellvertretende Chef der Frankfurter Polizei, Wolfgang Daschner, fürchtete, dass der Junge irgendwo in einem einsamen Schuppen einen langsamen Tod sterben könnte, und wies seine Untergebenen an, Gäfgen die Information abzupressen, indem sie ihm drohten, dass ein Sondervernehmungsbeamter aus Frankfurt gerade per Hubschrauber eingeflogen werde, um ihm Schmerzen zuzufügen, wie er sie noch nie erlebt habe. Schon nach wenigen Minuten führte Gäfgen die Beamten zu einem See in der Umgebung, wo Jakob gefunden wurde, in eine Plastikplane gewickelt und bereits tot.[28]

Der Vorfall löste in Deutschland eine Debatte darüber aus, ob es moralisch zu verantworten sei, jemanden mit Folter zu bedrohen, selbst in einem so drängenden Fall. Die beiden konkurrierenden Standpunkte waren der regelkonforme Ansatz – Folter anzuwenden oder anzudrohen ist grundsätzlich nicht zu rechtfertigen – und der ergebnisorientierte Ansatz. In diesem

Fall sei es zu rechtfertigen gewesen, weil so die Möglichkeit bestanden hätte, Jakobs Leben zu retten.

Diese wahre Geschichte war eine von mehreren, die Joris Lammers von der Tilburg University und seine Kollegen als Beispiele benutzten, um die Effekte der Macht auf das moralische Denken zu erforschen.[29] Sie fragten ihre Probanden im Hinblick auf eine Anzahl solcher moralischer Dilemmata, was jeweils die richtige Entscheidung sei. Ein weiteres Beispiel war die Geschichte einer jungen Frau, bei deren Freund Krebs im Endstadium diagnostiziert wurde. Sie bekommt die Diagnose zufällig mit, bevor der Mann selbst davon erfährt, und bittet den Arzt, ihm nichts davon zu sagen, bevor sie von einer lange geplanten Reise nach Afrika zurückgekehrt seien, auf die er sich schon lange freue. Er hat nur noch sechs Monate zu leben – warum sollte er diese wunderbare Ferienreise nicht noch genießen können, ohne dass sie vom Wissen um seinen nahen Tod vergiftet wird? Die ethischen Regeln des Arztes sagen ihm, dass er dem Patienten die Wahrheit sagen muss, aber eine ergebnisorientierte Entscheidung – mit anderen Worten: Der Zweck heiligt die Mittel – würde bedeuten, ihm die Diagnose vorzuenthalten.

Lammers stellte fest, dass Macht – ob nun als Machtgefühl unbewusst im Gehirn initiiert oder in einem Experiment tatsächlich erteilt – die Probanden eher dazu brachte, für eine regelkonforme Entscheidung anstatt einer ergebnisorientierten zu stimmen. Machtbewusste Menschen waren der Meinung, dass es falsch war, Magnus Gäfgen mit Folter zu drohen, und dass es richtig sei, dem Krebskranken die Diagnose mitzuteilen. Menschen, die sich machtlos fühlten, sagten dagegen, die Drohung mit Folter sei gerechtfertigt gewesen und der Arzt hätte den jungen Mann ohne die Last der Diagnose in Urlaub fahren lassen sollen.

Das würde bedeuten, dass Macht die Menschen moralischer oder zumindest regelkonformer macht. Aber wurden etwa die

Manager von Enron durch ihre enorme Macht edelmütiger gestimmt? Das widerspricht doch der Erkenntnis, dass Macht korrumpiert? Der findige Lammers hatte auch darauf eine Antwort.

Hier ist ein weiteres moralisches Szenario, das Lammers seinen Probanden vorlegte: »Nehmen Sie an, jemand sucht eine Wohnung, nachdem ihm der Vermieter gekündigt hat. Die einzige Gelegenheit ist leider eine Sozialwohnung, für die eine dreijährige Warteliste besteht. Es gibt allerdings einen Trick, mit dem er sich an der Warteliste vorbeimogeln und sofort eine Sozialwohnung bekommen kann. Wäre es gerechtfertigt, diesen Trick anzuwenden? Antworten Sie bitte mit einer Bewertung von 1 (absolut nicht) bis 9 (absolut ja).« Was geschah? Es änderte sich nichts. Diejenigen in der »mächtigen« Gruppe fanden diesen Trick viel weniger akzeptabel als diejenigen in der »machtlosen« Gruppe.

Aber nun kommt der springende Punkt: Nur eine Hälfte der Gruppe hatte diese Version der Geschichte erhalten. Die andere las folgende Fassung: »Nehmen wir an, Sie suchen eine neue Wohnung, nachdem der Vermieter Ihnen gekündigt hat. Die einzige Gelegenheit ist leider eine Sozialwohnung, für die eine dreijährige Warteliste besteht. Es gibt allerdings einen Trick, mit dem Sie sich an der Warteliste vorbeimogeln und sofort eine Sozialwohnung bekommen können.«

Die erste Version war also in der dritten Person über jemand anderen geschrieben, die zweite bezog sich auf den Leser. Sowie die moralische Bewertung sich auf den Bewertenden bezog, kehrten sich die Auswirkungen der Macht um. Jetzt ließ die Macht die Probanden eher die ergebnisorientierte Beurteilung und die Machtlosigkeit eher die regelkonforme wählen.

Das hilft uns, Skillings Verhalten zu erklären: Wahrscheinlich achtete er darauf, dass sich seine Angestellten regelgerecht verhielten. Seine Macht brachte ihn vermutlich dazu, diese Regeln scharf und unnachsichtig durchzusetzen. Aber dieselbe Macht ließ ihn vielleicht auch dazu tendieren, dieselben Regeln lockerer zu sehen, wenn es um ihn selbst ging, und seine eigenen Handlungen eher nach dem Prinzip »Der Zweck heiligt die Mittel« zu beurteilen.

Die Macht hatte Skilling blind für die Bewertung seiner eigenen Handlungen gemacht. Das erledigten andere, sowie sie dahinterkamen. Tritt Eigeninteresse in den Vordergrund, so löst die Macht verstärkte Selbstsucht und die Neigung aus, sich selbst als jemand Besonderen zu sehen, für den es Extraregeln gibt. Große persönliche Profite in Form von Boni oder Gewinnanteilen vergrößern dieses Eigeninteresse und schwächen daher die Bereitschaft, moralischen Grundsätzen treu zu bleiben.

Am 12. Januar 2010 veröffentlichte die ›New York Times‹ eine E-Mail von Thomas Mazarakis, dem Leiter der Abteilung Grundsatzstrategien bei der Investmentbank Goldman Sachs. Darin hieß es: »Wir führen möglicherweise Transaktionen durch und legen uns fest, bevor wir diese Transaktionen mit Ihnen diskutiert haben.«[30] Diese E-Mail bestätigte einen viel gehegten Verdacht, dass Goldman Sachs beträchtliche Schwierigkeiten hatte, die Interessenkonflikte bei der Weitergabe von Information und Ratschlägen an seine eigenen Trader einerseits und die externen Kunden andererseits auszubalancieren. Ein Beispiel: Goldman hatte große Tranchen gefährdeter Hypotheken, sogenannte *Collateralised Debt Obligations*, verkauft, während es gleichzeitig an der Börse auf den Absturz derselben Papiere wettete. Das ist eine ziemlich lukrative Strategie und vielleicht ein Grund dafür, warum Goldman Sachs die Finanzkrise von 2008 vergleichsweise gut überstand. Schließlich gewinnt man so in jedem Fall – man nimmt erst Milliarden für wertlose Hypotheken ein und dann weitere Milliarden, wenn man die Einsätze auf den Absturz dieser Hypotheken einstreicht.

Das Verhalten von Goldman Sachs erklärt sich im Licht von

Lammers' Experimenten. Die enorme Macht der Banker und Trader wurde möglicherweise durch schwindelerregende Mengen finanziellen Eigeninteresses in eine ergebnisorientierte statt in eine regelkonforme Einstellung kanalisiert. Die Macht brachte die Banker wohl dazu, sich selbst für Ausnahmen von der Regel zu halten, was sie vor Gewissensbissen über die bemerkenswerte Schäbigkeit ihres Handelns schützte.

Soweit wir wissen, haben sich die fliegenden CEOs allerdings immer völlig im gesetzlichen und moralischen Rahmen bewegt. Aber haben ihre riesigen Boni, ihre Macht und ihre Privilegien auch bei ihnen vielleicht diese Neigung ausgelöst, für sich selbst Ausnahmen von der Regel zu machen, was es ihnen erschwerte, sich vorzustellen, welchen Eindruck sie beim Durchschnittsbürger weckten, wenn sie alle drei in ihren eigenen Jets nach Washington kamen? Ja und nein, aber es gibt noch einen weiteren Faktor.

Als CEO von Enron machte sich Jeffrey Skilling angeblich nicht die Mühe, sich die Namen seiner Mitarbeiter zu merken, und war ein Anhänger gnadenloser und oft willkürlicher Entlassungen. Er führte das berüchtigte System *rank and yank* (etwa »Bewerten und Rauswerfen«) bei Enron ein: Jeder Angestellte konnte im Intranet durch Vorgesetzte, Kollegen und so gut wie jeden, der sich einloggte, bewertet werden. Nach jeweils sechs Monaten wurden ungeachtet der aktuellen Bewertungen die 15 Prozent Mitarbeiter mit den durchschnittlich schlechtesten Noten gefeuert. Man gab ihnen einige Monate, um sich innerhalb des Konzerns eine andere Stelle zu suchen, aber da jeder wusste, dass sie zu den 15 Prozent gehörten, blieb ihnen meist nichts anderes übrig, als die Firma zu verlassen.

Skillings Managementmethoden brachten den örtlichen Psychotherapeuten jede Menge neuer Patienten. Das und seine Neigung, andere Menschen als Objekte zu betrachten, die sich etwa dann zeigte, wenn er mit erhobenem Mittelfinger an der Warteschlange vor dem Parkplatz vorbeibrauste, bedeuten, dass sein Einfühlungsvermögen beträchtlich abgestumpft war. Weil er im College noch ein eher bescheidener Mensch gewesen sein soll, muss man in diesem Fall wohl die Auswirkungen unbeschränkter Machtfülle auf das Gehirn für seine Wandlung verantwortlich machen.

Aber das ist nicht die einzige Erklärung für Skillings Verhalten und das der fliegenden CEOs, denn die Macht hat noch eine weitere sehr wichtige Folge.

Das Titelblatt des ›Time Magazine‹ vom 6. April 1987 zeigt eine ganzseitige Fotografie des Fernsehpredigers und Multimillionärs Jimmy Swaggart, in einer Hand das Mikrofon, den Zeigefinger der anderen mahnend erhoben, mit einem Ausdruck der Verdammung im Gesicht.[31] Ein eingefügtes Foto zeigt zusätzlich den konkurrierenden Fernsehprediger Jim Bakker und seine Frau, und der Titel lautet: »Unheiliger Krieg: TV-Prediger Jimmy Swaggart und die belagerten Bakkers.«

Bakker hatte eine nachmittägliche »Sünde« eingestanden, die er einige Jahr zuvor mit einer gut aussehenden 21-Jährigen namens Jessica Hahn begangen hatte. Jimmy Swaggarts moralische Verurteilung war scharf und unnachsichtig: Er nannte Bakker ein »Krebsgeschwür, das aus dem Leib Christi herausgeschnitten gehört!«. Genauso hart urteilte er über Marvin Gorman, einen weiteren Fernsehprediger, der wie Swaggart in New Orleans lebte. Swaggart behauptete, Gorman habe Ehebruch begangen, wofür er ein Jahr später Gorman, der seinen Verleumdungsprozess gewonnen hatte, eine beträchtliche Entschädigung zahlen musste.

Kein Jahr darauf trat Jimmy Swaggart von seinen Ämtern in der Pfingstkirche zurück, nachdem Bilder von ihm mit einer Prostituierten in einem Hotel in New Orleans veröffentlicht worden waren. Sein berühmtes tränenreiches Geständnisvideo, mit dem er sich zu nicht weiter spezifizierten Sünden bekannte, bevor die Einzelheiten herauskommen konnten, ist inzwischen ein Klassiker im Internet. Seine Sekte vergab ihm, aber nach etwas mehr als drei Jahren gab er am 14. Oktober 1991 bekannt, er trete von seinem weltweiten Missionarsamt zurück, nachdem er beschuldigt worden war, die kalifornische Prostituierte Rosemary Garcia in seinen Wagen gebeten zu haben. Swaggarts Scheinheiligkeit war geradezu atemberaubend, genau wie seine Macht über Millionen Menschen, die er durch die Medien und den Sektenapparat ausübte – und diese beiden, Macht und Heuchelei, hängen womöglich enger miteinander zusammen, als man auf Anhieb annimmt.

In einer weiteren Studie untersuchten Joris Lammers und seine Kollegen den Zusammenhang von Macht und Scheinheiligkeit bzw. Heuchelei. Zuerst weckten sie in der Hälfte der Probanden ein Machtgefühl, indem diese sich an eine Situation der Machtausübung erinnerten, während die andere Hälfte sich an ein Gefühl der Machtlosigkeit in einer entsprechenden Situation erinnern sollte.[32] Danach sollten die Probanden bewerten, inwieweit es akzeptabel sei, bei den Reisespesen zu schummeln.

Lammers hatte vorausgesagt, dass große Macht das Gefühl verleihe, man sei befugt, das Verhalten anderer zu verurteilen; entsprechend bewerteten die zufällig ausgewählten Probanden mit Machtgefühl übertriebene Spesenabrechnungen als signifikant weniger akzeptabel als die Mitglieder der anderen Probandengruppe. Das war also ihr Urteil. So ein Urteil hatte auch Jimmy Swaggart über Jim Bakkers Seitensprung gefällt.

Aber wie verhielten sie sich selbst? Lammers ließ die Probanden als Aufwandsentschädigung an einer Verlosung teilnehmen. Wie viele Lose sie bekamen, entschied sich durch Würfeln. Je mehr Lose man bekam, desto größer waren natürlich die Gewinnchancen. Die Probanden würfelten mit zwei Würfeln, und zwar alleine in einer Kabine. Jeder hatte nur einen Wurf.

Was geschah? Die Teilnehmer aus der »Macht«-Gruppe betrogen signifikant öfter als diejenigen aus der »machtlosen« Gruppe. Genau wie Jimmy Swaggart urteilten sie moralisch schärfer über andere, gaben aber sich selbst mehr Freiheiten hinsichtlich ihrer eigenen Moral. Macht führte, mit anderen Worten, zu Heuchelei.

Lammers und seine Kollegen setzten die Studie mit verschiedenen Machtmanipulationen fort. Zum Beispiel erklärten sie einen Teilnehmer einer Gruppe wie im bereits geschilderten Keksexperiment zum Leiter. Darauf sollten dann Probanden, die durch diese Manipulation entweder »mächtig« oder »machtlos« waren, beurteilen, ob ein Verhalten akzeptabel ist oder nicht: dem Finanzamt ein Nebeneinkommen zu verschweigen, einen Gegenstand, den man gefunden hat, einfach zu behalten, gegen die Verkehrsregeln zu verstoßen, um einen wichtigen Termin einhalten zu können. Dann bewerteten die Probanden, wie akzeptabel sie es bei sich selbst hielten, wenn sie sich so verhielten. Natürlich verziehen sie sich selbst signifikant leichter als anderen, verglichen mit den »Machtlosen«.

Swaggarts Verhalten war also nicht ungewöhnlich. Scheinheiligkeit gehört zur Methodik vieler Politiker – wahrscheinlich aller Mächtigen –, und es ist möglich, dass diese durch Macht hervorgerufene Scheinheiligkeit auch eine Rolle bei den Machenschaften Skillings und anderer Enron-Manager gespielt hat. Vielleicht ist sie ein unvermeidliches Anhängsel der Macht – ein natürliches neuronales Korrelat der Kontrolle über andere Menschen. Vielleicht ist man es als Chef gewohnt, andere mit anderen Maßstäben zu messen als sich selbst. Ein Gefühl der eigenen Vorzugsstellung ist in einigen Firmenvorständen sogar erwünscht – es passt zum Geist tollkühnen Unternehmertums und gewinnbringender Risikobereitschaft.

Wenn man für eine Tätigkeit bezahlt wird, spendet das mit Dopamin gespeiste Belohnungssystem des Gehirns die tröstliche

Wärme, die einen dazu bringt, sich an einem nasskalten Morgen aus dem Bett zu quälen, um wieder zur Arbeit zu gehen und den Wolf von der Tür fernzuhalten. Zu einem solchen Zweck – der Überlebenssicherung – ist das Dopamin-Belohnungssystem ursprünglich entstanden. Aber nehmen wir an, dass Ihr Kollege denselben Job wie Sie macht, aber besser dafür bezahlt wird. Berücksichtigt das Belohnungssystem Ihres Gehirns das?

Das tut es sehr wohl, wie die Forschungen Klaus Fließbachs und seiner Kollegen von der Universität Bonn ergeben haben.[33] Jeweils zwei Probanden lagen nebeneinander in zwei fMRI-Scannern und spielten ein einfaches Spiel. Sie mussten schnell erkennen, wie viele Punkte auf einem Bildschirm zu sehen waren. Wichtig daran war, dass sie für jede richtige Antwort bezahlt wurden. Es überrascht nicht, dass Gewinne sich als erhöhte Aktivität des ventralen Striatums darstellten. Aber was geschah dann, wenn in einigen Spielrunden der Partner bessere Ergebnisse hatte als man selbst? Die Belohnung bekam man ja nach wie vor, sollte also das ventrale Striatum nicht einfach dankbar sein Dopamin ausgeschüttet haben? Das geschah wohl, aber es war viel weniger als sonst, weil man im Vergleich der Unterlegene war.

Das ist leicht nachvollziehbar, dass es einen unzufrieden macht, wenn ein Kollege für dieselbe Arbeit besser bezahlt wird als man selbst. In dieser Studie wurde jedoch zum ersten Mal gezeigt, was sich bei dieser Art Aufrechnung im Gehirn abspielt. Menschen sind soziale Lebewesen, und was andere Menschen als Lohn oder Strafe bekommen, ist ihnen sehr wichtig.

Ob man einen gerechten Lohn erhält, kann man eigentlich nur durch den Vergleich mit anderen herausfinden: Die Gerichte werden mit Klagen von Bankern überschwemmt, die es ungerecht finden, dass ihre enormen Boni bedeutend geringer waren als die noch maßloseren Boni anderer Banker. Die Quelle ihres Zorns liegt darin, dass ihr Bonus einen kleineren Dopaminschub im Belohnungssystem auslöste als erwartet, weil John am nächsten Schreibtisch noch mehr bekam.

Die CEOs der Autokonzerne wussten sehr genau über die Bezahlung und Privilegien der Konkurrenz Bescheid, und ein Firmenjet war natürlich ein nicht gerade irrelevantes Privileg. Man stelle sich vor, Rick wäre in seinem Learjet in Washington eingeschwebt, während Alan und Robert auf den Flugfeldbus warten mussten, der sie vom Linienflugzeug zum Terminal brachte – ihre ventralen Striata hätten es nicht überlebt.

Wir können das Rätsel nicht allein dadurch lösen, dass wir die fliegenden CEOs als Individuen betrachten. Wir müssen sie vielmehr als Teil ihrer Gruppe betrachten.

Vor nicht allzu langer Zeit aß ich in New York mit einem alten Freund zu Mittag, der ziemlich hoch oben in einem multinationalen US-Konzern arbeitet. Er ist ein freundlicher, kluger, anständiger Mensch, der sich eigentlich immer die liberalen Ansichten seines europäischen Heimatlands bewahrt hat. Aber als ich ihn nach seiner Meinung über Barack Obamas Gesundheitsreform fragte, verfinsterte sich sein Gesicht. Schnell wiegelte ich ab: »Ich weiß, der Kompromiss ist ziemlich unbefriedigend, aber wenigstens werden jetzt auch die 40 Millionen Amerikaner ohne Krankenversicherung abgesichert.« Seine Antwort machte mich sprachlos: »Die haben ihr Geld lieber für andere Sachen als eine Krankenversicherung ausgegeben und sind selbst schuld. Ich kenne jemanden, der Millionen Dollar hat und sich trotzdem nicht versichert.«

Es war mir wirklich ein Rätsel, wie ein erfolgreicher, intelligenter Mensch ernsthaft so argumentieren konnte – und er meinte es ehrlich und wollte gar nicht zynisch sein. Zu glauben, dass Tausende Mittelklassefamilien, die durch Arbeitslosigkeit und Zwangsversteigerungen bedroht waren, absichtlich keine Krankenversicherung abschlossen, schien mir so weltfremd, dass ich nur mit offenem Mund dasaß und ihn anstarrte. Das Gespräch wandte sich dann anderen Themen zu, und mein Freund zeigte wieder seine gewohnte Intelligenz und Urteilskraft. Aber ich war nicht mehr bei der Sache. Ich war wirklich beunruhigt – wie konnte er so etwas glauben?

Einige Tage später chauffierte mich ein Kollege durch einen Eissturm im ländlichen New York. Ich erzählte ihm davon. Er meinte: »Dein Freund arbeitet in einer Firma, deren gesamtes Management so denkt, und er lebt in einer sehr wohlhabenden Gegend – also denken auch alle seine Nachbarn so. Er macht dauernd Überstunden und kommt nie mit Menschen in Kontakt, die anders denken.« War es wirklich so einfach? Hatte mein Freund sich einfach dem Gruppendenken angeschlossen? Und falls ja, konnte dieses Gruppendenken vielleicht mithelfen, das Rätsel der fliegenden CEOs zu lösen?

Gruppendenken

Jeffrey Skilling arbeitete mit zwei anderen wichtigen Enron-Managern zusammen: Kenneth Lay, dem Vorstandsvorsitzenden, und Andrew Fastow, dem CFO und Erfinder der Auslagerungsmethoden, die Enrons riesige Verluste verschleierten und den Aktienkurs künstlich hochhielten. Führte etwa die Tatsache, dass diese zwei anderen Spitzenmanager ebenfalls blind gegenüber den Risiken und von dem Drang getrieben waren, den Aktienkurs um jeden Preis oben zu halten, zu Skillings seltsamem Verhalten? Womöglich hatte er gedacht: »Wenn diese schlauen Burschen das richtig finden, dann habe ich auch recht.«

Anpassung ist ein wichtiger Faktor in unserem Verhalten, und ein Einzelner kann dazu gebracht werden, fast alles mitzumachen oder zu dulden, wenn seine Vorgesetzten es so wollen und es in der Gruppe geschieht. Ein Beispiel ist das Polizei-Reservebataillon 101 im Hamburg der Nazizeit, das aus Zivilisten bestand – oft mittleren Alters und aus der Mittelklasse –, die 1940 in die besetzten Gebiete Osteuropas geschickt wurden.[34] Diese ganz normalen Männer, die nicht durch Kampfeinsätze brutalisiert waren, die nicht unter Zwang standen und die sich jederzeit ohne Angst vor persönlichen Konsequenzen zu einer anderen Dienststelle hätten versetzen lassen können, beteiligten sich engagiert an Massenhinrichtungen von Zivilisten. Nur sehr wenige weigerten sich oder beantragten eine Versetzung. Alle moralischen Bedenken, die die anderen gehabt haben mögen – einer erzählte später, es habe ihn schon ein wenig verstört, kleine Kinder zusammen mit der Mutter erschießen zu müssen, weil beide nicht zu trennen waren –, wurden durch den Korpsgeist ihrer Einheit und das Bedürfnis nach Anerkennung durch Kameraden und Vorgesetzte ausgelöscht.

War also Skillings Verhalten Ausdruck jenes unglaublich starken menschlichen Bedürfnisses nach Anerkennung? Wurden die Verzerrungseffekte der Macht in seinem Denken durch die Unterstützung und Anerkennung durch Fastow, heute ebenfalls inhaftiert, und den inzwischen verstorbenen Lay verstärkt? Sie waren international gefeierte Siegertypen der Geschäftswelt, gelobt und bewundert – unterlagen alle in der Firmenleitung dem geistesverwirrenden Gruppendenken?

Nein, nicht alle.

Sherron Watkins war eine der Vizepräsidentinnen von Enron. Ihr warnender Brief an Kenneth Lay über die Bilanzunregelmäßigkeiten, die sie entdeckt hatte, blieb unbeantwortet. War es ein Zufall, dass der einzige Whistleblower bei Enron eine Frau war? Wäre auch eine Frau im November 2008 mit dem Firmenjet nach Washington geflogen? War Skillings Geschlecht eine der Ursachen seines Sturzes? Bedeutet »Gewinnen« für

Frauen vielleicht etwas anderes – und sind sie womöglich weniger anfällig für die hirnverändernden Wirkungen der Macht als Männer? Liegt die Lösung des Rätsels der fliegenden CEOs in ihrem Geschlecht? So seltsam das klingen mag: Um diese Frage zu beantworten, müssen wir zunächst das Geheimnis der chinesischen Mutter aufklären.

Das Geheimnis der chinesischen Mutter

Bitte lesen Sie die folgenden Wörter. Denken Sie bei jedem Wort darüber nach, ob es auf Sie zutrifft: *stark, verträumt, nervös, tapfer, neugierig*. Wenn wir beim Lesen Ihr Gehirn gescannt hätten, dann hätten wir gesehen, dass ein bestimmtes Areal sehr aktiv war. Wie in Kapitel 4 erklärt, krümmen sich die Stirnlappen des Gehirns über den Augen nach innen zur Mitte zurück – daher der Name »medialer Stirnhirnlappen«. Und es passt ja zum physisch inneren Teil des Gehirns, dass man mit diesem Areal in sein Inneres schaut und über sich selbst nachdenkt.

Jetzt lesen Sie bitte die Wörter noch mal – *stark, verträumt, nervös, tapfer, neugierig* –, fragen sich aber diesmal: »Trifft [oder ›traf‹, falls sie schon verstorben ist] dieses Wort auf meine Mutter zu?« Ein Gehirnscan würde diesmal zeigen, dass eine benachbarte, aber eben andere Hirnregion aktiv wird – außer, wenn Sie Chinese oder Ostasiate sind. In diesem Fall würde der Gedanke an die Persönlichkeit Ihrer Mutter vermutlich dieselbe Hirnregion aktivieren wie der Gedanke an Ihre eigene Persönlichkeit. Das ist das Geheimnis der chinesischen Mutter. Was steckt dahinter und was sagt es uns über das Geheimnis der fliegenden CEOs?

Am Morgen des 14. November 1991, an einem Donnerstag, betrat Thomas McIlvane das Postamt Oak Park in einem Vorort von Detroit. Hier hatte er als Postbeamter gearbeitet, bis ihm kürzlich gekündigt worden war. Er trug einen abgesägten halb automatischen Karabiner Ruger .22 bei sich, als er nun die große Sortierhalle betrat. Er richtete das Gewehr auf seine ehemaligen Vorgesetzten und feuerte. Vier Menschen starben, zahlreiche weitere wurden verletzt, als sie sich mit Sprüngen aus dem Fenster im ersten Stock in Sicherheit brachten. Anschließend tötete McIlvane sich selbst.

Die Zeitungsberichte am folgenden Tag brachten natürlich viel über McIlvanes Hass auf seine ehemaligen Vorgesetzten, seine unehrenhafte Entlassung aus dem Marine Corps, nachdem er einen Pkw mit einem Panzer überrollt hatte, und sein allgemein jähzorniges Temperament. Der Postminister ordnete an, umgehend alle 750 000 Personalakten der US-Post auf Angestellte zu überprüfen, die durch aggressives oder gewalttätiges Verhalten aufgefallen waren.

Dann kamen langsam andere Fakten ans Licht.

Es stellte sich heraus, dass dieses Postamt eine lange Vorgeschichte mit aufgebrachten oder entlassenen Beamten hatte, die zurückkamen, um sich zu rächen; einmal wurde dabei ein Telefon durch ein Fenster geworfen. Die ›New York Times‹ interviewte einen ehemaligen Beschäftigten des Postamts, der zugab, dass er selbst erst kürzlich vom Vorwurf freigesprochen worden war, einen Vorgesetzten mit einem Messer bedroht zu haben. Ein anderer, den die Zeitung befragte, erzählte: »Die Chefs drängen und drängen und drängen und gehen zu weit.« Ein Dritter meinte, »man habe den falschen Mann zu weit getrieben«.[35] Ein Untersuchungsausschuss des Kongresses befand schließlich, dass McIlvane zwar ein jähzorniger Mensch gewesen, aber von seinen Vorgesetzten tyrannisiert worden sei.

Michael Morris von der Stanford University und Kaiping Peng von der University of Michigan interessierten sich für den Unterschied in der Berichterstattung zweier Zeitungen über den

McIlvane-Fall und eine weitere Schießerei, für die ein chinesischer Physikstudent an der University of Iowa verantwortlich war.[36] Die Zeitungen waren die ›New York Times‹ und das amerikanische, aber chinesischsprachige ›World Journal‹, also zwei international angesehene Blätter.

Morris und Peng verglichen die Berichterstattung der englischsprachigen, nichtchinesischen und der chinesischstämmigen, chinesischsprachigen Reporter miteinander. Ihre Ergebnisse belegten einen grundlegenden Unterschied in der Interpretation der Ereignisse. Die englischsprachigen Journalisten konzentrierten sich insgesamt viel stärker auf McIlvanes Persönlichkeit, seine geistige Störung und seine Unbeherrschtheit, während die chinesischen Reporter viel stärker den Zusammenhang berücksichtigten, etwa die Tatsache, dass er kürzlich entlassen worden war, dass sein Vorgesetzter ihn möglicherweise tyrannisiert hatte und dass er womöglich durch einen kürzlichen Amoklauf in Texas beeinflusst worden war. Beide Gruppen von Reportern gingen mit denselben unterschiedlichen Ansätzen an den Fall des chinesischen Studenten heran.

Sagt uns das etwas über verschiedene journalistische Arbeitsmethoden in zwei Kulturkreisen oder sehen wir hier etwas Grundsätzlicheres? Morris und Peng überprüften das, indem sie chinesische und US-amerikanische Studierende kurze Zeichentrickfilme eines Aquariums anschauen ließen. Einer der Fische darin unterschied sich von den anderen durch seine blaue Farbe; manchmal entfernte er sich von den anderen Fischen, dann wieder folgte ihm der Schwarm.

Als die Probanden schildern sollten, was sich in den Filmen abgespielt hatte, erklärten die amerikanischen sie viel eher im Hinblick auf die internen Faktoren der fischigen Darsteller – Faktoren, die den Charaktereigenschaften McIlvanes entsprachen, mit denen das Oak-Park-Massaker erklärt wurde. Die chinesischen Probanden dagegen interpretierten eher im Hinblick auf die Beziehungen zwischen den Fischen – entsprechend beispielsweise der Konzentration der chinesischen Reporter auf die ungünstige Arbeitsumgebung im Postamt Oak Park.

Individualistische Kulturen wie die der USA, Europas und anderer Teile der Welt formen ihre Angehörigen so, dass sie Ereignisse im Hinblick auf die Handlungen von Individuen interpretieren, und diese Unterschiede spiegeln sich im Gehirn wider. Menschen aus kollektivistischen Kulturen zeigen dabei eine starke natürliche Vorliebe, Beziehungen selbst zwischen unbelebten Objekten zu sehen.

Und das bringt uns zurück zur chinesischen Mutter.

Menschen können nicht nur Ereignisse auf zwei verschiedene Arten auffassen, sondern auch sich selbst. Ich kann mich als ein zentrales, einzelnes Ich auffassen, das sein Schicksal und seine Umgebung kontrolliert. Oder ich kann mich als eine Art Knoten in einem Netzwerk sehen – als ein Ich, das in einem Zusammenhang und nicht isoliert existiert. Wenn Menschen aus westlichen Kulturen über sich selbst und ihre Mutter nachdenken, besteht zwischen den dabei aktiven Hirnrealen keine Überschneidung, während bei den Chinesen das individuelle Ich physisch in die Repräsentation ihrer Mutter im Gehirn eingebettet ist. Das chinesische Ich ist also Teil eines größeren Ganzen und keine klare und unterscheidbare Wesenheit: Dies ist eine kollektivistische Psychologie.

Neurologisch gesehen ist die kollektivistische Sichtweise des Ich vermutlich sogar zutreffender als die individualistische. Während wir im Westen dank Bernhard von Clairvaux und seinen Nachfolgern dem Ich eine fast religiöse Bedeutung zumessen, ist es im buddhistischen und konfuzianischen Denken eher ein vorübergehendes und wechselhaftes Phänomen – in mancher Hinsicht gar eine Illusion. Jedenfalls gibt es dort kein Ich außerhalb des Netzwerks von Beziehungen mit anderen Menschen. Wenn ich als Wolfskind ohne Kontakt mit Menschen aufgewachsen wäre, hätte ich vermutlich kein entwickeltes Ich, weil dies nur als Reflexion im Geist anderer Menschen existiert, besonders derer, die mich aufgezogen haben.

Jeffrey Skilling begann seinen Weg nicht als aggressiver, arroganter Krimineller, wenn wir seinen College-Kommilitonen glauben. Aber die Macht veränderte ihn, und wahrscheinlich hatte er, wie Tony Blair, einen ausgeprägten Machthunger. Das alleine könnte aber den Zusammenbruch von Enron nicht erklären. Skilling brauchte seine Partner Kenneth Lay und Andrew Fastow, um sein verzerrtes Denken und Verhalten zu stützen. Noch wichtiger war wohl die Firmenkultur, die er schuf – ein extremer, geldgieriger Individualismus –, um sein Gehirn ganz auf eigensüchtigen Profit zu fixieren und die Folgen seines Handelns für größere Gruppen – Enron, seine Anteilseigner und die Angestellten – ignorieren zu können. Diese hyperindividualistische Firmenkultur konnte sein Gehirn genauso verändern wie seine Macht, und ein solcher Mix aus hirnverändernden »Drogen« erklärt sein ungewöhnliches Verhalten.

Mit gutem Grund kann man vermuten, dass Rick Wagoner, Alan Mulally und Robert Nardelli, die fliegenden CEOs, eine Menge Zeit mit dem Gedanken an Geld verbrachten – besonders an ihre eigenen Gehälter und Boni –, und solche Gedanken fördern die Eigensucht. Aber Wagoner, Mulally und Nardelli stellten konkrete Produkte her – Automobile nämlich – und hatten ihre Firmen nicht in gigantische Spielcasinos verwandelt, deren einziger Ausstoß Wetten und noch dazu Wetten auf Wetter waren, wie es Enron getan hatte. Die übertriebene Betonung des Geldes bei Enron und die Möglichkeit riesiger persönlicher Profite bedeuteten im Verein mit der ständigen Drohung, gefeuert zu werden, dass in der Firmenkultur von Enron ein extremer Individualismus herrschte. Und das gilt noch mehr für die Wall Street während des letzten Jahrzehnts.

Hier ist also das Problem, das sich angesichts des Geheimnisses der chinesischen Mutter stellt. Wenn das Ich eine distinktive, in sich selbst ruhende Einheit ist, dann ist das Gewinnen eine relativ einfache Sache. Wenn das Ich dagegen mehr eine Kombination ist – wenn meine Identität über eine Gruppe verteilt ist –, dann wird es sehr viel schwieriger, und es stellt sich die Frage: Wer gewinnt da eigentlich? Aus einer individualistischen Perspektive gesehen war Skilling ein klarer Gewinner – bis zum Kollaps von Enron natürlich. Aus einer kollektivistischen Perspektive dagegen war er ein Verlierer, weil das, was er geschaffen hatte, auf Sand gebaut war und ihn zwar bereicherte, Tausende anderer Menschen aber in die Armut trieb. In Skillings Fall hat zwar ein Individuum gewonnen, aber die größere Gruppe hat verloren, und das gilt genauso für viele Banker und Trader an der Wall Street und in der Londoner City.

Ein ähnliches Drama spielte sich 2008 ab, als die CEOs nach Washington flogen: Der langfristige Niedergang ihres Wirtschaftszweigs war hauptsächlich auf dessen eigene Unfähigkeit zu Neuerungen zurückzuführen, aber die akute Krise wurde vom Platzen einer Blase an den Finanzmärkten verursacht. Dort hatte eine bonusgesteuerte Änderung der Hirnfunktionen zu einer Kultur des extremen Individualismus geführt, in der einige mächtige Bankmanager die Zukunft ihres Unternehmens für individuellen finanziellen Profit opfern.

p- und s-Macht

Die Frage »Wer gewinnt?« ist nur dann sinnvoll, wenn wir akzeptieren, dass das Ich außerhalb eines Netzwerks von Beziehungen zu anderen Menschen eigentlich nicht existiert. Wenn es diese Beziehungen nicht gäbe, wäre Gewinnen sinnlos. Viele von uns glauben dennoch an das Ich. Wie wir im vorigen Kapitel gesehen haben, streben wir hauptsächlich deswegen nach Macht und Status, um dieses fragile Ich in Sicherheit zu bringen. Manche von uns tun das allerdings nicht, und der einzige Whistleblower bei Enron war ... eine Frau. Ist das Geschlecht hier ein Faktor?

Diese Erklärung stellt uns vor ein Problem: Frauen sind im Durchschnitt nämlich nicht weniger machthungrig als Männer und reagieren auf Konkurrenzkampf und Machtausübung sehr ähnlich wie Männer. Es gibt Unterschiede: Männer sind sich anscheinend der Macht stärker *bewusst* – sie achten mehr auf ihre Anzeichen und Symbole als Frauen, und sie behalten über mächtige Menschen mehr Details in Erinnerung als über machtlose. Diese Art von selektivem Gedächtnis haben Frauen nicht. Außerdem finden Männer die Machtverhältnisse in einem Raum schneller heraus als Frauen. Aber dennoch: Frauen werden im Durchschnitt genauso durch Machtstreben motiviert wie Männer. Spielt also das Geschlecht doch keine Rolle bei der Frage, was einen Siegertypen ausmacht? Hatte die Tatsache, dass Sherron Watkins eine Frau war, nichts damit zu tun, dass sie zur Whistleblowerin wurde? Um die Rolle des Geschlechts in der Frage der Macht besser zu verstehen, wollen wir uns die Reden zweier US-Präsidentschaftskandidaten ansehen.

Am 3. August 2000 trat George W. Bush aus der schwülen Spätsommerluft Philadelphias in die Halle des First Union Center, um seine Nominierung als Kandidat der Republikanischen Partei für die Präsidentschaftswahlen im November zu akzeptieren. Acht Jahre später, am 28. August 2008, trat Barack Obama in die deutlich frischere Bergluft des Invesco Field Stadiums in Denver, Colorado, hinaus, um unter dem Beifall von 84 000 Zuschauern die Nominierung der Demokraten anzunehmen.

Die Reden, die sie zu diesen Anlässen hielten, hat Fatos Kusari, Student an der Rutgers University, 2010 für seine Dissertation analysiert.[37] Er befasste sich mit den Handlungsmotiven amerikanischer Präsidenten und setzte dafür die Methoden der

Persönlichkeitsanalyse ein, wie wir sie am Beispiel von Tony Blair und Bill Clinton in Kapitel 3 kennengelernt haben. Entwickelt wurden sie von dem berühmten Harvard-Psychologen David McClelland und seinem Kollegen David Winter, die gezeigt haben, dass es möglich ist, verlässliche »Ferndiagnosen« der psychologischen Motive eines Menschen anhand seiner Reden zu stellen. Natürlich hatten Obama und Bush ihre Reden nicht selbst geschrieben, aber sie haben den Inhalt bestimmt und konnten sich zudem als Kandidaten womöglich freier äußern, als es später im Amt der Fall war.

Kusari arbeitete also die Kandidatenreden dieser und anderer US-Präsidenten durch und codierte die verwendete Sprache, um zu quantifizieren, in welchem Maß sie drei fundamentale Motive belegen – Zusammenarbeit, Leistung und Macht. Die beiden Präsidentschaftskandidaten waren erstaunlich ähnlich, was das Bedürfnis nach Zusammenarbeit betraf – den Willen, mit anderen gut auszukommen. Obama kam auf 59 Punkte, der etwas geselligere Bush auf 63. Auch in punkto Leistung lagen sie ziemlich gleichauf – Bush mit 52 gegenüber Obama mit 55 Punkten. Ein sehr deutlicher Unterschied war beim dritten Faktor, dem *Machtstreben*, festzustellen. Der Machthunger von George W. Bush lag bei 63, der von Barack Obama deutlich niedriger, wenn er auch mit 53 Punkten immer noch beträchtlich war. (John McCain hingegen hatte nur 47 und Jimmy Carter sogar noch weniger, nämlich 41.) Historisch betrachtet ist es umso wahrscheinlicher, dass ein amerikanischer Präsident sein Land in einen Krieg stürzt, je größer sein Machtstreben ist. Das hat David Winter von der Wesleyan University gezeigt.[38] Damit steigt allerdings auch die Wahrscheinlichkeit, dass er von der Geschichte als einer der »großen« Präsidenten eingestuft wird. Die persönliche Motivation von Bush und Obama im Hinblick auf die genannten Leitmotive gibt aber noch keinen Aufschluss darüber, wie die Rolle von Sherron Watkins bei Enron zu bewerten ist. Es gibt einen entscheidenden vierten Persönlichkeitsfaktor, den Kusari ebenfalls ermittelte.

Lesen Sie sich bitte die zehn biblischen Gebote durch und überlegen Sie, ob Ihnen daran spontan etwas auffällt.

I. Du sollst keine anderen Götter haben neben mir.

II. Du sollst dir kein Götterbild machen, auch keinerlei Abbild dessen, was oben im Himmel oder was unten auf der Erde oder was im Wasser und unter der Erde ist.

III. Du sollst den Namen des Herrn, deines Gottes, nicht zu Nichtigem aussprechen.

IV. Denke an den Sabbattag, um ihn heiligzuhalten.

V. Ehre deinen Vater und deine Mutter.

VI. Du sollst nicht töten.

VII. Du sollst nicht ehebrechen.

VIII. Du sollst nicht stehlen.

IX. Du sollst gegen deinen Nächsten nicht als falscher Zeuge aussagen.

X. Du sollst nicht das Haus deines Nächsten begehren. Du sollst nicht begehren die Frau deines Nächsten noch seinen Knecht, noch seine Magd, weder sein Rind noch seinen Esel, noch irgendetwas, das deinem Nächsten gehört.

Ist Ihnen etwas aufgefallen? Lesen Sie die Liste noch einmal durch und achten Sie darauf, wie oft die Wörter »nicht« und »kein« auftauchen. Die Buchreligionen – Christentum, Judentum und Islam – beruhen auf heiligen Schriften, die sehr stark die Grenzen des Verhaltens und die moralischen Vorschriften dafür betonen, welches Verhalten akzeptabel ist und welches nicht. Außerdem betonen sie die Rolle des Individuums, das sich einer höheren Autorität, dem Gesetz Gottes, unterwirft, und schließlich die Verantwortung des Individuums für die Einhaltung der religiösen Vorschriften – unterfüttert mit einer starken Tendenz, die Menschen dazu anzuhalten, dass sie ihre eigenen Gelüste zugunsten des Allgemeinwohls im Zaum halten.

Wir sehen hier, mit anderen Worten, eine sehr starke kulturelle und historische Tradition der Inhibition, also der Aufforderung, zu bestimmten Impulsen Nein zu sagen, die über Jahrhunderte hinweg Millionen und Abermillionen Menschen eingeimpft worden ist. Im Hinblick darauf fiel David McClelland auf, dass dieses Verantwortungsgefühl und das Unterdrücken eigener Triebe zum Wohl des Ganzen sich auch in der Sprache einiger Menschen mit großem Machthunger abbildet.[39] Das konnte man ganz einfach daran sehen, wie oft sich Negationswörter wie »nicht« in den Reden und Äußerungen von Menschen zeigten, die großes Machtstreben und Einfluss auf andere Menschen hatten.

McClelland bezeichnete die beiden Arten des Machtstrebens als *p-Macht* (von »personal power«, Machtstreben zum eigenen Wohl) und *s-Macht* (von »social power«, Machtstreben zum Wohl einer Institution, Gruppe oder Gesellschaft). Ihm fiel auf, dass p-Macht-geprägte Menschen, wenn sie Kurzgeschichten schrieben, das Leben eher als Nullsummenspiel darstellten, in dem immer der andere verliert, wenn man selbst gewinnt, und umgekehrt. Der Drang nach Wirkung muss bei ihnen ausdrücklich, also in Form von einem Sieg über die Konkurrenz und einem Gewinnen des Wettbewerbs, befriedigt werden. Die s-Macht anstrebenden Menschen dagegen zeigten sich eher vom Wunsch angetrieben, eine Veränderung herbeizuführen, die weiterführt und über den eigenen Siegesrausch hinausreicht. Sie haben oft mehr Sinn für moralische oder rechtliche Standards, die ihr Verhalten bestimmen, und gleichzeitig das Gefühl, anderen gegenüber verpflichtet zu sein. Außerdem machen sie sich Gedanken über die Konsequenzen ihres Machtstrebens und sind zur Selbstkritik fähig.

Fatos Kusari, der Doktorand an der Rutgers University, setzte McClellands Methode auch im Hinblick darauf für die Analyse der Reden von George W. Bush und Barack Obama ein und gewann eine Indexzahl für das, was McClelland als »Aktivitäts-Inhibition« bezeichnet. Ihre Punktzahlen der Inhibition und des Verantwortungsbewusstseins wichen stark voneinander ab. Obama erzielte 65 auf dem Inhibitionsindex, eine hohe Punktzahl, Bush aber nur 40. Obamas starker Drang nach Macht war der nach s-Macht, während Bush nach p-Macht strebte.

Interessant an David McClellands Analyseergebnissen ist auch, dass schwere Alkoholiker oft ein starkes Machtstreben haben. Das überrascht einen nicht mehr, wenn man sich an den Dopaminhunger erinnert, der Drogen, Macht, Geld und Sex zugrunde liegt. Ein hoher s-Macht-Index hingegen scheint bei machthungrigen Menschen die Anfälligkeit für Alkohol zu verringern.[40] George W. Bushs Alkoholsucht in seiner Zeit vor der Präsidentschaft ist gut dokumentiert, während Barack Obama keine solchen Probleme hatte. Und um hier nicht den Eindruck zu erwecken, s-Machtstreben sei nur in der Demokratischen und p-Machtstreben nur in der Republikanischen Partei zu Hause, sei noch auf Gegenbeispiele bei Kusari hingewiesen. Der republikanische Kandidat John McCain erzielte auf dem mit s-Machtstreben zusammenhängenden Index der Aktivitätsinhibition höhere Werte als Obama, während der Demokrat Jimmy Carter genauso abschnitt wie George W. Bush.

Ich bekomme immer noch Bauchschmerzen, wenn ich daran denke, wie ich an jenem Oktobertag 1962 zur Schule ging, während die Welt kurz vor dem Untergang zu stehen schien: Ich erinnere mich noch an die körnigen Schwarzweißfotografien der U2-Aufklärer, die ballistische Raketen auf Kuba zeigten, und an die Fernsehbilder amerikanischer Kriegsschiffe längsseits sowjetischer Frachter. Die US-Atombomber waren bereits mit scharfen Sprengköpfen bestückt, und die Welt war gelähmt vor Furcht. Am Ende gab Ministerpräsident Chruschtschow nach, und John F. Kennedys stahlharte, aber trotzdem vorsichtige Strategie zahlte sich aus.

John Magee von der New York University und seine Kollegen spielten die Kubakrise mit einer Gruppe Studierender und Dozenten einer Universität der amerikanischen Ostküste nach.[41] Nahezu 50 Jahre nach diesem schrecklichen Oktober hatten die meisten Beteiligten dieser Studie keine persönliche Erinnerung mehr daran. Sie erhielten schriftliche Informationen zur Vorgeschichte der Ereignisse und sollten dann zwischen genau denselben Reaktionsmöglichkeiten entscheiden, die auch Präsident Kennedy zur Auswahl gestanden hatten.

Die Optionen, die Magee den Teilnehmern vorlegte, waren folgende:

1. Chruschtschow ignorieren, die Raketenbasen bombardieren und eine umfassende US-Invasion Kubas starten, um alle Angriffswaffen zu vernichten und das Castro-Regime abzulösen.
2. Chruschtschow ignorieren und die Raketenbasen bombardieren.
3. Chruschtschow ignorieren und die Blockade mit einem Öleinfuhrverbot verschärfen.
4. Chruschtschow ignorieren, die US-Blockade aufrechterhalten und abwarten.
5. Die US-Blockade aufrechterhalten, aber Chruschtschow Verhandlungen auf der Grundlage seiner Vorschläge anbieten.
6. Die Blockade beenden und mit Chruschtschow auf der Grundlage seiner Vorschläge verhandeln.
7. Chruschtschows Vorschläge ohne Verhandlungen akzeptieren und die Blockade beenden.

Die Teilnehmer stellten für die Optionen, zu denen sie Präsident Kennedy geraten hätten, eine Rangliste auf. Anschließend stellten Magee und seine Kollegin Carrie Langner vier Fragen, bei denen es darum ging, wie sorgfältig der Präsident über die richtige Reaktion *nachdenken* sollte. Die Fragen lauteten: »Inwieweit ist es ratsam, die Entscheidung aufzuschieben, bis weiteres Material vorliegt?« (zu bewerten zwischen 1 = gar nicht und 9 = auf jeden Fall); »Wie schnell sollte sich der Präsident Ihrer Meinung nach entscheiden?« (zu bewerten zwischen 1 = nicht übereilt und 9 = sofort); »Inwieweit ist es ratsam, die Gelegenheit zu ergreifen und sofort zu reagieren?« (zu bewerten zwischen 1 = gar nicht und 9 = auf jeden Fall); »Inwieweit sollte die Entscheidung über die Reaktion beschleunigt werden?« (wieder zu bewerten zwischen 1 = gar nicht und 9 = unbedingt).

Danach stuften Magee und Langner die Teilnehmer nach ihrem p-Macht-zu-s-Macht-Index ein: Sie stellten fest, je höher das p-Machtstreben der Probanden war, desto eher hätten sie dem Präsidenten geraten, die Krise eskalieren zu lassen und die Entscheidung auf keinen Fall lange zu überdenken. Ein Präsident mit hohem p-Machtfaktor hätte also, mit anderen Worten, die Welt in einen Atomkrieg reißen können. Die Hypothese bietet sich an, dass das finanzielle Fast-Armageddon von 2008 von einer Gruppe Menschen verursacht wurde, deren p-Machtstreben stärker ausgeprägt war als das Präsident Kennedys und seiner Berater.

Von den Zehn Geboten bis zu den komplizierten Funktionen des menschlichen Gehirns scheint es ein weiter Weg zu sein, aber beide sind einander näher, als man glaubt. Stellen Sie sich vor, Sie sollten als eine von zwei Versuchspersonen in einem psychologischen Experiment möglichst schnell Zahlen auf einem Feld miteinander verbinden. Wer zuerst fertig ist, ruft: »Fertig!«, und dann muss auch der andere sofort aufhören. Wenn Sie sich das intensiv genug vorstellen, spüren Sie, wie sich angesichts des bevorstehenden Kampfs Ihre Muskeln anspannen und Ihre Augen verengen; Ihr Testosteronspiegel steigt.

Der Wettkampf beginnt. Wenn Sie ein kämpferischer Mensch sind, dann stürzen Sie sich richtig hinein – Sie müssen den Gegner einfach schlagen, so sind Sie nun einmal: ein Kämpfer. Alles läuft prima, aber da knallt Ihr Konkurrent plötzlich triumphierend den Bleistift hin und schreit »Fertig!« Verdammt! Was Sie nicht wissen – der Wettkampf ist getürkt. Ihnen und Ihrem Partner wird nach dem Zufallsprinzip entweder ein leichteres oder schwierigeres Zahlenfeld zugewiesen, sodass einer von beiden einfach gewinnen muss, wie sehr sich der andere auch abmüht. Ganz schön unfair, oder? Aber eine gute Methode, um mehr über Veränderungen bei unterschiedlichen Motivationstypen zu erfahren.

Oliver Schultheiss von der University of Michigan hatte vor einem solchen »unfairen« Wettkampf den p- und s-Macht-Index der Wettkampfpaare gemessen.[42] Kaum ein Mensch strebt ausschließlich nach p- oder s-Macht; die meisten haben beide Motivationstypen. Je mehr p-Machtstreben man hat, desto mehr will man sich durchsetzen, und je mehr s-Machtstreben man hat, desto mehr möchte man auf altruistische Weise wirken. Lehrer und Krankenschwestern zum Beispiel haben ein großes Machtbedürfnis, aber meistens eher nach s-Macht als nach p-Macht, während Politiker und Polizisten eher nach p-Macht streben. Wenn diese etwas vagen psychologischen Beschreibungen wirklich entscheidend für das Verständnis der fliegenden CEOs, des Enron-Fiaskos, des Handelns von Sherron Watkins und des Wall-Street-Wahnsinns sind, dann sollte es doch noch etwas konkretere Manifestationen des Unterschieds zwischen s- und p-Machtstreben geben. Und genau das ist es, was Oliver Schultheiss mit seinem Zahlenfeld-Wettbewerb auch herausgefunden hat: Die Männer mit den höchsten p-Machtstreben-Indices hatten den höchsten Testosteronanstieg, wenn sie sich bloß vorstellten, den Wettbewerb zu gewinnen, und der Spiegel blieb hoch, nachdem sie wirklich »gewonnen« hatten; es überrascht nicht, dass diese wettkampffreudigen p-Machtmänner ihren Testosteronspiegel nicht halten konnten, nachdem ihnen etwas passiert war, das sie wirklich überhaupt nicht mochten: *verlieren*.

Richtig interessant wurde es aber, als die Forscher Männer mit und ohne s-Machtmotivation verglichen: Bei den Männern *ohne* s–Machtstreben stieg der Testosteronspiegel schon vor dem Versuch, wenn sie sich das Ganze nur vorstellten, auf das Doppelte des Wertes von Männern, die auch etwas s-Machtstreben besaßen: Machtfantasien machten also diese p-Machtmänner richtig heiß. Wenn sie wirklich gewannen, floss das Testosteron der Nur-p-Machtmänner weiter. Wenn sie verloren, sank der Spiegel ab. Das Bild bei Männern mit beidem, mit p- und s-Machtstreben, hätte sich davon nicht stärker unterscheiden können. Nicht nur floss bei ihnen viel weniger Testosteron, wenn sie an den Wettbewerb dachten, es gab auch keinen Zusammenhang zwischen ihrem Level an p-Machtstreben und dem Testosteronfluss als Reaktion auf Machtfantasien.

Noch interessanter wurde es nach dem Wettbewerb. Bei den Männern mit p- und s-Machtstreben stieg der Testosteronspiegel im Blut, wenn sie gewonnen hatten, umso weniger, je mehr p-Machtstreben sie hatten. Schon ein wenig s-Machtmotivation genügte hier, um die Verbindung zwischen Dominanz und Testosteron zu *reduzieren*, die alle Männer haben. Die s-und-p-Machtmänner hatten auch ein starkes Bedürfnis, auf ihre Umwelt zu wirken, persönlich wie sozial, aber im Vergleich mit den *reinen* p-Machtmännern fuhren sie nicht völlig darauf ab, einen ziemlich trivialen und bedeutungslosen Wettkampf gegen einen Fremden zu gewinnen.

Die Schlussfolgerung lautet: s-Machtstreben *zähmt* das p-Machtstreben.

Ist diese Folgerung hilfreich für eine Antwort auf die Frage, ob das Geschlecht von Sherron Watkins dazu beitrug, dass sie nicht von dem entgleisten Gruppendenken der Enron-Führungsspitze angesteckt wurde? Die Forschungen von Leonard Chusmir und Barbara Parker an der University of Colorado legen das jedenfalls nahe.[43]

Sie verglichen p-Machtstreben bei Männern und Frauen und fanden heraus, dass Frauen durchschnittlich genauso stark wie Männer motiviert waren, sich gegenüber anderen Menschen persönlich durchzusetzen. Wenn es aber um s-Machtstreben ging – den Drang, aus altruistischen Gründen auf andere einzuwirken –, dann schnitten die Frauen sehr viel besser ab. Frauen waren mit anderen Worten stärker als Männer motiviert, nicht nur aus Eigeninteresse Kontrolle über andere Menschen zu gewinnen, sondern um der Gemeinschaft oder ihrer Firma zu nutzen.

S-Machtstreben bezähmt nicht nur das p-Machtstreben, sondern löst auch die physiologische Verbindung des p-Machtstrebens zu Testosteron und der damit verbundenen kämpferischen Aggression. S-Machtstreben fungiert quasi als Kühlmittel für die starken, aber mitunter auch zerstörerischen Wirkungen ungehemmten p-Machtstrebens, und Frauen haben einfach mehr von diesem Kühlmittel in sich. Außerdem mindern die auflösenden Effekte des s-Machtstrebens auf Testosteron sehr wahrscheinlich die stärksten Dopaminschübe, durch die Macht zu einem Suchtmittel werden kann. Das ist möglicherweise ein Grund dafür, warum sämtliche völkermordenden Diktatoren der Weltgeschichte Männer waren.

Wie wäre also der Zusammenbruch des Enron-Konzerns zu erklären? Eine Gruppe nach p-Macht strebender Menschen, hauptsächlich Männer, deren Testosteronspiegel durch wiederholte »Erfolge« am Markt in Gestalt rasant steigender Aktienkurse in die Höhe getrieben war, schuf sich in der sogenannten

»Millionärsfabrik« eine Kultur des extremen Individualismus und lebte in ihr. Die Kombination aus einem Individualismus, der auf Geld ausgerichtet war, einer Urteilskraft, die durch Dopamin geschwächt war, verursacht durch ausgeschüttetes Testosteron, und einer durch die biologischen Folgen des Gewinnereffekts abgestumpften Gefahrenwahrnehmung führte dazu, dass sie ihre Aufmerksamkeit auf sehr eng abgesteckte Ziele richteten – in diesem Fall auf den Aktienkurs –, und dies auf Kosten des ursprünglichen Geschäfts, des Handels mit Energie. Ihre moralische Urteilskraft war von der Macht eingeschläfert, was sie wiederum anfälliger dafür machte, an sich selbst andere Maßstäbe anzulegen als an andere. Das Fehlen des »Kühlmittels« s-Machtstreben in ihrer Psyche bedeutete, dass ihre Gehirne sehr viel stärkeren Testosteronschüben ausgesetzt waren – und infolgedessen auch immer wieder neues Dopamin durch die Belohnungszentren des Gehirns floss.

Das Rätsel der fliegenden CEOs kann durch eine Teilmenge dieser Faktoren gelöst werden. Das Eigeninteresse wurde durch enorme Leistungsboni und die damit einhergehenden isolierenden Privilegien entfesselt. Die neurologischen Wirkungen beträchtlicher Machtfülle haben die Fähigkeit eingeschränkt, die Dinge vom Standpunkt anderer Menschen aus zu betrachten, zum Beispiel aus der Perspektive der Öffentlichkeit an jenem Tag in Washington. Die durch die Macht erzeugte Zielfokussierung hatte möglicherweise die tollkühnen, auf Belohnungen ausgerichteten *Annäherungs-Areale* ihres Gehirns angefeuert. Aber dementsprechend waren die eher vorsichtigen, wachsamen *Vermeidungs-Areale* des Gehirns weniger aktiv. Die Herren fühlten sich bestimmt großartig und mit allen Wassern gewaschen. Doch die Macht hatte nur einige Teile ihres Gehirns gestärkt, viele andere waren abgestumpft. Dadurch war ihr Urteilsvermögen insgesamt derartig geschädigt, dass sie tatsächlich überrascht waren über die öffentliche Empörung wegen ihrer Wahl der Verkehrsmittel am 18. November 2008. Wie bei Enron gab es auch in ihren Firmen nur wenige weibliche Spitzenmanagerinnen mit einem womöglich ausgeprägteren s-Machtstreben, das dafür gesorgt hätte, dass ihre Gehirne weniger von Testosteron und seinem hirnverändernden Produkt Dopamin betroffen gewesen wären. Wer weiß, ob Enron zusammengebrochen wäre, wenn es einige Frauen im Vorstand gegeben hätte? Fast sicher ist jedenfalls, dass die Enron-Blase gar nicht erst entstanden wäre, wenn es im Konzern mehr Mitarbeiter mit höherem s-Machtstreben gegeben hätte, gleichgültig, welchen Geschlechts.

Die Wirkungen der Macht, wie sie wohl in den Gehirnen von Skilling, Lay und Fastow stattgefunden und ihre Köpfe zu einem Casino der Selbstsucht verwandelt hatten, in dem das Gemeinwohl einer Woge der Gier zum Opfer fiel, waren acht Jahre später auch bei anderen Firmen zu beobachten und trugen dazu bei, dass der Zusammenbruch des Weltfinanzsystems nur mit Mühe und mit sehr hohen Kosten für die Öffentlichkeit vermieden werden konnte. Wir können sie genauso in der Politik beobachten, auch in jüngster Zeit: Während des Aufstands in Libyen Anfang 2011 erschienen Machthaber Muammar al-Gaddafi und sein Sohn Saif al-Islam wiederholt im Fernsehen und drohten, die »Terroristen« zu vernichten, die die Frechheit hatten, auf den Straßen gegen eine bösartige Diktatur zu protestieren. Vater und Sohn wirkten wie unter Drogen und redeten zusammenhanglos, aber die Droge, die sie dazu brachte, mit geweiteten Pupillen sinnlos herumzuschreien, wurde sehr wahrscheinlich in ihrem Körper selbst erzeugt: Gewaltige Testosteronschübe lösten entsprechende Dopaminausschüttungen in ihren ventralen Striata aus und versetzten sie in eine extreme Version des realitätsblinden Zustands, in den auch Jeffrey Skilling geraten war. Und sie hielten sich selbst für Sieger.

Im letzten Kapitel richte ich den Scheinwerfer nun auf das Hirn des Siegers und darauf, was Gewinnen wirklich bedeutet.

6

Siegerhirn

Im Krieg mit sich selbst

Wir haben gesehen, auf welch vielfältige Weise Macht uns formt, zum Guten wie zum Bösen. In diesem Kapitel geht es nun darum, zu verstehen, was einen Gewinner ausmacht. Zuerst aber müssen wir uns darüber klar werden, was es eigentlich bedeutet, ein »Gewinner« zu sein.

Es ist viele Jahre her. Wir saßen in einem Cottage auf dem Land um ein prasselndes Kaminfeuer. Die Hausgäste und ihre Gastgeber wärmten sich auf nach einem Winterspaziergang. Wir unterhielten uns zunächst sehr entspannt, aber im Lauf einer Stunde erstarb das Gespräch langsam, als allen auffiel, was sich zwischen zweien der Gäste abspielte. Eine der Frauen ignorierte alle anderen und konzentrierte sich, als sei sie allein mit ihm im Zimmer, auf einen verloren wirkenden Mann, der sich mit gesenktem Blick am Whiskyglas festhielt.

An jedem Arbeitsplatz wäre diese Frau mit ihrer verletzenden, tyrannischen und grausamen Art sofort gefeuert und anschließend angezeigt worden. Was sie veranstaltete, war eine gnadenlose öffentliche Demütigung. Sie nahm den Charakter des Mannes, seine beruflichen Fähigkeiten und sein Aussehen systematisch auseinander, ritt auf seiner sozialen und geistigen Unfähigkeit herum – und machte sogar, und das ist mir auch nach 30 Jahren noch peinlich, Anspielungen auf seine Impotenz.
Dabei war sie mit dem Mann verheiratet.

»Chris«, wie ich ihn hier nenne, nahm alles hin wie ein geprügelter Hund. Und je mehr er sich prügeln ließ, desto mehr wirkte seine Frau seltsam befeuert: Ihre Augen glitzerten, ihre Stimme hob sich, ihre Gemeinheiten wurden schlimmer. Sie strahlte Triumph aus und etwas noch Schlimmeres: Verachtung.

Was auch immer das für ein Kampf war, den sie da ausfocht, »Karen« war die klare Siegerin: Ihre selbstsicheren Blicke waren die einer Gewinnerin. Hin und wieder sah sie sich nach uns um, wie ein Gladiator nach der kaiserlichen Loge im Circus, der darauf wartet, ob der Imperator dem Verlierer sein emotionales Leben schenkt oder den Daumen senkt.

John Gottman ist weltweit führender Experte für Beziehungsfragen und Eheprobleme. Seine Forschungen haben ergeben, dass Verachtung in den Worten oder im Verhalten eines der Ehepartner ein sicheres Zeichen für das Ende der Beziehung ist.[1] Aber woher kommt diese Verachtung – was verleiht ihr ihre bösartige Kraft? Die Geschichte eines Telefonanrufs bei mir zu Hause hilft uns, das zu verstehen.

Der unbekannte Anrufer behauptete, es gehe um eine Umfrage zur Gesundheit, die nur aus einer einzigen harmlosen Frage bestand: »Leidet ein Mitglied Ihres Haushalts an Asthma?«

»Ja«, erwiderte ich.

»Nun, dann würden wir Ihnen gerne die Gelegenheit geben, sich ein kurzes Video zum Thema Asthma anzuschauen. Wenn Sie das möchten, können wir Ihnen und Ihrer Familie kostenlose Ferienflüge anbieten.«

»Und wir müssen nur ein Video anschauen? Wie lang dauert es?«

»Nur eine halbe Stunde. Wann hätten Sie denn Zeit? Wir schicken jemanden vorbei.«

Es war ein schöner Sommermorgen, als der Mann vor unserer Tür stand. Wir hatten vor, nach dieser halben Stunde mit den

Kindern zum wunderbaren, wenn auch ungeheizten Freibad von Cambridge aufzubrechen.

»Ich muss nur schnell ein paar Sachen aus dem Wagen holen«, sagte er.

Wir sahen zu, wie er irgendwelche Gegenstände die Treppe hinauf in unser Wohnzimmer schleppte. Scheinbar ein ziemlich aufwendiger Videoprojektor, dachte ich.

Er zog eine großformatige Hochglanzbroschüre mit bunten Fotografien jener ziemlich abstoßenden Milben hervor, die im Hausstaub leben und zu den Hauptverursachern asthmatischer Allergien gehören.

»Was ist mit dem Video?«, fragte ich.

»Ach, das ist schon veraltet – was ich Ihnen zeigen möchte, ist viel wichtiger –, aber ich habe es im Wagen, wenn Sie es sehen möchten?«

»Wie lange dauert das denn? Sie haben von einer halben Stunde gesprochen.«

»Es dauert wirklich nicht lange, Ihnen das vorzuführen.«

Wenige Minuten später hatte er einen Haufen sandigen Drecks auf unseren cremefarbenen Teppich geschüttet und wir waren, natürlich, verärgert. Kurz darauf hatte der superstarke Asthma verhindernde Staubsauger den Vorführungsdreck wieder aufgesaugt, und bevor wir wussten, wie uns geschah, war der Vertreter schon im Schlafzimmer und schraubte ein weiteres Asthma verhinderndes technisches Gerät zusammen.

»Sie sagten, eine halbe Stunde – jetzt sind Sie über eine Stunde hier«, erinnerte ich ihn.

Er montierte weiter routiniert das ziemlich sperrige Gerät und würdigte mich keiner Antwort.

»Bitte gehen Sie jetzt.«

»Es dauert wirklich nicht lange …«

»Bitte gehen Sie jetzt, wir haben kein weiteres Interesse und möchten nichts kaufen.«

»Aber …«

»Wir haben etwas vor. Gehen Sie.«

Zögernd und mürrisch schleppte er seine Geräte und die Hochglanzbroschüre wieder ins Auto zurück. Ich hörte, wie er sein Büro anrief. Er meldete, er habe nur eine halbe Vorführung geschafft.

Der Vertreter hatte unsere Reaktionen durch wohlbekannte Methoden der Beeinflussung anderer Menschen geschickt kontrolliert.

Es begann mit diesem »Ja«. Sowie Sie einem ungebetenen Anrufer mit Ja antworten, hat er Sie am Haken. In diesem Fall war es mein »Ja« auf seine Frage, ob jemand in unserem Haushalt an Asthma leide. Aber auf den Inhalt der Frage kommt es gar nicht an. Dieses »Ja« oder auch jede andere einigermaßen positive Antwort erschwert es einem automatisch, später noch »Nein« zu sagen. Das ist der geistige »Fuß in der Tür«, den Vertreter so geschickt zu nutzen wissen.

Nehmen wir ein alltägliches Szenario aus dem Büro. Angenommen, Sie hätten gerne den Schreibtisch einer Kollegin – vielleicht hat er mehr Tageslicht und eine schönere Aussicht. Sie ist die halbe Woche im Außendienst unterwegs, während Sie die ganze Woche im Büro sind, also ist Ihr Tauschwunsch begründet. Aber es ist ja ihr Schreibtisch, Sie haben kein besonders gutes Verhältnis zu ihr, und sie ist nicht gezwungen, auf Ihr schwaches Argument einzugehen. Wie bringen Sie sie trotzdem zum Schreibtischtausch?

Die Lösung dieses Problems ist der »Ben-Franklin-Effekt«. Benjamin Franklin, einer der Gründerväter der USA im 18. Jahrhundert, außerdem Wissenschaftler und Politiker, hatte ein Problem in Gestalt der Feindseligkeit eines anderen Abgeordneten aus Pennsylvania, der für ihn etwa das war, was Mitt Romney im Wahlkampf für Barack Obama war. Die Feindseligkeit dieses

Abgeordneten machte dem großen Mann Schwierigkeiten, und er wollte sie gerne neutralisieren. In genialer Vorwegnahme moderner Verkaufstechniken und kognitiver Psychologie um drei Jahrhunderte tat der schlaue Franklin etwas völlig Unerwartetes – er bat seinen Rivalen um einen Gefallen.

Franklin wusste, dass dieser Mann ein seltenes Buch besaß, und bat ihn, es sich einige Tage ausleihen zu dürfen. Nach einer Woche gab er es mit beigelegtem Dankschreiben zurück. In seiner Autobiografie erzählt Franklin zufrieden, wie sein Rivale bei der nächsten Begegnung zum ersten Mal höflich und sogar freundlich mit ihm sprach. Er bot ihm seine Hilfe an, falls er noch weiter zu Diensten sein könne, und allmählich entwickelte sich zwischen ihnen eine lebenslange Freundschaft.

Zurück zu dem Schreibtisch mit dem schönen Ausblick ins Flusstal – jetzt wissen Sie, wie Sie ihn bekommen. Bitten Sie Ihre Kollegin zuerst um einen kleinen Gefallen – vielleicht leihen Sie sich einen Stift von ihr. Später können Sie dann nach ein paar Münzen fragen, weil Sie gerade kein Kleingeld für den Kaffeeautomaten haben. Haben Sie sie erst einmal dazu gebracht, »Ja« zu sagen und etwas für Sie zu tun, wird sie auch viel eher bereit sein, Ihr Argument für den Schreibtischtausch anzuhören.

Wir merken es vielleicht nicht, aber unsere Gedanken, Gefühle und Verhaltensweisen werden tagtäglich von anderen Menschen kontrolliert, die solche einfachen Methoden anwenden, wie sie Robert Cialdini in seinem Klassiker ›The Psychology of Influence and Persuasion‹ beschreibt.[2] Aber was hat diese Art der Beeinflussung mit unseren zerstrittenen Hausgästen Karen und Chris zu tun?

Haben Sie je geistesabwesend einen Fehler gemacht wie etwa, die geschälte Kartoffel in den Müll und die Schalen in den Topf zu werfen, eine E-Mail mit Anhang verschickt, aber den Anhang vergessen, oder etwas in dieser Art? Solche Alltagsfehler passieren uns dauernd, weil unser Gehirn in jeder Stunde, die wir nicht schlafen, Hunderte verschiedener Reaktionen auf Tausende verschiedene potenzielle Stimuli koordinieren muss. Vielleicht haben wir vor einer Sekunde erst in der E-Mail geschrieben, dass wir eine Datei anhängen, aber schon in der nächsten Sekunde schickt das Gehirn den Befehl an die Finger, die E-Mail abzuschicken, ohne den Anhang – und manchmal merken wir das erst, wenn der Empfänger fragt, wo der Anhang bleibt.

Wenn Sie die Aufgabe hätten, ein Gehirn komplett neu und ohne Vorlage zu konstruieren, kämen Sie irgendwann darauf, dass Sie eine Vorrichtung einbauen müssten, die solche Fehler registriert – eine Art Fehleralarm. Ohne einen solchen Mechanismus würde unser Gehirn ständig in Schwierigkeiten geraten; deshalb haben wir einen Bereich in der Mitte der vorderen Hälfte, den sogenannten anterioren cingulären Cortex (ACC), zu dessen Aufgaben es gehört, neuronale Alarmglocken zu schlagen, wenn wir einen Fehler machen.

Was hat das mit Vertretern und zerstrittenen Ehepaaren zu tun? Die Antwort ergibt sich daraus, dass der ACC nicht nur Fehler, sondern vor allem Konflikte im Gehirn entdeckt. Er macht potenzielle widersprüchliche Impulse im Gehirn aus, die zu folgenreichen Fehlern werden können; auch das haben die Forschungen in meinem Labor gezeigt.[3] Was meine ich mit widersprüchlich? Nehmen wir folgendes Beispiel: Sie fahren eine Straße entlang und merken, dass die nächste Ampel schon ziemlich lange grün ist. Jetzt entstehen in Ihrem Gehirn zwei einander widersprechende Möglichkeiten: Entweder behalten Sie Ihre Geschwindigkeit bei oder treten sogar skrupellos noch ein bisschen aufs Gas, um noch durchzukommen, oder Sie stellen sich darauf ein, dass die Ampel sicher gleich rot wird, indem Sie langsamer werden. Diese beiden entgegengesetzten Impulse sind in Ihrem Gehirn gleichzeitig aktiv und müssen sehr schnell geregelt werden, um einen Unfall zu vermeiden.

Ein weiteres Beispiel für den Kampf im Innern des Gehirns: Sie sind müde und freuen sich darauf, eine halbe Stunde lang in Ruhe im Café Zeitung zu lesen, als Sie, Kaffeetasse und Zeitung schon in der Hand, einen alten Kollegen entdecken, der sich gerade an einen anderen Tisch setzt. Genau wie im Fall der Ampel muss Ihr Gehirn jetzt sehr schnell zwei entgegengesetzte und miteinander unvereinbare Handlungsmöglichkeiten abwägen: entweder ein freundliches »Hallo« zu Ihrem Kollegen, der sich freuen wird, Sie zu sehen, oder ein schneller Rückzug in eine dunkle Ecke, um dort Ihre Ruhe zu haben.

In solchen Fällen arbeitet der ACC auf Hochtouren, zeigt den Konflikt der beiden nicht vereinbaren Reaktionen an – sie werden im Gehirn genauso behandelt wie ein drohender Fehler – und löst ihn mithilfe anderer Hirnareale, besonders der Stirnlappen, zügig auf. Wenn nicht, käme es womöglich zu einer gefährlichen Mischreaktion. Zum Beispiel würden Sie aufs Gas steigen, um dann doch mit quietschenden Bremsen vor der Ampel halten zu müssen, oder sich zu spät von Ihrem Kollegen abwenden, dabei aus Versehen Ihren Kaffee verschütten und damit gerade seine Aufmerksamkeit auf Ihr peinliches Ausweichmanöver lenken.

Das Gehirn ist das komplexeste Objekt im bekannten Universum und besteht aus zahlreichen unterschiedlichen Teilen, die meist unbewusst, aber – das hoffen wir jedenfalls – einigermaßen vernünftig zusammenarbeiten. Aber es passiert darin einfach zu viel für garantierte Harmonie, und deshalb werden wir so oft zwischen widersprüchlichen Impulsen hin und her gerissen: »Ich hätte jetzt wirklich gerne einen Drink, aber ich sollte nichts mehr trinken.« »Mann, dem würde ich gerne mal sagen, was er für ein Idiot ist, aber das fällt nur auf mich zurück«, und so weiter. Meistens – jedenfalls die meisten von uns – erleben wir diese widersprüchlichen Impulse zwar, leben sie aber nicht aus, sondern schaffen es, uns einigermaßen konsistent zu verhalten. Von unseren Mitmenschen erwarten wir zumindest den

Anschein einer solchen Verhaltenskonsistenz. Und so pflegen wir die tröstliche Illusion, dass es in unserem Schädel tatsächlich einen vernünftigen, entschlossenen Piloten gibt – nennen wir ihn das Ich –, der uns ruhig durch das Leben steuert.

Aber die Menschen um uns herum sind viel zu kompliziert, als dass dieser Pilot seinem Geschäft ruhig und vernünftig nachgehen könnte. Unsere unterschiedlichen Sozialkontakte – Partner, Kollegen, Freunde, Chefs – verlangen ganz Unterschiedliches und oft miteinander Unvereinbares von uns. Die Komplexität unserer Beziehungen schafft also, mit anderen Worten, oft ganz unvermeidliche Konflikte in unserem Gehirn. Folglich brauchen wir eine Methode, um mit diesen widersprüchlichen Anforderungen umzugehen.

Vincent van Veen und seine Kollegen von der University of California in Berkeley erzeugten in den Gehirnen ihrer Versuchspersonen einen solchen Konflikt, als diese nach einer unangenehmen und furchtbar langweiligen dreiviertelstündigen Versuchsaufgabe noch in der klaustrophobisch engen und sehr lauten Röhre eines MRI-Scanners lagen. Sie erzählten den Versuchsteilnehmern, draußen warte ein Patient auf seinen Scan und sei etwas ängstlich, weil das Ergebnis medizinisch wichtig sei. Der Versuchsleiter bat den Probanden, der noch im Scanner lag, den Patienten etwas zu beruhigen, indem er ihm sage, dass das Scannen eigentlich ganz angenehm sei. Er sollte dazu ungeachtet seiner wahren Gefühle eine möglichst positive Bewertung abgeben, die der Patient dann auf einem Bildschirm im Wartezimmer sehen könne. Mit anderen Worten: Die Patienten sollten über ihre wahren Gefühle lügen, um dem fiktiven Patienten zu helfen. Die Versuchspersonen glaubten die Geschichte und verbargen pflichtschuldig ihre wahre Meinung über das Scannen. Ganz allgemein ausgedrückt, wurden sie aufgefordert, eine Ansicht zu äußern, die ihrer wahren Empfindung zuwiderlief.

Hier haben wir eine Situation, wie wir sie alle immer wieder erleben – wir müssen die Anforderungen anderer Leute miteinander in Einklang bringen und unsere wahren Gefühle zugunsten anderer Menschen verbergen. Diese Studie liefert ein spezifisches Beispiel einer Situation, in der entgegengesetzte Impulse gleichzeitig ausgelöst werden – man empfindet das Scannen als negative Erfahrung, soll sich aber positiv darüber äußern. Wie bei den Beispielen von eben – wenn man sich der schon lange grünen Ampel nähert oder dem Arbeitskollegen im Café ausweicht – spielen sich konfliktabwägende Prozesse im Gehirn ab.

Van Veen und seine Kollegen fanden bei ihren Versuchen heraus, dass ein bestimmter Teil des ACC, der sogenannte dorsale ACC (dACC), mit der Konfliktlösung zu tun hat. Dieses Hirnareal sprang schlagartig an wie eine Alarmanlage bei Einbruch. So weit, so gut. Allerdings fiel den Forschern aus Berkeley noch etwas anderes und Seltsames auf. Aber bevor ich Ihnen verrate, was das war, und bevor wir uns auch wieder Karen und Chris zuwenden, rufen wir uns zunächst noch eine berühmte Entführung ins Gedächtnis zurück.

Die bewaffnete Erbin

Es war ein ikonisches Bild der 1970er-Jahre: Patty Hearst, Erbin einer Verlegerdynastie aus San Francisco, auf dem Bildschirm einer Überwachungskamera, wie sie mit großkalibrigem Gewehr im Anschlag eine Bank ausraubt. Dieses Bild entstand nur wenige Monate, nachdem sie von einer Gruppe selbst ernannter Guerillakämpfer namens Symbionese Liberation Army entführt, wochenlang in einen engen, dunklen Abstellraum gesperrt, wiederholt vergewaltigt und mit der Hinrichtung bedroht worden war. Wie kam es, dass Hearst – sie nannte sich jetzt Tania – für ihre Vergewaltiger eine Bank ausraubte, wenn sie doch die Waffe ebenso gut auf sie hätte richten können?

Sie wurde schließlich festgenommen und wegen bewaffneten Raubs angeklagt. Das Gericht lehnte das Argument der Verteidigung ab, man habe sie einer Gehirnwäsche unterzogen, und schickte sie für sieben Jahre ins Gefängnis. In Tonbandaufnahmen, die im Rundfunk ausgestrahlt wurden, hatte sie vor ihrer Festnahme behauptet, aus eigenem freien Willen zu handeln, und Richter und Geschworene nahmen sie beim Wort. Präsident Jimmy Carter wandelte die Strafe um und Präsident Bill Clinton begnadigte sie schließlich. Patty/Tania war ein klassischer Fall des »Stockholm-Syndroms«, bei dem Geiseln eine emotionale Bindung zu ihren Entführern entwickeln. Vierzig Jahre später, auf der anderen Seite der kalten Gewässer der San Francisco Bay, trugen van Veen und seine Kollegen dazu bei, aufzudecken, was in Patty Hearsts – oder Tanias – Gehirn vorgegangen sein mag.

Was geschieht, so fragte sich van Veen, wenn jemand sich gegen seine eigene tiefe Überzeugung äußert? Wie geht das Gehirn mit dem Konflikt um, dass jemand behaupten soll, das MRI-Scanning sei eigentlich ganz angenehm, wenn es in Wirklichkeit als langweilig und unbequem empfunden wird? Auch die kognitive Dissonanz – auf die ich in Kapitel 5 eingegangen bin – kommt hier ins Spiel. Wie auch schon der große Sozialpsychologe Leon Festinger stellte van Veen fest, dass die Versuchspersonen, die dem Patienten über die angenehme Prozedur des Scannens etwas vorlogen, schließlich tatsächlich glaubten, dass es gar nicht so unangenehm gewesen sei, sowie sie einmal der Scannerröhre entkommen waren.

Festinger wusste, dass wir ein großes Bedürfnis haben, unsere unruhigen Gehirne mit ihren Hunderten widersprüchlicher Impulse unter Kontrolle zu halten und ihnen so etwas wie Disziplin aufzuzwingen. Er postulierte einen sehr starken Drang zur Bewahrung einer Konsistenz, die die geistige Gesundheit des Ich aufrechterhält. Seine Theorie der kognitiven Dissonanz besagte, dass wir eine starke Motivation haben, unsere Gedanken, Gefühle und Handlungen konsistent zu halten – mit anderen Worten, Konflikte zwischen ihnen möglichst zu minimieren. Van Veen erzeugte in seinen gutwilligen Versuchspersonen einen Konflikt, indem er sie aufforderte, gegenüber einem fiktiven Patienten zu lügen, wie angenehm es im Scanner gewesen sei. Und tatsächlich lief der dACC heiß, um ihn zu lösen.

Wie lösten die Betroffenen diesen Konflikt? Sie änderten unbewusst ihre wirkliche Meinung über das Erlebnis. »Eigentlich war es gar nicht so schlimm«, sagten sie sich selbst und den Forschern nach Ende des Experiments. Diejenigen, die nicht gebeten worden waren, dem fiktiven Patienten etwas vorzulügen, bewerteten das Erlebnis als vergleichsweise unangenehm. Im Gegensatz zu der von der Dissonanz verfälschten positiven Bewertung, die ihre in den Konflikt gestürzten Mitprobanden abgaben. Van Veen zeigte, dass die Versuchspersonen ihre Meinung umso stärker ins Positive abänderten, je aktiver der dACC war. Der Konfliktwachhund des Gehirns hatte nur zu gute Arbeit geleistet – er löste die unangenehme Widersprüchlichkeit im Geist der gewissenhaften Teilnehmer durch das einfache Mittel, dass er deren Ansicht über das Erlebte änderte.

Wenn man entführt und misshandelt wird, steht man vor einem Dilemma – leistet man weiter Widerstand oder erleichtert man sein Los ein wenig, indem man die Entführer beschwichtigt oder sogar freundlich zu ihnen ist? Wer sich in einer solchen Situation für Letzteres entscheidet, wird genau das erleben. Wie bei van Veens Probanden wird auch der dACC auf Hochtouren laufen, um die Unverträglichkeit zwischen der Freundlichkeit gegenüber den Entführern mit dem Gefühl von Wut, Angst und Empörung aufzulösen.

Und je härter der dACC arbeitet, desto besser löst er in einem solchen Fall die unangenehme kognitive Dissonanz auf, indem er die wirklichen Gefühle gegenüber den Entführern ändert. Wir wissen es nicht genau, aber sehr wahrscheinlich hat es sich in Patty Hearsts Gehirn etwa so abgespielt. Diese »Gehirnwäsche« machte aus ihr eine Anhängerin der Gruppe geistig labiler Krimineller, die sie entführt hatten. Auf diese Weise wird die quälende kognitive Dissonanz überspielt.

So ergeht es auch der nichts ahnenden Kollegin, die ihren schönen Schreibtisch aufgeben soll. Sie hat Ihnen einen Bleistift und später auch etwas Geld geliehen. Hat sie das erst einmal für Sie getan, dann haben Sie damit schon einen Konflikt in ihrem Geist erzeugt und den dACC eingeschaltet: Sie mochte Sie eigentlich bisher nicht besonders, tut Ihnen jetzt aber den einen oder anderen Gefallen. Der dACC versucht diesen Konflikt zu lösen, indem er den »Ben-Franklin-Effekt« erzeugt und die Einstellung der Kollegin Ihnen gegenüber ändert.

Nun können Sie wie ein Vertreter den entscheidenden Schritt zum Abschluss des Geschäfts machen und sie fragen: »Sie sind doch sowieso nur die halbe Woche hier – was halten Sie davon, wenn wir die Schreibtische tauschen?« Was kann sie dann sagen? »Sie sind ein netter Kollege (das muss ja so sein, wenn ich Ihnen alle diese Gefallen getan habe, murmelt der dACC), und ich bin nur die halbe Woche hier, stimmt – klar, Sie können meinen Schreibtisch haben.« Gewonnen! Das versuchte auch der Staubsauger-Vertreter. Er nutzte die Bemühungen des dACC aus, um den Konflikt aufzulösen, der aus zwei widersprüchlichen Empfindungen besteht. Erstens: »Ich habe gerade diesen Fremden in mein Wohnzimmer und ins Schlafzimmer gelassen, habe ihm gestattet, Geräte aufzustellen, Dreck auf meinen Teppich zu schütten und mich an einem sonnigen Sommertag vom Schwimmengehen abzuhalten«, und zweitens: »Das würde ich normalerweise nicht zulassen.« Eine Lösung für diesen Konflikt wäre es gewesen, dass ich meine Einstellung ändere und denke: »Das muss wirklich ein tolles Zeug sein, was er da anzubieten hat!« Und ihn seine Vorführungen abschließen lasse. Ich fand es tatsächlich schwierig, mich zu überwinden und den Vertreter hinauszuwerfen – es war ein regelrechter Kampf, ein Kampf gegen die starke Konfliktauflösungsstrategie des dACC, der meine Gedanken und Emotionen verändern wollte.

Zurück zu Karen und Chris und ihrem seltsamen Verhältnis zueinander. Woher kam diese *Verachtung* Karens für Chris? Ganz einfach – sie verachtete ihn, weil sie Macht über ihn hatte. Macht bedeutet Kontrolle darüber, was andere Menschen brauchen und wollen … und darüber, was sie fürchten. Chris liebte Karen wohl tatsächlich, zumindest sah es für uns so aus, und sie hatte damit Kontrolle über das, was er am meisten brauchte – ihre Zuneigung. Sie hatte außerdem die Kontrolle über das, was er am meisten fürchtete – von ihr verlassen zu werden. In der engen Perspektive dieser ungesunden Beziehung war sie eine *Gewinnerin*.

Karen hatte also beträchtliche emotionale Macht über Chris – aber warum sollte sie ihn deshalb verachten? Wir haben im vorigen Kapitel gesehen, dass Machtausübung über einen anderen Menschen den Mächtigen verstärkt der Gefahr aussetzt, den Betreffenden als Objekt zu sehen. Ein Gegenstand hat keinen freien Willen und trifft keine Entscheidungen, und Mächtige glauben – und zwar oft zu Recht –, dass sie das Verhalten ihrer Untergebenen unter Kontrolle haben. Diese Art von Macht löscht jede Empathie aus – wie kann man auch mit einem Objekt fühlen?

Es war klar, dass Karen keine Empathie für Chris' Demütigung und Elend empfand, sie schien beides sogar zu genießen. Sie spielte mit ihm wie die Katze mit der Maus. Aber solche Mitleidlosigkeit oder auch Grausamkeit ist noch nicht dasselbe wie Verachtung. Woher kam diese also? Natürlich ahnt man schon, dass jetzt der dACC ins Spiel kommt: Wenn die emotionale Macht eines Menschen über einen anderen so groß ist, dass er ihn als Objekt sieht, dann ist es unvermeidlich, dass der Machtausübende bei fehlender Empathie sich immer tyrannischer gegenüber dem Unterlegenen verhalten wird. Dieses immer negativere Verhalten einerseits und das Bedürfnis des Ich nach einem positiven Selbstbild stellen allerdings einen tiefen Konflikt dar, den das Gehirn gerne auflösen möchte.

Deshalb setzt eine Art umgekehrter »Ben-Franklin-Effekt« ein, der einen korrupten »Sieg« zusammenbastelt: »Wenn ich mich dir gegenüber so verhalte, dann musst du ein wirklich abstoßender Mensch sein«, lautet die verzerrte Schlussfolgerung des dACC, der damit unser überwältigendes Bedürfnis nach Konsistenz befriedigt. Erinnern Sie sich, wie Benjamin Franklin einen Freund gewann, indem er sich ein seltenes Buch von ihm lieh? Was wäre geschehen, wenn er seinen Rivalen dazu gebracht hätte, ihm Schaden zuzufügen, etwa Franklin etwas zu stehlen? Die Logik ist unausweichlich: *Der Rivale hätte dann umso wahrscheinlicher Franklin weiter Schaden zugefügt, und zwar vermutlich größeren als zuvor.* Und diese Rechtfertigung hätte ihm die Befriedigung des Gewinnens verschafft – »Ha! Dem habe ich's gezeigt!«

Der Schulhoftyrann als Gewinner

Das ist nun mal die Logik der kognitiven Dissonanz – jenes seltsame Bedürfnis, dem Ich stets zu versichern, dass alles in Ordnung, richtig und vor allem *konsistent* ist. So gehen auch Schulhoftyrannen vor. Zuerst suchen sie sich ein Opfer, dann jemanden in der Gruppe, der nichts gegen das Opfer hat oder es vielleicht sogar mag. Den bringt der Tyrann dann dazu, dem Opfer einen harmlosen Streich zu spielen, vielleicht eine Tasche zu verstecken oder einen peinlichen Gegenstand auf den Tisch zu stellen.

Das ist das negative Äquivalent Ihrer Bitte an die Kollegin, Ihnen einen Stift zu leihen. Wenn man den Komplizen dazu bringt, dem Opfer diesen Streich zu spielen, hat er sich schon festgelegt, weil es ihm wegen der kognitiven Dissonanz schwerfallen wird, abzulehnen, wenn der Tyrann das nächste Mal einen schon etwas böseren Streich verlangt. Der dACC entdeckt einen Konflikt im Gehirn des neu verpflichteten Komplizen: »Ich bin ein guter Mensch, aber ich tue dem anderen so etwas an – also muss er ein schlechter Mensch sein, der das auch verdient.«

Und so geraten wir in eine Spirale des Bösen: Immer mehr Gruppenmitglieder werden vom Tyrannen so manipuliert, dass sie das arme Opfer ebenfalls tyrannisieren – alle mithilfe des »Ben-Franklin-Effekts«. Die meisten von ihnen sind unter anderen Umständen wahrscheinlich anständige Menschen, aber der Tyrann hat es geschafft, ohne dass sie es mitbekommen haben, ihr Gehirn in einen Konflikt zu stürzen. Um die Inkonsistenz aufzulösen, muss der dACC verzweifelt für Ausgleich sorgen, und das kann er nur, indem er schließt, das Opfer sei böse und verdiene, was ihm angetan werde.

Aber die Situation ist damit noch nicht ausgeglichen. Sie erinnern sich, wie der Rivale, nachdem er ihm das Buch geliehen hatte, Benjamin Franklin gegenüber nicht nur positiver eingestellt war, sondern sogar noch mehr des *Guten* für ihn tun wollte, bis hin zu dem Punkt, dass sie Freunde fürs Leben wurden. Die schreckliche Realität für das Opfer des Schulhoftyrannen ist eine dementsprechende Eskalation des *Bösen*, in der das Gehirn der Täter den inneren Konflikt mit immer heftigeren Gegenmitteln ausbalanciert: »Wenn er so böse ist, dann verdient er auch noch schlimmere Behandlung«, und immer so weiter. Aber in den Gehirnen einer mobbenden Gruppe geht es nicht nur darum, durch Auflösung von Konflikten das Ich zu beruhigen. Es gibt noch einen anderen starken Mechanismus: Macht.

Welche bessere Droge könnte ein in Selbstzweifeln, Langeweile und Verwirrung gefangener Teenager finden? Es spielt keine Rolle, dass das Ziel, auf das man sich konzentriert, um Macht zu gewinnen, darin besteht, einen Mitschüler in Angst und Schrecken zu versetzen, den man vor einigen Tagen noch ganz gerne mochte. Wie wir gesehen haben, ist die Macht eine Droge, die unser Gehirn mit potenziell süchtig machenden Chemikalien überflutet, und wie alle Drogen hat sie einen eisernen Griff. Man liest immer wieder in der Zeitung, dass das Opfer einer Mobbingattacke – oft ein Jugendlicher in der Schule – Selbstmord begangen habe. Der Bericht deckt fast immer eine Eskalation des Mobbings auf und beschreibt dann gewöhnlich auch das Entsetzen der ehemaligen Tyrannen über das, was sie angerichtet haben.

Auch der T-Cichlidenfisch ist ein Schulhoftyrann im Tanganjikasee, nicht, weil er ein geborener Tyrann wäre oder an einer Persönlichkeitsstörung litte. Vielmehr ist sein Verhalten ein Ergebnis der Umstände – er hatte das Glück, sich ein Revier sichern zu können, und sein Status verändert ihn dann körperlich und geistig. Deshalb bringt es wenig, sich zu sehr auf die Psyche einzelner Mitglieder einer mobbenden Gruppe zu konzentrieren. Natürlich kann es immer einen psychisch Gestörten oder einen leicht soziopathisch Veranlagten geben, der seine Methoden einsetzt, um psychisch gesunde Klassenkameraden oder Arbeitskollegen dazu zu bringen, sich am Mobbing zu beteiligen. Aber das Mobbing selbst wird dadurch beschleunigt, dass die Gehirne aller Beteiligten durch ihre Macht vergiftet und durch die beständige Rechtfertigung ihres Verhaltens, die der dACC durchführt, verändert werden.

So war es auch in Karens Fall. Sie war nicht psychisch gestört oder ein von Natur aus grausamer Mensch. Nein, sie und ihr Mann waren einfach in eine Situation geraten, in der sie alle Karten in der Hand hielt. Karen hatte die totale emotionale Macht über Chris, und diese Macht begann sie zu korrumpieren.

Sie hielt sich selbst für die Siegerin in diesem seltsamen Kampf der Gefühle, dessen Zeugen wir wurden. Chris zeigte, wie zu erwarten, die Symptome extremer Machtlosigkeit – Passivität, Antriebslosigkeit, Depression, Minderwertigkeitsgefühl, Ängstlichkeit. Das ist für keinen Partner ein attraktives Bild – niemand mag Verlierer. Karens Macht über Chris führte zu Mitleidlosigkeit, und sein kläglicher Rückzug in stummes Trinken bestätigte nur, was ihr dACC ihr erzählte: Ihr ungewöhnliches Verhalten sei dadurch gerechtfertigt, dass Chris ein wirklich armseliger, abstoßender Mensch sei. Und daraus folgte dann die Verachtung.

Aber Verachtung ist nicht nur ein Symptom für eine gefährdete Ehe – es kann auch ein Zeichen dafür sein, dass ein Führungspolitiker oder Chef unter den Einfluss der Macht gerät. Die deutsche Bundeskanzlerin Angela Merkel versuchte einmal erfolglos, den russischen Präsidenten Vladimir Putin dazu zu bringen, seine Minister nicht mehr in Gegenwart anderer internationaler Politiker verächtlich zu machen. Das erzählt Tony Blairs ehemaliger Stabschef Jonathan Powell in seinem Buch ›The New Machiavelli – How to Wield Power in the Modern World‹. Powell beschreibt Putins buntbarschartige Verwandlung von einem hochintelligenten und anscheinend sehr vernünftigen Staatsmann in einen größenwahnsinnigen und machtbesessenen Zaren, die sich während seiner Präsidentschaft abspielte.

Sie waren ein dynamisches Paar, das sich fröhlich darüber stritt, welche Musik man auflegen solle, und sie lachte, wenn er den Hauptgang anbrennen ließ. Sie tätschelte ihm spöttisch den Kopf und tröstete ihn wegen seiner Geistesabwesenheit; er lächelte und meinte, wenigstens wisse er, welcher Wein dazu passe. Sie nickte und nahm einen Schluck aus ihrem Glas.

Es war das erste Mal nach mindestens zwei Jahren, dass ich ihn wiedersah; eine Zufallsbegegnung über gemeinsame Bekannte, und ich sah ihn verwundert von der Seite an. Chris wirkte so unglaublich glücklich. Nicht nur glücklich, sondern auch stark und selbstsicher. Sein Verhalten hatte sich völlig verändert – als ob er eine Persönlichkeitstransplantation erlebt hätte. In gewissem Sinne war es auch so.

Durch einen seltsamen Zufall traf ich kurz darauf auch Karen: Sie war nun mit Ken zusammen, und es war faszinierend, anzusehen, wie sie seinen Arm hielt und fast scheu zu ihm aufsah, während wir uns gegenseitig erzählten, was wir seit der letzten Begegnung erlebt hatten. Noch eine Persönlichkeitstransplantation? Nun, ja. Es ist nicht so, dass die Persönlichkeit völlig wandelbar wäre. Wir haben ja schon gesehen, wie tief unsere Motivationen in unserer Persönlichkeit verankert sind, der Drang nach Leistung oder nach Macht zum Beispiel. Dadurch unterscheiden wir uns voneinander, ebenso wie durch andere Charaktereigenschaften, extravertiert/introvertiert, neurotisch/stabil und so weiter. Das sind allerdings nur Anlagen, die zu einem bestimmten Verhalten in bestimmten Situationen führen können. Doch nur, wenn man dem Fluch des genetischen Fatalismus erliegt, muss man sich selbst als Sklaven der eigenen unwandelbaren Persönlichkeit betrachten. Denn die Beziehungen zu unseren Mitmenschen – insbesondere zur Partnerin oder zum Partner, aber auch zu Kollegen, Politikern, Polizisten, Beamten, Lehrern, Klassenkameraden, Verwandten und Freunden – prägen die Persönlichkeit ebenfalls in beträchtlichem Ausmaß.

Karen und Chris hatten Ähnlichkeit mit den sich so dramatisch verändernden Buntbarschen aus Kapitel 2. Beide veränderten sich in Farbe, Physiologie und Verhalten so sehr, dass sie kaum wiederzuerkennen waren – und zwar nicht durch einen medizinischen Eingriff, sondern durch einen Partnerwechsel. Diese einfache Veränderung der Lebensumstände hatte stärkere Auswirkungen auf sie als jede Operation: Mit sinkendem Cortisolspiegel im Blut verbesserte sich das Gedächtnis von Chris, mit erhöhtem Testosteron- und Dopaminspiegel kehrten seine

Tatkraft und Selbstsicherheit wieder zurück. Fast zwangsläufig musste er scharfsinniger, konzentrierter, weniger ängstlich und risikofreudiger werden – und das alles nur, weil er nicht länger machtlos war.

Auch Karen hatte sich zweifellos verändert – sie hatte jetzt weniger Macht und damit weniger Dopamin und Testosteron, stattdessen aber wieder mehr Einfühlungsvermögen, und vielleicht auch etwas mehr Zukunftsangst. Zwar hatte sie nicht mehr diesen Siegerblick und diese raubtierhafte, gladiatorenartige Ausstrahlung, aber sie schien – irgendwie – glücklicher zu sein. Nicht, dass sie sich ihrem neuen Partner gegenüber unterwürfig gezeigt hätte – im Gegenteil: Später erfuhr ich, dass die beiden ein streitbares Paar waren, das die in jeder Partnerschaft unvermeidlichen Machtkämpfe miteinander ausfocht. Aber wie bei Chris und seiner neuen Partnerin waren die Kräfte nun ausgewogen und keiner von beiden besonders dominant. Das war eine ganz andere Art von Gewinnen.

Das ist kein Plädoyer für endlosen Partnerwechsel, bis man endlich den oder die Richtige gefunden hat. Auch wenn die Persönlichkeit durch die jeweilige Beziehung stark beeinflusst wird, wir bringen immer unsere Motivationen als Gepäck mit. Chris hatte eine Veranlagung zur Passivität und würde sich immer zu tendenziell dominanten Frauen hingezogen fühlen. Karen hatte eine dominante Tendenz und würde sich entsprechend zu Männern hingezogen fühlen, die sie beherrschen konnte. Sie hatten Glück gehabt, denn ganz leicht hätten sie in einer weiteren Abfolge von Gewinner-Verlierer-Beziehungen enden können, wie sie sie miteinander erlebt hatten. Das Wochenende auf dem Land hatte nur zu deutlich gezeigt, dass ihre Beziehung schon nicht mehr zu retten war. Aber wer weiß, in einem früheren Stadium der Abwärtsspirale wäre es vielleicht noch möglich gewesen – bevor sich ihre Gehirne und Persönlichkeiten durch die ungleiche Machtverteilung in der Beziehung verändert hatten.

Vielleicht wirkt es ein bisschen merkwürdig, dass ich hier ausgerechnet ein Beispiel wähle, bei dem eine Frau einen Mann unterdrückt, wo doch überall auf der Welt so viel mehr Frauen als Männer Opfer ungleicher Machtverteilung sind. Es sind nicht die Männer, denen in vielen Staaten systematisch die Menschenrechte wie Bildung, Partnerwahl und Arbeit von politischen und religiösen Systemen vorenthalten werden, sondern die Frauen, und zwar, weil sie Frauen sind. Die daraus folgende Machtlosigkeit verändert das Gehirn Hunderter Millionen Frauen und vermindert ihre Kraft, an dieser Situation etwas zu ändern.

Ich habe die Geschichte von Karen und Chris erzählt, weil sich damit das Buntbarschphänomen leichter darstellen lässt als bei einem Fall, in dem eine Frau von einem Mann unterdrückt wird. Hätte Chris seine Frau öffentlich gedemütigt, dann würde in uns automatisch das Höhlenmenschenklischee aktiviert, dass der Mann die Frau beherrscht, weil das biologisch so angelegt und nicht zu kontrollieren sei – der Fluch des genetischen Fatalismus hätte unsere Gedanken verzerrt. Aber hier ist der Buntbarsch, nicht der Höhlenmensch, als Vergleich angebracht. Ob es uns gefällt oder nicht, die Macht ist das Herzstück all unserer Beziehungen. Es ist unmöglich, mit jemandem eine intensive Beziehung einzugehen, ohne wenigstens ein bisschen Macht über den anderen zu gewinnen und ihm oder ihr wiederum etwas Macht über sich selbst zu verleihen.

Macht bedeutet, Kontrolle über Dinge zu haben, die der andere braucht, haben möchte oder fürchtet. Jede substanzielle Beziehung bringt es mit sich, dass in verschiedenen Graden Aufmerksamkeit, Zuneigung und Drohung mit Zurückweisung ausgetauscht werden. Wenn die Machtverteilung aus dem Gleichgewicht gerät, verändern sich die Beteiligten physisch und geistig, was im Extremfall bis zu Jekyll-und-Hyde-Fällen reicht. Wenn das Machtungleichgewicht extrem wird, wie bei Karen und Chris, dann werden die Beteiligten von der Macht korrumpiert und manchmal süchtig nach ihr. Aber nicht nur in Beziehungen zwischen Erwachsenen ist die Macht ein so zentraler Faktor.

Mama! Papa! Wir entmachten euch!

Sowjetische Kinder in den 1920er-Jahren konnten nur aus einem sehr begrenzten Unterhaltungsangebot wählen, und daher wurde die Kinderzeitschrift ›Murzilka‹ sehr viel gelesen. Auf einem Titelblatt aus dieser Zeit stand die Schlagzeile »Mama! Papa! Wir entmachten euch!«, in energischen Kursivbuchstaben. Die Kommunistische Partei hatte sich ihren Weg mitten in den tiefstgreifenden aller Machtkämpfe gebahnt – nämlich den zwischen Eltern und Kindern. Neben dem Bedürfnis nach Bindung ist das Bedürfnis nach Selbstständigkeit, nach Autonomie, eines der grundlegendsten bei den Menschen. Jeder, der das anstrengende zweite Lebensjahr seiner Kinder miterlebt hat, kennt diesen uralten Machtkampf aus erster Hand. »Nein!«, dieses Emblem des Widerstands ist die Waffe im Aufstand der Kleinkinder, zusammen mit Wutanfällen, Trotz und genereller Ablehnung.

Gerade wenn ein Kind sprechen lernt und sich die ersten Fragmente von Selbstbewusstsein und Identität bilden, entsteht auch der überwältigende Drang, das Leben selbst zu bestimmen. Grazyna Kochanska und ihre Kollegen von der University of Iowa haben untersucht, wie die Art, in der Eltern Macht über ihre Kleinkinder ausübten, deren Entwicklung prägte.[4] Bei 101 Paaren mit einem Kleinkind beobachteten sie jeweils, wie die Eltern auf ihr zwei- bis dreijähriges Kind reagierten, und zwar einmal, wenn es Spielzeug aufräumen sollte, das die Forscher mitgebracht hatten, und dann, wenn ihm verboten wurde, sich interessante Spielsachen zu nehmen, die verführerisch auf einem

Regalbrett lagen. Es ist bemerkenswert, wie leicht Menschen nach einer gewissen Zeit vergessen, dass sie beobachtet werden, besonders in der eigenen Wohnung. Und so reagierten die Eltern ganz natürlich auf ihr Kind, obwohl in der Ecke eine Wissenschaftlerin saß und sich ruhig ihre Notizen machte.

Alle 30 Sekunden bewertete sie, jeweils getrennt für Mutter und Vater, in welcher Form die Eltern die Kontrolle über ihr Kind ausübten, ob sie das Kind ignorierten (minus zwei auf der Machtskala), mit ihm sozial interagierten, ohne es zu kontrollieren (minus eins), ihm freundlich zurieten (plus eins), ihm direkte Anweisungen wie »Nein!« gaben (plus zwei) oder es zu zwingen versuchten, ihrer Anweisung zu folgen, indem sie Wut, erhobene Stimme oder Drohungen einsetzten (plus drei). Es gab auch stärkere Machtausübung inklusive physischer Kontrolle, etwa, wenn dem Kind das Spielzeug weggenommen wurde (plus vier) oder, noch stärker, wenn dem Kind das Spielzeug gewaltsam weggenommen oder ein leichter Schlag versetzt wurde (plus fünf). Die Eltern der Zwei- bis Dreijährigen wurden danach auf einer »Machtausübungsskala« bewertet, die sich auf die Interaktionen mit dem Kind während der Beobachtung stützte. Dann verschwanden die Forscher, kamen aber wieder zu einem weiteren Beobachtungstermin, wenn die Kinder etwa vier Jahre alt waren, und nochmals, wenn sie ungefähr fünfeinhalb waren.

Mit vier Jahren zeigten sich diejenigen Kinder, deren Eltern hohe Werte auf der Machtausübungsskala erzielt hatten, trotziger und ablehnender als jene, deren Eltern ihre Macht vorsichtiger ausgeübt hatten. Und mit fünfeinhalb Jahren waren die Kinder, deren Eltern ihre Macht energisch durchgesetzt hatten, viel eher verhaltensauffällig und antisozial in ihrem Verhalten sowohl anderen Kindern wie auch Erwachsenen gegenüber. Das galt insbesondere für Kinder, die keine stabile emotionale Beziehung zu ihren Eltern hatten, besonders zu ihren Müttern.

Es kommt nicht überraschend, dass ein Kind, das selbst zuvor harte Machtausübung erfahren hat, versucht, andere Kinder genauso zu dominieren. Antisoziales und auffälliges Verhalten füllt schließlich die Gefängnisse und macht Milliarden Menschen unglücklich. Sämtliche Forschungsergebnisse belegen, dass Eltern, die die Macht, die sie über ihre Kinder haben, übermäßig gebrauchen, eine der Hauptursachen solchen Verhaltens sind.

Und natürlich bringt man, wenn man als Kind gelernt hat, auf diese Weise Macht auszuüben, dieses Verhaltensmuster auch in die Beziehungen ein, die man als Erwachsener eingeht – man setzt sich gegen den Partner und die Kinder körperlich und geistig durch. Bei Männern, die ohnehin körperlich stärker sind, ist, wenn sie so erzogen wurden, womöglich die Gefahr größer, dass sie körperliche Gewalt anwenden, während Frauen mit einer solchen Erziehung eher dazu neigen, ihre Partner psychisch zu misshandeln. Alle, die das tun, nehmen in Kauf, dass sie, um ihren unterdrückten Machttrieb auszuleben, ihre Kinder körperlich und geistig misshandeln. So perpetuiert sich ein kultureller Zyklus von sinnloser Gewalt und psychischen Störungen.

Eltern, die das Wort von der Erziehungsgewalt wörtlich nehmen, fühlen sich vielleicht im Machtkampf zwischen Eltern und Kindern als Gewinner, aber das ist ein Paradebeispiel für einen Pyrrhussieg.

Am 12. September 2007 geschah ein politisches Ereignis, das Schockwellen um die ganze Welt sandte. Entsetztes Schweigen hing über der erstarrten Menge, die der Verlautbarung lauschte. Dann sprang ein Mann auf und die anderen folgten. Rufe wurden laut, Erklärungen wurden verlangt: »Warum? Warum jetzt? Was ist der Grund?« Der Mann am Steuerruder der drittgrößten Volkswirtschaft der Welt, bleich und sichtbar bestürzt, wehrte die Fragen mit schwacher Stimme ab, als habe ihn schon die Ankündigung erschöpft – dass er mit sofortiger Wirkung und nach nur einem Jahr Amtszeit von seinem Posten als japanischer Premierminister zurücktrete. Die Wucht des politischen Traumas, das er gerade ausgelöst hatte, wurde noch dadurch verstärkt, dass niemand damit gerechnet hatte.

Premierminister Shinzo Abe hatte kein leichtes Jahr gehabt. Im Sommer hatte seine Partei zum ersten Mal überhaupt die Mehrheit im japanischen Oberhaus verloren. Er hatte den USA versprochen, dass Japan sie im Afghanistankrieg weiter unterstützen würde, aber jetzt drohte schwerer Gesichtsverlust, wenn die Opposition die weitere Truppenentsendung mit ihrem Veto verhinderte. Shinzo Abe war dem enormen Stress ausgesetzt gewesen, der fast immer eine Begleiterscheinung enormer Macht ist. Nach der chaotischen Pressekonferenz wurde Abe eilig ins Krankenhaus gebracht. Die Diagnose lautete »schwere Erschöpfung«. Sein leitender Kabinettssekretär Kaoru Yosano erklärte, wie es zu dem Rücktritt gekommen war: »Premierminister Abe arbeitete weiter, obwohl er unsicher war, ob seine Gesundheit die Arbeitsbelastung und den psychischen Druck des Amtes aushalten würde.«[5] Abe selbst machte schweren Durchfall verantwortlich, der später auf »Stress und Erschöpfung« zurückgeführt wurde. Er hatte regelmäßig Schlafmittel genommen, und durch diese Anhäufung von Stressfaktoren endete er schließlich am intravenösen Tropf.

Dass die Macht uns scharfsinniger, konzentrierter und weniger einfühlsam macht, hat einen Grund: Wenn es nicht so wäre, dann könnte kein Chef oder Anführer sein Amt richtig ausüben, denn er wäre dem enormen Stress nicht gewachsen. Wenn man für Hunderte, Tausende oder gar Millionen Menschen verantwortlich ist, kann man es sich einfach nicht leisten, sich in einen einzelnen Menschen hineinzuversetzen. Das würde einen völlig lähmen, weil die politischen Entscheidungen, die man fällen muss, unweigerlich nicht nur vielen Menschen helfen, sondern manchen auch schaden.

Um Macht auszuüben, muss man hart sein, und Shinzo Abe war einfach nicht hart genug. Vergleichen Sie die Fotos von Regierungschefs im Verlauf der Amtsjahre, und Sie werden sehen, wie schnell der Stress sie altern lässt. Um die Belastungen der Macht zu überleben, muss man die Macht wollen und sie genießen. Macht bedeutet, auf andere Menschen einzuwirken, und welcher Politiker, Manager, Arzt, Wissenschaftler, Pfleger, Lehrer oder Polizist möchte nicht auf Menschen einwirken – zum Guten? Das Letzte, was wir uns wünschen können, ist ein Anführer, der keine Macht gewinnen will – wir brauchen Gewinner. Aber wir brauchen Gewinner, die nicht für sich selbst, sondern für uns alle gewinnen wollen. Wir brauchen Menschen, die nicht wie Karen und die durchsetzungswütigen Eltern der Kleinkinder der Illusion erliegen, dass ihre Machtausübung im häuslichen Bereich ein echter Sieg sei. Kurz gesagt, wir brauchen Gewinner, die ebenso sehr nach s-Macht wie nach p-Macht streben.

Im Jahre 1215 ereignete sich auf einer kleinen Insel vor der Nordwestküste Eurasiens etwas bisher nie Dagewesenes. Ein Dokument namens Magna Charta wurde unterzeichnet, das zum allerersten Mal die absolute Macht eines Königs einschränkte. Ihm war künftig verboten, seine »Freisassen« anders als nach den Vorschriften des Landrechts zu bestrafen. Eine Gruppe seiner Barone, seiner Lehensleute, zwang dem widerstrebenden König Johann von England dieses Gesetz auf, das übrigens bis heute gültiges britisches Recht ist. In Kapitel 1 haben wir gesehen, dass beträchtliche Machtfülle viele Menschen dazu treibt, ihre Macht als gottgegeben anzusehen, und einige sogar dazu, sich selbst für Götter zu halten. Zu einer Zeit, als englische Könige sich noch offiziell »von Gottes Gnaden« titulierten, fiel es König Johann sicher sehr schwer, diese Einschränkung seiner doch vom Himmel gesandten Macht zu schlucken.

Im Juni 2003 erklärte Präsident George W. Bush dem paläs-
tinensischen Ministerpräsidenten Mahmud Abbas, Gott habe
ihm befohlen, in den Irak einzumarschieren.[6] Auch Osama bin
Laden glaubte, seine Taten seien von Gott inspiriert. Solche Illu-
sionen sind teilweise vielleicht ein Symptom für die Verzerrun-
gen im Gehirn sehr machtgieriger Menschen. George W. Bushs
Amtszeit endete, wie es die Verfassung vorschreibt, nach zwei
Wahlperioden. Die Diktatoren dieser Welt hingegen verlängern
ihre blutige Herrschaft, solange es nur geht, und beheben sämtliche lästigen politischen Hindernisse mit Einkerkerung, Folter
und Mord. Genauso handeln die Bosse des internationalen
organisierten Verbrechens, deren Macht ganze Länder, wie etwa
Mexiko, in die Knie zwingt. Der Internationale Strafgerichtshof
ist möglicherweise eine Art neuer Magna Charta, und die internationalen juristischen und politischen Abkommen und Bündnisse bieten die besten Möglichkeiten, das demokratische System der gegenseitigen Kontrolle von Instanzen auf jene riesigen
Gebiete auszudehnen, in denen Völker nach wie vor Opfer von
Diktatoren sind, die eine Überdosis Macht wahnsinnig gemacht
hat. Aber die Frage bleibt: Wenn wir Anführer brauchen, die
Macht ausüben können, wie können wir verhindern, dass sie –
und wir, über die sie Macht ausüben – Schaden erleiden, weil ihr
Gehirn durch eine Überdosis Macht gestört ist?

Eine Studie aus dem Jahr 1963 analysierte den persönlichen
Hintergrund von 30 Politikern, die ihre Macht missbraucht
hatten, und kam zu dem Schluss, dass schwere frühkindliche
Deprivation im Zusammenhang mit Machtmissbrauch stand.
Wenn die frühkindliche Deprivation emotional war, nahm
der Machtmissbrauch oft die Form von Größenwahn an. Rein
materielle Deprivation dagegen brachte die Politiker eher dazu,
sich materielle Vorteile zu verschaffen – als ob sie verhindern
wollten, noch einmal so arm zu sein wie in ihren Kinderjahren.[7]
Aber Macht kann auch attraktiv sein für das einsame »Ich«, das

nicht in den Genuss der Unsterblichkeit kommt, die durch einen Oscargewinn entsteht. Denn Macht über andere Menschen auszuüben kann eine enorme Befriedigung erzeugen.

Nathanael Fast und seine Kollegen von der University of Southern California haben gezeigt, dass einige sehr machtvolle Chefs sich anständig verhalten, während andere ihre Macht missbrauchen, indem sie sich aggressiv verhalten.[8] Wie kann man vorhersagen, ob sich ein Kollege in einen Tyrannen verwandelt, wenn er Macht erhält?

Die Macht, so scheint es, bringt den Tyrannen im Menschen zum Vorschein – aber nur bei manchen Menschen. Bei welchen? Die Antwort, die Nathanael Fast dafür fand, wird jedem, der einmal in einer großen Firma gearbeitet hat, einen Schauer des entsetzten Wiedererkennens über den Rücken jagen. Macht bringt den Tyrannen in den Menschen zum Vorschein, die sich ihrer Rolle als Chef nicht gewachsen fühlen. Es handelt sich um eine verheerende Auswirkung des berühmten Peter-Prinzips: »In einer Hierarchie steigt jeder Angestellte irgendwann bis auf die Ebene seiner Inkompetenz auf.«[9] Mit jeder neuen Machtposition geht die dauernde und kritische Beobachtung durch Untergebene, Kollegen und höhere Vorgesetzte einher. Manche Menschen beflügelt Macht, für andere, die in einer weniger verantwortungsvollen Position gute Arbeit leisten würden, bedeutet Macht kolossalen Stress – etwa für Premierminister Shinzo Abe.

Die Verleihung eines Oscars bedeutet eine permanente Entwarnung für das Ich und verlängert die Lebenserwartung. Doch Menschen in einer Machtposition, der sie nicht gewachsen sind, sehen ihr Ich unter ständiger Bedrohung durch öffentliche Demütigung oder Versagen. Wenn man tätlich angegriffen wird, ist es eine natürliche Reaktion, sich seinerseits vehement und aggressiv zu verteidigen. Wenn das Ich sich durch die Gefahr öffentlicher Bloßstellung bedroht sieht, ist es nicht anders –

aggressive Verteidigung des Ich ist dann eine gewöhnliche und natürliche Reaktion.

Und an wem lässt man die Aggression am leichtesten aus? An den Untergebenen, die nicht zurückschlagen können. Unfähige Vorgesetzte mit wenig Macht sehen vielleicht ebenfalls ihr Ich bedroht und würden auch gerne losschlagen, aber ihre relative Machtlosigkeit erschwert es ihnen. Schlechte Chefs verursachen weltweit Elend, Tod und Zerstörung in Billionenhöhe. Vom Abteilungsleiter bis zum Staatspräsidenten, viel zu viele Menschen korrumpiert die Macht und veredelt zu wenige. Macht zu haben bedeutet Stress. In schlecht strukturierten Firmen, Organisationen und Staaten wird es keinem Vorgesetzten leicht gemacht, sich seiner Aufgabe gewachsen zu fühlen. Schlechte Organisation – chaotische Staaten mit bürgerkriegsähnlichen Zuständen, zu schnell wachsende Unternehmen mit einem besessenen Gründer, verkrustete Bürokratien mit unmotivierten Beamten – sind fast eine Garantie dafür, dass sich ein Vorgesetzter irgendwann unfähig und überfordert fühlt.

Die massive Bedrohung des Ich in diesen getriebenen Männern – Männer streben öfter und selbstverständlicher nach solchen Positionen als Frauen – führt dazu, dass sie Untergebenen gegenüber aggressiv werden. Im Fall von Diktatoren wie Robert Mugabe kann diese Aggression den Tod Tausender und Hunger für Millionen bedeuten. Im dACC setzt unweigerlich kognitive Dissonanz ein, und das Gehirn versucht, die Inkonsistenz auszubalancieren, indem es Verachtung für Untergebene erzeugt, wie Karen sie für Chris empfand. Wenn der Effekt der Macht auf das Gehirn eine solche Entwicklungsbremse ist und die Menschen daran hindert, ihr eigentliches Rennen – das ums Überleben – zu gewinnen, dann müssen wir wirklich etwas dagegen tun. Im letzten Abschnitt dieses Kapitels möchte ich einige Vorschläge unterbreiten, die auf der Reise durch die Korridore der Macht im Gehirn entstanden sind.

Machtprüfung

Viele Menschen kennen ungefähr ihren Body-Mass-Index, ihren Cholesterinspiegel und den Blutdruck. Sie haben wahrscheinlich eine ungefähre Vorstellung, wie gut sie körperlich in Form sind. Unsere Generation ist die erste, die sich ihres Körpers und der Gesundheit so sehr bewusst ist, und das ist einer der Gründe dafür, warum wir eine höhere Lebenserwartung als unsere Eltern und Großeltern haben. Aber wissen wir auch über unsere eigene Beziehung zur Macht Bescheid? Wissen wir, wie viel Macht wir am Arbeitsplatz und in unseren Beziehungen ausüben? Wissen wir als Lehrer, Manager, Sozialarbeiter, Ärzte, Psychologen, Beamte, Polizisten, Gefängniswärter, Banker, Trader, Makler und Vertreter, oder in welchem Beruf wir auch immer tätig sind, wie wir die Macht ausüben, die wir haben, und wie sie uns selbst verändert? Und sind wir uns im Klaren darüber, wie die Macht anderer auf uns wirkt? Das sind sehr wichtige Fragen.

Jeder, der Macht ausübt, sollte sich von Zeit zu Zeit fragen, ob sie ihm zu Kopf steigt. Ehrgeiz ist etwas Schönes, aber fragen Sie einmal einen Freund oder Ihren Partner, wie sie Ihr Verhalten sehen. Was sie von Ihren Macht-Motivationen halten. Das ist ein fest verankerter Teil der Persönlichkeit, dessen wir uns gewöhnlich nicht bewusst sind. Deshalb müssen wir die Menschen, die mit uns leben und arbeiten, danach fragen, wenn wir ein akkurates Bild davon bekommen möchten.

Zu dieser Machtprüfung sollte es auch gehören, dass wir uns fragen, ob unser ichbestimmtes Machtstreben durch ein hohes Maß an altruistischem s-Machtstreben ausgeglichen wird. Ist unser Machtstreben hauptsächlich ichbestimmt, so kann es uns unglücklich machen – wir haben ein erhöhtes Risiko, nach Macht süchtig und von ihr korrumpiert zu werden. Außerdem steigt die Wahrscheinlichkeit, dass unsere persönlichen Beziehungen zerbrechen und uns einer Vielzahl persönlicher

Probleme gegenüber verwundbar machen, darunter Alkohol und Drogenmissbrauch. Und wenn wir uns den Anforderungen unserer Machtposition nicht gewachsen fühlen, laufen wir Gefahr, unseren Untergebenen gegenüber aggressiv zu werden oder sie gar zu tyrannisieren.

Menschen, die Einfluss auf die Berufung von Anführern haben – und den haben in einer Demokratie alle, die wählen dürfen –, sollten sehr viel mehr auf die Machtpsychologie der Kandidaten achten. Ja, gewiss, wir brauchen Anführer, die nach Macht streben und mit ihr umgehen können, aber sie müssen ihr p- und s-Machtstreben miteinander im Einklang halten, und es sollten in ihren bewussten und unbewussten Äußerungen häufig »nicht« und »kein« vorkommen. Wir brauchen genaue Machtprüfungen nicht nur unserer politischen Führungspersonen, sondern auch der potenziellen Vorgesetzten und Chefs, bevor sie tatsächlich Machtpositionen übernehmen.

Ein Warnsignal ist der häufige Gebrauch von »Ich« in ihren Reden. Wie wir gesehen haben, steigert Macht die Ichbezogenheit und schwächt das Einfühlungsvermögen für andere Menschen; sie steigert das Selbstvertrauen, schläfert das Gewissen ein und lässt einen glauben, dass man anderen Regeln unterliegt als der Rest der Welt. Ein weiteres Warnsignal bei einer Führungspersönlichkeit ist es, wenn ihr Machthunger für ihren Rang und Status überdurchschnittlich groß ist und ihr ichorientiertes p-Machtstreben das wirorientierte s-Machtstreben zu übersteigen scheint.

Es gibt Methoden für eine solche Machtprüfung – mit der systematischen Überprüfung von Ansprachen und Texten von Führungspersönlichkeiten, wie ich sie weiter oben beschrieben habe, gewinnt man eine grobe Einschätzung ihres inneren Machtstrebens. Die Macht ist, wie Bertrand Russell gesagt hat, das zentrale Ingrediens aller menschlichen Beziehungen, und wir reden zwar viel über sie – wer sie hat und wer nicht –, aber *nicht* darüber, wie sie die Menschen krank macht, wenn sie entweder zu viel oder zu wenig davon haben. Die Macht sollte für uns ein genauso selbstverständliches Thema für Gespräch und Selbstbeobachtung wie körperliche Fitness und Gesundheit werden. Das ist die Herausforderung im gegenwärtigen Stadium der geistigen Entwicklung der Menschheit.

Und selbstverständlich müssen wir über die Machtverhältnisse in unseren persönlichen Beziehungen nachdenken, besonders die zu unseren Kindern. Kinder mögen und brauchen Grenzen und Kontrolle – antiautoritäre Erziehung kann für ein Kind Verzweiflung, mangelndes Vertrauen und Unsicherheit bedeuten. Aber die enorme Macht, die Eltern über Kinder ausüben, korrumpiert einige und bringt Kinder hervor, deren Leben von der wuterfüllten Erinnerung an die Unterdrückung in ihrer Kindheit ruiniert wird. Eltern und Lebenspartner müssen ihre eigene Machtausübung in der Beziehung überprüfen und sich fragen, ob sie es damit übertreiben. Jeder, der Macht hat, sollte darüber nachdenken, wieweit sie sein eigenes Denken und Handeln deformiert. Aus einer Machtposition heraus zu verhandeln mag Vorteile bringen, aber man kann das Spiel auch überreizen und an der eigenen Hybris scheitern.

Wie viele Projekte gibt es, bei denen der Zeitraum, zu dem sie ursprünglich abgeschlossen sein sollten, immer weiter hinausgeschoben wird? Sehr viele, wie wir alle wissen. Mario Weick und Ana Guinote von der britischen University of Canterbury haben gezeigt, dass Macht auch zu übertrieben optimistischen Einschätzungen der Zeit führt, die man braucht, um ein bestimmtes Ziel zu erreichen.[10] Macht bringt einen dazu, sich auf ein Ziel zu konzentrieren, und wenn man sich auf etwas konzentriert, dann scheint es näher zu liegen, als es in Wirklichkeit ist. Bei aller inneren Stärke, die einem Macht verleihen kann, ist die Gefahr groß, dass es Probleme gibt, weil man nicht erkennt, wieweit sie einen im Griff hat.

Demokratie und Humankapital

Das Wort *Demokratie* stammt aus dem Griechischen. *Demos* bedeutet »Volk«, *kratein* heißt »herrschen«. Die Demokratie war eine geniale Erfindung der alten Griechen, um eines der wertvollsten und wirkungsvollsten Mittel der Menschheit – eben die Macht – gerechter unter allen zu verteilen, zumindest unter allen außer Frauen und Sklaven. Wenn in einem Land, das kürzlich von einer Diktatur befreit wurde, die ersten freien Wahlen stattfinden, ist es ebenso herzzerreißend wie inspirierend, die langen Schlangen ärmlich gekleideter Menschen zu sehen, die vom Morgengrauen bis zum Abend geduldig warten, meistens in brütender Hitze, um das kleine Stückchen Macht auszuüben, das ihnen die Stimmabgabe bei einer Wahl überträgt. Demokratie, Bildung und Wohlstand gehen Hand in Hand, und ein Schlüssel ihrer Wechselwirkung untereinander ist die Macht, die sie verleihen.

Durch Bildung kann man die Hirne eines Volkes physisch aufbauen und seine Intelligenz erhöhen, wie ich in meinem Buch ›Mind Sculpture‹[11] gezeigt habe. Bildung erhöht die Lebenserwartung und verbessert die Gesundheit auf dramatische Weise. Warum ist das so? Durch Bildung wird ein Mensch in das Netzwerk der menschlichen Kultur einbezogen, in die akkumulierte Geistesgeschichte – in Konzepte wie Demokratie, Freiheit, Macht, Verantwortung, Verantwortlichkeit, Korruption und so weiter. Solche abstrakten Ideen verleihen enorme Macht, genau wie die damit zusammenhängenden praktischen Fähigkeiten für den Alltag, etwa Rechnen, Lesen und Schreiben. Wer Zweifel hat, welche Macht eine Idee haben kann, denke an Karl Marx' komplexes, ziemlich unzugängliches Werk ›Das Kapital‹, das in jahrelanger Arbeit in der British Library in London entstand. Es veränderte die Welt ein Jahrhundert lang, beeinflusste das Leben von Milliarden Menschen entscheidend und ist für den Tod Dutzender Millionen verantwortlich. Wenn das nicht Macht ist, was dann?

Gebildete Menschen leben länger und besser, unter anderem, vermute ich, weil sie durch das Reich der Ideen, in das sie eingeführt werden, mit Macht versehen werden. Diese »Ermächtigung« wiederum, dieses *empowerment* verändert ihr Gehirn physisch, wie ich es in meinem Buch beschrieben habe: Sie werden scharfsinniger, unternehmender, zielgerichteter, glücklicher und selbstsicherer. Macht fördert darüber hinaus das abstrakte Denken. In Kapitel 3 haben wir gesehen, dass Pamela Smith und ihre Kollegen herausgefunden haben: Macht macht scharfsinniger. Dieses Forscherteam hat außerdem gezeigt, dass es schon genügt, sich an vergangene Machtausübung zu erinnern, damit man abstrakter und sogar kreativer denken kann.[12] Umgekehrt gilt wahrscheinlich auch: Wer besser abstrakt denken kann, weil er durch die Bildung, die er genossen hat, einen weiteren geistigen Horizont hat, fühlt sich mächtiger.

Die Revolutionen der Völker Nordafrikas und des Nahen Ostens seit Anfang 2011 sind ein deutlicher Beweis für diese Verbindung von Machtverleihung durch Bildung und dem Hunger des »Volkes« nach »Herrschen«. Die gut ausgebildeten jungen Leute in diesen Ländern, hungrig nach den Ideen, mit denen sie durch ihre Bildung und das Internet in Kontakt kommen, fühlten sich ermächtigt, die erstickende Macht der Diktatoren und ihrer zahllosen Regierungen zu stürzen, deren Mitglieder zum großen Teil unter psychischen Störungen als Folge übermäßiger Machtausübung litten.

Demokratische Regierungen sind nicht die einzige Machtquelle auf der Welt – bei Weitem nicht. Die Finanzkrise von 2008, die Hunderte Millionen Menschen weltweit verarmen ließ, wurde durch die schädlichen Wirkungen des *Gewinner-Effekts* auf Banker und Trader verursacht, deren Gehirn durch den testosterongetriebenen »Erfolg« astronomisch steigender Profite vernebelt war. Das schwächte ihre Urteilskraft und nahm ihrem moralischen Kompass, sofern sie vorher einen hatten, die Orientierung.

Geld ist Macht, und deshalb ist extremer Reichtum eine potenzielle Ursache für dieselbe Art Hirnschädigung, wie sie auch unbegrenzte Macht verursacht. Menschen, deren Leben sich nur ums Geld dreht, werden unglücklich, und das versuchen sie durch verstärktes Streben nach Geld zu ändern, wie Tim Kasser und seine Kollegen gezeigt haben.[13]

Ein Freund von mir, der als Trader in der Londoner City arbeitete, erzählte mir, die jungen Männer und Frauen dort seien so sehr auf das Geld und die Größe ihrer Jahresboni fixiert, dass sie, so komme es ihm vor, kaum jemals über etwas anderes sprächen. Auch Geld wirkt, wie Stephen Lea und Paul Webley von der University of Exeter gezeigt haben,[14] wie eine Droge, und dass eine Drogensucht das Urteilsvermögen, die moralischen Maßstäbe und das Lebensglück zerstören kann, wissen wir alle. Zu große Geldgier kann denselben Effekt haben.

Die Siegermenge

Timothy Gowers, Mathematiker an der Cambridge University, tat sich mit Terence Tao von der University of California zusammen, um durch ein Projekt namens Polymath die als äußerst elitär geltende Domäne der mathematischen Forschung zu demokratisieren.[15] Die beiden sind mit der Field-Medaille ausgezeichnet worden, in der Mathematik das Gegenstück zum Nobelpreis. Sie zeigten, dass es möglich ist, eine Art mathematisches »Superhirn« zu schaffen, indem man in einem Internetforum Menschen mit allen Abstufungen von mathematischen Fähigkeiten eine Reihe von Aufgaben stellt. Forscher an der Carnegie Mellon University zeigten, dass dieses Kollektiv schnellere und bessere Lösungen für die recht schwierigen Rechenprobleme lieferte. Zu den Beteiligten an diesem internationalen Superhirn gehörten Mathematikkoryphäen wie Gowers und Tao, die sehr häufig Beiträge leisteten, ebenso wie etwa Jason Dyer, ein Highschool-Mathematiklehrer aus Arizona, der zwar nicht allen Argumentationsgängen folgen konnte, aber einen wichtigen Beitrag zu einer der Aufgaben lieferte.

Das ist ein sehr anschauliches Beispiel dafür, wie eine wir-orientierte und demokratische Macht- und Statusverteilung Gehirne zu supercomputerartigen Strukturen vernetzen kann, die eine echte Chance haben, drängende Probleme der Menschheit zu lösen. Ein einzelnes menschliches Gehirn ist schon die komplexeste bekannte Struktur im Universum. Wenn man sechs Milliarden davon verbinden könnte, hätte man das Potenzial für eine Transformation des menschlichen Lebens insgesamt.

Das gilt auch für Organisationen und Firmen, die durch Kreativität und Beweglichkeit weiter bestehen und wachsen wollen: Wenn sie die kombinierten Rechenfähigkeiten ihrer Angestellten zu einer Superhirnstruktur verbinden könnten, sollte ihnen dieser Erfolg sicher sein. Aber dazu bedarf es des *empowerment,* der Verleihung von Macht, und man muss die Hindernisse erkennen, die das Individuum vom Gewinnen abhalten, wie ich sie in den ersten drei Kapiteln beschreibe. Die entscheidende Schlussfolgerung dieses Buches ist: Man ist, wer man ist, weil man das Produkt seiner Umgebung ist, der häuslichen wie der sozialen und beruflichen.

Diese Umgebung hat zu Anfang des Lebens größeren Einfluss als später; manches kann sich in das leichter formbare kindliche Gehirn tief einbrennen. Aber es gibt nicht nur den Fluch des genetischen Fatalismus, der als sich selbst erfüllende Prophezeiung unsere Leistungen sabotieren kann, sondern auch den Fluch des »frühkindlichen Fatalismus«, der die Menschen in ähnlicher Weise behindert, weil sie denken, diese frühkindlichen Prägungen seien unüberwindlich. In Extremfällen mag es zutreffen, aber man darf nie vergessen, dass das menschliche Gehirn, wie ich in ›Mind Sculpture‹ gezeigt habe, das ganze Leben hindurch formbar bleibt.

Ein Schlüsselfaktor im Verhältnis zur Umgebung ist die Rolle, die man darin spielt. Viele Menschen etwa »wachsen an den Herausforderungen«, wenn sie in eine verantwortliche Position gelangen, und verändern sich infolgedessen wie afrikanische Buntbarsche, sowohl körperlich wie geistig. Einige Ihrer Kollegen oder Angestellten – oder auch Ihrer Familienangehörigen – haben vielleicht ein riesiges verborgenes Potenzial, das sie nicht umsetzen können, weil sie nie die Chance dazu bekommen!

Einer der größten Blutverluste im weltweiten Superhirn entsteht durch die Entmachtung älterer Mitbürger, deren Gedächtnis sich durch negative Klischees unnötig verschlechtert, wie wir in Kapitel 2 gesehen haben. Wenn man einmal von Diktatoren oder Medienmogulen absieht, bringt das Alter häufig eine Milderung des Drangs nach Macht und Aufmerksamkeit mit sich. Das p-Machtstreben älterer Menschen sinkt mit fallendem Testosteronspiegel, aber das s-Machtstreben steigt möglicherweise als Ausgleich dazu. Ein großes Ego ist ein großes Problem für kollektive Superhirne, weil es den demokratischen Informationsfluss unterbricht. Ältere Menschen könnten durch Einbeziehung ins Superhirn mehr Macht bekommen, und durch diese Macht werden sie gleichzeitig auch als Individuen klüger, weil der Testosteron- und Dopaminspiegel steigt.

Die Macht der Gruppe

Auch als Angehöriger einer Mehrheit hat man Macht, und das kann zu Verachtung gegenüber der Minderheit führen. Das kann wiederum zur Folge haben, dass die Mehrheit die Minderheit schlecht behandelt. Dann müssen die Dissonanz auflösenden Hirnschaltkreise des dACC dieses Verhalten rechtfertigen, indem sie die Verachtung und Ausgrenzung der Minderheit noch verschärfen. Aber man muss nicht einmal in der Mehrheit sein, damit sich diese neuropsychologische Dynamik entwickelt. Man kann Millionen Menschen leichter mobilisieren, wenn sie das Machtgefühl einer Mehrheit haben – wie es Hitler mit den Deutschen und Österreichern gelang –, aber für ein Massenpogrom genügt das noch nicht. Wenn Machthaber sich selbst als unzulänglich empfinden, werden sie leichter zu aggressiven Tyrannen. Das Ich des durchschnittlichen Deutschen in den 1920er-Jahren war angeschlagen durch die demütigenden Auflagen des Versailler Vertrages, den die Alliierten Deutschland nach dem Ersten Weltkrieg aufgezwungen hatten. Eine der einst mächtigsten europäischen Industrienationen wurde dann durch Armut und Hunger noch weiter entwürdigt und als unfähig hingestellt.

Das angeschlagene Ich und und das der Macht beraubte Gehirn der deutschen Bevölkerung griff daher nach jeder Art von Machtgefühl, die sich finden ließ – und das armselige Machtgefühl, gegenüber den Juden in der Mehrheit zu sein, war ein Flämmchen, das Hitler sorgfältig und erfolgreich zu einem Brand anfachte. Er bediente sich dazu verschiedener Methoden, aber eine der wichtigsten war die klassische Taktik des Schulhoftyrannen – er brachte Millionen bis dahin eher neutraler Menschen dazu, kleine herabsetzende Aktionen gegen die Opfer auszuführen. Dadurch wurde die Abwärtsspirale der kognitiven Dissonanz in Gang gesetzt: Der dACC rechtfertigte die Handlungsweise des Tyrannen und so ergab sich die Schlussfolgerung, dass die Opfer wirklich schlechte Menschen sein mussten – »Warum würde ich, ein guter Mensch, ihnen sonst so etwas antun?«

Hitler gelang dies, indem er normale deutsche Bürger – Ladenbesitzer, Beamte, Polizisten und so weiter – gesetzlich verpflichtete, unbedeutende Maßnahmen zu treffen, die aber den Juden das Leben ein bisschen schwerer machten. Hatten die Betroffenen das einmal getan, setzte die Massenmanipulation Dutzender Millionen von Gehirnen ein, die vor sich selbst rechtfertigen mussten, was sie ihren jüdischen Mitbürgern und Kunden antaten. Die Juden mussten irgendwie schlechte Menschen sein und ihr Schicksal verdienen. Mit immer weiter gehenden Entrechtungsgesetzen brachte Hitler dann die Deutschen dazu, die Juden immer schlechter zu behandeln, bis hin zum apokalyptischen Ende der Spirale. Auch dies war eine pervertierte Form des Gewinnens, die den Samen ihres Untergangs schon in sich trug.

Eine ähnliche Dynamik konnten wir in Bosnien, Ruanda, Darfur und anderswo beobachten. Aber das bedeutet nicht, dass wegen genetisch bedingter und unwiderstehlicher primitiver biologischer Triebe bei allen Menschen unvermeidlich das Böse unter der Oberfläche lauert. Wenn eine Regierung den festen Willen dazu hat, kann sie politische Grundsätze durchsetzen, die das Verhalten der Bürger gegenüber Minderheiten umformen. Dadurch kann ein Wandel im Gehirn von Millionen Menschen ausgelöst werden, deren dACC zur Auflösung der kognitiven Dissonanz für eine positivere Haltung gegenüber stigmatisierten Randgruppen sorgt. Wenn eine Regierung Situationen und Regeln schaffen kann, in denen die privilegierte Gruppe gezwungen ist, der diskriminierten Gruppe kleine Gefallen zu tun, dann muss die Auflösung der kognitiven Dissonanz dazu führen, dass sie denken: »Wenn ich denen etwas Gutes tue, dann müssen es ja ganz nette Leute sein.«

Was macht einen Gewinner aus?

Das Ich ist ein einsames Tier, das nicht einmal durch einen Oscar unsterblich wird. Das brüchige Ego korrupter Anführer ist die

Ursache für die Armut, den Hunger und das Abschlachten von Millionen von Menschen. Ein einziger ichsüchtiger Chef kann einem das Leben völlig vermiesen. Dieser intensive Drang zu gewinnen, den wir fast alle von Zeit zu Zeit verspüren, ist nichts anderes als ein auf Leben und Tod geführter Überlebenskampf des Ich.

Das Ich indes existiert außerhalb eines Netzwerks sozialer Beziehungen eigentlich gar nicht. Wenn wir uns also nur in den Kampf stürzen, damit unser Ich gewinnt, können wir gar nicht gewinnen, weil das Ich eine Art Hirngespinst, eine Chimäre, ist. Deshalb entwickeln Menschen, deren Machthunger hauptsächlich der ichsüchtigen p-Macht gilt, eine immer größere Machtgier, die nie gestillt werden kann. Nur wenn ein starker s-Machthunger den p-Machthunger ausgleicht, bekommen wir eine gesunde psychologische Beziehung zur Macht und laufen nicht Gefahr, danach süchtig zu werden. Das ist Gewinnen ohne Pferdefuß.

Der Geist des Ich ist längst aus der Flasche entwichen. Die individualistische Kultur des Westens hat brillante Persönlichkeiten und enorme wissenschaftliche Leistungen hervorgebracht. Das Ergebnis waren erheblich mehr Nobelpreise als in den östlichen Kulturen, wo das Ich ein sozialeres Tier und deutlich tiefer in die kollektive Identität eingebettet ist.[16] Wir haben gesehen, wie das einsame Ich die Effekte der Macht oft verarbeitet, dass es die persönliche Macht gottgegebenen Begabungen zuschreibt und sich – in schweren »Fällen« – selbst für eine Art Gott hält. Religion ist nicht zwingend ein Bollwerk gegen Hybris und ihre Folgen, sie kann sogar manchmal verstärkend auf die Vergiftung durch Macht wirken. Auch wenn die meisten Religionen und ethischen Systeme ein striktes Regelwerk vorhalten, um der Selbsterhöhung machtvergifteter Gewinner Grenzen zu setzen.

Was also macht einen *wahren Gewinner* aus – im Gegensatz zu einer Person wie »Karen« oder auch Robert Mugabe, deren deformierte Gehirne sie nur glauben machen, dass sie gewonnen haben? Wahre Gewinner genießen die Vorteile der Macht – den vom Testosteron erzeugten Tatendrang, die geistige Beweglichkeit, Kreativität und Konzentration – und haben Freude daran, ihre Mitmenschen zu beeinflussen, indem sie Ressourcen zur Verfügung stellen, die diese brauchen und wollen. Sie werden davon beflügelt, Gutes bewirken zu können, und behindern sich nicht selbst dadurch, dass sie ihren Erfolg auf ererbte, unveränderliche Eigenschaften zurückführen. Siegertypen wissen instinktiv, das größte Hindernis auf dem Weg zum Erfolg können Selbstzweifel sein wie : »Ich bin dafür nicht schlau, selbstbewusst, ehrgeizig, zäh [oder was auch immer] genug.«

Erfolge basieren in hohem Maße auf den jeweiligen Umständen und äußeren Voraussetzungen. Die meisten von uns können Gewinner werden, indem sie eine Herausforderung annehmen. Und das können wir umso besser, wenn man eine Position von Macht und Einfluss hat. Doch manchmal kann man von solchen Umständen nicht profitieren wegen unbewusster Vorurteile und Klischees im eigenen Kopf und in den Köpfen anderer. Führungspersönlichkeiten müssen den Wunsch nach Macht haben. Wenn das nicht der Fall ist, wird der Stress für sie zu groß. Aber der Machthunger darf nicht nur auf das Ich bezogen sein. Macht muss auch zum Nutzen anderer ausgeübt werden. Machthungrige Staatenlenker beginnen viel öfter einen Krieg. Also müssen wir sehr genau darauf achten, welche Art Machtstreben sie an den Tag legen: Wahre Gewinner wollen ebenso sehr soziale Macht, s-power, wie ichbezogene Macht, p-power.

Gewinner denken, sie haben das Leben im Griff. Dieses Gefühl der Kontrolle schützt sie vor Stress und trägt dazu bei, dass sie besser, länger und glücklicher leben. Aber wahre Gewinner wissen auch, dass das Ich, Hirngespinst hin oder her, ein gefährliches Tier ist. Die Männer und Frauen, die die Bürde der Macht auf sich nehmen und sie wohl zu nutzen wissen, halten immer Abstand zu diesem gefährlichen Tier, legen es an die Leine mithilfe von Prinzipien, die über ihr reines Eigeninteresse hinausgehen. Vielleicht ist es die größte Herausforderung für eine gute Zukunft der Menschheit, das Ich zu zähmen.

Nachwort

Viele Autoren geben sich der Illusion hin, dass ihre Bücher der Nachwelt etwas zu sagen haben. Lassen Sie es mich ihnen gleichtun: Die Welt steht vor ernsthaften ökologischen, sozialen und militärischen Herausforderungen. Der Januar 2011 hat gezeigt, dass es nicht länger möglich ist, eine Situation aufrechtzuerhalten, in der junge Menschen, die elektronisch mit der ganzen Welt verbunden sind, gezwungen sind, extreme politische und wirtschaftliche Ungleichheit tolerieren. Angesichts einer wachsenden Weltbevölkerung, für die Wasser, Nahrung und Energiereserven nicht mehr ausreichen, eines wachsenden und immer weiter verbreiteten Arsenals von Massenvernichtungswaffen und eines drohenden klimatischen Super-GAUs ist die Menschheit zu entschiedenem Handeln gezwungen.

Das größte Hindernis, um sich diesen Fragen zu stellen und mit diesen Herausforderungen umzugehen, besteht womöglich in den schädlichen Auswirkungen der Macht auf den Geist derjenigen, die die Entscheidungen fällen und Grundsätze aufstellen müssen. Die wenigen Länder der Welt, die eine Demokratie entwickelt haben, besitzen ausgefeilte Regularien – Wahlen, unabhängige Gerichte, eine freie Presse und so weiter –, die verhindern sollen, dass die Mächtigen nach Macht süchtig und in der Folge neurologisch geschädigt werden.

Allmählich findet sich die Welt zusammen, um gemeinsam Maßnahmen gegen den Klimawandel zu ergreifen. Vielleicht ist es schon zu spät, aber immerhin erleben wir nun ein großes Umschwenken auf erneuerbare Energien, auf CO_2-Speicherung, Emissionshandel und Ähnliches. Was wir eigentlich brauchen, ist eine genauso große internationale Anstrengung, um die Effekte der Macht auf das menschliche Gehirn zu erkennen und zu kontrollieren.

Gewinnen kann nur allzu leicht sein, wenn man die Tricks kennt, mit denen sich Menschen manipulieren lassen. Das menschliche Gehirn hat Ähnlichkeit mit einem großen multinationalen Konzern, in dem die linke Hand oft nicht weiß, was die rechte tut. Menschen können sich Macht über andere verschaffen, wenn sie sich diese Größe und Komplexität zunutze machen. Auch die eigene Familie zu beherrschen kann einfach sein – man muss sich nur mehr oder weniger brutaler Methoden der Verhaltenskontrolle zu eigen machen, von körperlicher Bedrohung und Bestrafung bis hin zu emotionaler Erpressung. So kann man zu Hause, im unvermeidlichen Kampf um die Kontrolle, zum Gewinner werden.

Am Arbeitsplatz kann der geschickte Manipulator, der sich in der Hierarchie auskennt, die rutschige Kletterstange nach oben mithilfe von allerlei Beeinflussungstricks erklimmen oder altbekannte Methoden wie Schmeichelei, Intrigen gegen Konkurrenten und Unterdrückung von Untergebenen anwenden. Die Chefs des geschickten Manipulators, sofern sie machtgierige Menschen und eher durch p- als durch s-Machtmotivation getrieben sind, werden in ihrem Egoismus den Machenschaften ihrer Untergebenen gegenüber oft blind sein und Schmeicheleien als natürlichen Tribut an ihre eigene Größe wörtlich nehmen. Und so werden sie anfällig für Manipulationen durch ihre ehrgeizigen Untergebenen und fördern deren Aufstieg.

Pfleger und Betreuer genießen manchmal, zum großen Pech ihrer Patienten, die fast totale Macht, die sie über das Leben der ihnen Anvertrauten haben. In ihrem kleinen Reich sind sie damit absolute Gewinner. Wir kennen nun die Wirkungen der Macht auf das Gehirn und wissen, dass es Menschen gibt, die, wenn sie Macht dazugewinnen, andere Menschen als Objekte betrachten. Sie werden sich immer verächtlicher dem Patienten gegenüber verhalten, und das um Erklärung bemühte Gehirn wird dieses Verhalten rechtfertigen und so passend machen, dass der Patient wirklich zu verachten und zu verabscheuen ist.

Lehrer haben durch ihren Unterricht und ihre Notenvergabe die Macht, Laufbahnen zu ermöglichen oder zu verhindern. Möglicherweise gelingt es ihnen, ganze Generationen von Schülern zu beherrschen. Auch der Arzt, Chirurg oder Psychologe, der die Macht über seine Patienten allzu sehr genießt, missbraucht sie vielleicht irgendwann. Der Polizist, der Sie verhaften kann, und der Justizbeamte, der Sie in Ihre Zelle schließt, haben eine Machtposition inne, deren Gefahren oft geschildert werden. Wenn diese uniformierten Staatsdiener aus den falschen Gründen einen bösartigen Drang zu gewinnen haben, dann kann die Macht ihr Gehirn ziemlich durcheinanderbringen.

Karen gewann ihren Kampf gegen Chris, wurde aber darüber unglücklich. David Kipnis und seine Kollegen[1] fanden heraus, dass sich ihre Versuchsteilnehmer schlechter dabei fühlten, wenn sie Tricks zur Manipulation anderer Menschen gezeigt bekamen, wie etwa den mentalen Fuß des Staubsauger-Vertreters in meiner Tür. Das passt dazu, was mit Menschen passiert, die sich das Streben nach jener anderen großen Machtquelle – dem Geld – zum Lebenszweck machen: Je mehr man sich auf Geld und Materialismus konzentriert, desto unglücklicher wird man.[2] Macht ist schließlich wie eine Droge, und wir wissen, dass Drogen zwar kurzfristig euphorisieren, aber auf lange Sicht herunterziehen. Sollten wir also diese furchtbare Droge ganz ausrotten? Ist die Macht eine gefährliche Quelle des Bösen in der Welt?

Natürlich ist sie das. Aber sie ist auch eine enorme Quelle des

Guten – und dieses Gute nennen wir Führungsqualität. Ohne die Führungsqualitäten Winston Churchills und Franklin D. Roosevelts wäre ich heute vielleicht ein loyaler faschistischer Bürger des großdeutschen Reiches und meine Kinder trügen die Uniform der Hitlerjugend. Martin Luther King hatte die Macht, Millionen Unterstützer auf die Straße zu bringen, und der brasilianische Präsident Lula da Silva half mit, sein Land zu einer der führenden Wirtschaftsnationen zu machen. Sie waren mächtige Führungspersönlichkeiten, die ihre Macht zum Wohl zahlloser Menschen einsetzten.

Was fangen wir also mit dieser Droge an, die so segensreich und gleichzeitig so zerstörerisch wirkt? Wie schaffen wir Siegertypen, deren Siege uns allen nutzen, anstatt nur kurzsichtige Triumphe zu sein, die lediglich ihrem eigenen Ich nutzen? Wie verhindern wir die Machtgier der Mugabes dieser Welt, die eine ganze Nation hungern und ihre Bürger auf offener Straße erschießen lassen? Wie verhindern wir, dass die macht- und geldgierigen Wall-Street-Manager dieser Welt zynisch mit den Märkten spielen, indem sie riskante Finanzprodukte an unwissende Kunden verhökern und gleichzeitig dieselben Papiere massenhaft auf den Markt werfen und damit ihren Absturz auslösen?

Das Enron-Rätsel bot anscheinend eine Lösung für dieses Problem – die Möglichkeit, dass es weniger Korruption geben könnte, wenn mehr Frauen mehr Macht erhielten. Wie wir in Kapitel 5 gesehen haben, ist die s-Machtmotivation von Frauen durchschnittlich größer als die von Männern. Ist die Macht bei den Frauen besser aufgehoben?

Mag sein. Obwohl Shira Keshet und ihre Kollegen von der israelischen Bar-Ilan University herausgefunden haben, dass Frauen, die Macht gewinnen, sich in ihrem Verhalten eher den Männern angleichen.[3] Internationale Spitzenpolitikerinnen wie Margaret Thatcher, die ehemalige britische Premierministerin, die den Falklandkrieg gewann, und die frühere israelische Ministerpräsidentin Golda Meïr, die erste Eiserne Lady der Politik, sind Beispiele dafür. Schon lange vor dem 20. Jahrhundert haben die russische Zarin Katharina die Große und die englische Königin Elizabeth I. beträchtliche Macht ausgeübt, oder auch Kaiserin Irene, die im 8. Jahrhundert zeitweise das Byzantinische Reich regierte, nur Eunuchen in ihre Regierung aufnahm und ihren eigenen Sohn wegen eines Umsturzversuchs blenden ließ.[4]

Das Verhalten der Wachen in den Konzentrationslagern von Nazi-Deutschland, im Kambodscha der Roten Khmer, in Stalins Gulag, in Bosnien-Herzegowina und an vielen anderen Orten ist kein Ausdruck irgendeines unentrinnbaren biologischen Zwangs zur Grausamkeit, der allen Menschen innewohnt. Stattdessen sehen wir hier, was passiert, wenn einzelne Lagerkommandanten oder Wachen absolute Macht über andere erhalten, ohne dass sie von rechtlichen Vorschriften oder anständigen Vorgesetzten aufgehalten würden. Sowie man diesen Menschen schrankenlose Macht überträgt, fangen sie fast unvermeidlich an, die Menschen in ihrer Gewalt als Gegenstände zu betrachten und nicht mehr als Mitmenschen. Die Rechtfertigungsschaltkreise in ihren Gehirnen vervielfachen dann die Verachtung und den Hass auf ihre Opfer, um diese Grausamkeit zu rechtfertigen. Mit machtverwirrtem Geist verlieren sie jede Perspektive und begehen Taten, die sie an jedem anderen Ort und zu jeder anderen Zeit für undenkbar halten würden. Sie sind wie die Buntbarsche – trotz der menschlichen Fähigkeit zu Einsicht und Selbstbetrachtung –, die von einer neuen Umgebung völlig verändert werden.

Man kann unvorstellbare Grausamkeit im großen Maßstab an- und abschalten wie einen elektrischen Schalter. Die Massaker in Ruanda von 1994 wurden von einer kleinen Zahl politischer Anführer geplant und organisiert, die den Völkermord über das Radio anordnete. Zehntausende williger Hutu-Hörer folgten der Anweisung und schlachteten Hunderttausende ihrer Tutsi-Nachbarn ab. Zwar waren die Massaker durch Hasspropaganda in den Monaten zuvor vorbereitet worden, aber die Hutu, die die Tutsi abschlachteten, waren keineswegs genetisch dafür programmiert – sondern durch die Beeinflussungsmethoden, die politische Führer aus politischen Gründen anwandten. Diese Methoden waren nicht viel ausgefeilter als diejenigen, die der Vertreter an jenem sonnigen Morgen in Cambridge bei mir anwandte.

Anders als Buntbarsche können Menschen nicht nur durch eine andere Umgebung, sondern auch durch Ideen grundlegend geändert werden. Das kann die Besitzer von Massenmedien genauso mächtig wie Politiker machen – Silvio Berlusconi blieb unter anderem deswegen so lange an der Macht, weil er sich auf die Medien und den Regierungsapparat stützen konnte. Rupert Murdoch konnte mit seinem Medienimperium über das Schicksal ganzer Regierungen entscheiden, indem er seine Boulevardblätter anwies, bestimmte Parteien zu unterstützen oder niederzuschreiben. Wie man weiß, nahm sich Tony Blair mitten im Wahlkampfgetümmel 1997 die Zeit, nach Australien zu fliegen, um sich Murdochs Unterstützung für sein New-Labour-Programm zu sichern.

In einer Demokratie sehen sich Politiker durch zahlreiche Kontrollmechanismen in ihrem Machthunger gezügelt – das ist ja das Prinzip der Demokratie. Aber Medienmogule unterliegen keinen beschränkenden Hindernissen in ihrer enormen Machtausübung. Es gibt keine Wahlen, keine gewissenhaften Beamten, wenig kritische Pressestimmen, kaum rechtliche Schranken und keine finanzielle Verantwortlichkeit außer gegenüber den Anteilseignern. Solche ungehinderte Machtausübung verzerrt das Denken vieler und korrumpiert sie schließlich oft. Das Hirn von Politikern in undemokratischen Systemen wird durch die ihnen verliehene absolute Macht noch stärker in Mitleidenschaft gezogen. Medienmogule haben wenigstens keine Armeen, Gefängnisse, Polizisten und Staatsgelder zur Verfügung. Diktatoren werden durch eine Überdosis Macht, die ihre Gehirnchemie durcheinanderbringt, schließlich geisteskrank, und Hunderte Millionen Menschen müssen die grauenhaften Folgen tragen. Deshalb stellen die Auswirkungen der Macht auf das menschliche Gehirn eine Herausforderung der Menschheit dar, die durchaus mit der drohenden Klimakatastrophe vergleichbar ist.

»Was wir brauchen, ist ein wohlwollender Diktator.« Wie oft haben wir das nicht schon über eine Firma oder einen Staat gesagt? Aber leider gibt es so etwas wie einen wohlwollenden Diktator einfach nicht, wie in diesem Buch immer wieder deutlich geworden ist. Unbeschränkte Macht wird, gleichgültig auf welcher Ebene, die Gehirnfunktion des Betreffenden unweigerlich schädigen und ihn zu Korruption und Machtmissbrauch treiben. Eine gute Regierungsführung, das sogenannte *good governance*, ist von der Spitze eines Staates bis hinunter zur Verwaltung eines Krankenhauses, einer Schule, einer Fabrik oder eines Büros das wichtigste Bollwerk gegen die Anfälligkeit des menschlichen Gehirns für die schädlichen Auswirkungen der Macht.

Eine Führungspersönlichkeit muss Macht ausüben können, muss sich aber gleichzeitig in dieser Ausübung auch kontrolliert und verantwortlich fühlen; sie muss in gewissem Maß durch andere Menschen und Systeme überwacht werden. So ist zum Beispiel die Polizei in den meisten demokratischen Ländern verpflichtet, ihre Verhöre mit Tonaufzeichnungen zu dokumentieren; ihre Macht über Menschen in ihrem Gewahrsam wird also kontrolliert. Auch Ärzte werden durch Kollegen und Vorgesetzte überprüft, ob ihnen die Macht über ihre Patienten nicht etwa zu Kopf steigt. Jeder Mensch in einer Machtposition sollte für die

Art und Weise seiner Machtausübung zur Verantwortung gezogen werden können – das ist das Wesen des *good governance*.

Der Internationale Strafgerichtshof ist ein großer Fortschritt in den Bemühungen der Menschheit zur Eindämmung der Probleme, die durch die schädlichen Einflüsse der Macht auf das Gehirn entstehen. Die Anklage des Diktators Muammar al-Gaddafi vor diesem Gerichtshof im Februar 2011, der Haftbefehl gegen den sudanesischen Präsidenten Umar al-Baschir wegen Kriegsverbrechen in Darfur und viele ähnliche Fälle sind Beispiele für diesen wichtigsten Versuch seit Einführung der Demokratie, das Problem mit der Macht und dem menschlichen Gehirn in den Griff zu bekommen. Solche Maßnahmen sind notwendig, weil Anführer mit zu großer Machtfülle nicht mehr zu der Einsicht fähig sind, dass sie sich unverantwortlich verhalten – genau wie Drogensüchtige zunächst nicht, manchmal auch nie, merken, wie sehr ihr Leben aus den Fugen geraten ist.

Aber wie jeder Suchtberater weiß, kann es keine Veränderung geben, bevor das Suchtproblem nicht benannt ist. Erst wenn es benannt ist, ist die Erkenntnis möglich, dass es einen im Griff hat. Das vorliegende Buch soll dabei helfen, das Problem der Macht beim Namen zu nennen – nicht nur in der Politik oder der Hochfinanz, sondern auch am Schreibtisch des Managers und am Esstisch der Familie zu Hause. Die Diagnose der Machtkrankheit – oder die Warnung vor einer drohenden Ansteckung – bei Führungspersönlichkeiten, Chefs, Partnern und Eltern muss genauso besprochen werden können, wie es bei der körperlichen Gesundheit üblich ist. Erst wenn wir uns alle darüber klarwerden, was Macht eigentlich ist und was sie mit uns macht, besteht die Chance, dass auch die wirklich Mächtigen sie besser verstehen. Sie müssen lernen, dass die falsche Art Macht krank macht.

Danksagung

Dieses Buch hätte ohne die Kreativität meiner Agentin Sally Holloway von Felicity Bryan Associates und ihre Ermutigung nicht erscheinen können. Sie brachte den Titel ans Licht, holte ihn aus dem Text und half mir, das zu formulieren, was ich ausdrücken wollte. Herzlichen Dank auch an Felicity Bryan für ihre enorme Hilfe und ihr Urteilsvermögen in all den Jahren sowie an Michele Topham und Jackie Head von Felicity Bryan Associates in Oxford. Dankbar bin ich auch Richard Pine von Inkwell Management in New York für sein Geschick und seine Begeisterung dafür, dieses Buch auf den Weg zu bringen. Peter Tallack opferte großzügig seine Zeit, um mit mir über frühe Entwürfe zu diskutieren, wofür ich ihm sehr danke.

Bill Swainson vom Bloomsbury Verlag war unermüdlich in seinen Ermutigungen und als erfahrener Redakteur; ich bin ihm und seinem großartigen Team bei Bloomsbury in London, besonders Nick Humphrey, Amanda Shipp und Jude Drake, zu großer Dankbarkeit verpflichtet, ebenso Peter Joseph von der St Martin's Press für scharfsinniges, intelligentes Korrekturlesen und unermüdlichen Zuspruch.

Zahlreiche Freunde und Kollegen opferten ihre Zeit, um einzelne Abschnitte des vorliegenden Buchs gegenzulesen. Auch meine Tennispartner bedachten mich jeden Montagabend mit hilfreichen Kommentaren und ignorierten dafür großzügig mein grässliches Tennisspiel – also vielen Dank, Eamon O'Doherty,

Tom Shipsey und Edwin Allen. Herzlichen Dank an Shane O'Mara, Richard Piech, Redmond O'Connell, Josh Balsters, Jane Ohlmeyer und Dan Bradley vom Trinity College in Dublin, die mir hilfreiches Feedback gegeben haben, sowie an Matthew Fuxjager von der University of Wisconsin. Sehr zu schätzen wusste ich auch die Hilfe von Bobby, Philip und Feichin McDonagh sowie Bill Shipsey, die das Werk ebenfalls sorgfältig gegengelesen und mit mir darüber diskutiert haben – ich danke euch.

Ich bin zwar von Haus aus kognitiver Neurologe und kein Sozialpsychologe, aber dieses Buch hat den grundlegenden Veröffentlichungen schöpferischer und herausragender Sozial- und Kognitionspsychologen viel zu verdanken. Ich möchte gerne ausdrücklich auf die Leistungen einiger dieser Forscher hinweisen, besonders Dacher Keltner, Deborah Gruenfeld, Carol Dweck und Nathaniel Fast (Stanford University), Adam Galinsky (Northwestern University), Joris Lammers (Tilburg University), John Bargh (Yale University), Oliver Schultheiss (Universität Erlangen), Roy Baumeister (Florida State University), Pamela Smith (University of California at San Diego), Ana Guinote (University College London), Richard Nisbett und David Winter (University of Michigan) sowie viele andere. Ich möchte mich bei all jenen großartigen Wissenschaftlern entschuldigen, die ich im vorliegenden Buch zwar zitiere, aber in dieser Danksagung nicht aufzählen kann. Außerdem möchte ich meinen Kollegen am Trinity College in Dublin für die wunderbare akademische Umgebung danken, in der ich arbeiten darf.

Vielen Dank auch an Geoffrey und Wendy Andrews und an Steve O'Rahilly für ihre Freundschaft; in dankbarer Erinnerung nenne ich hier auch Steves Frau Suzy Oakes, die am 31. Juli 2011 verstorben ist.

Mein Bruder Jim ist eine Inspiration fürs ewige Jungbleiben – danke schön, großer Bruder.

Und schließlich: Meine Liebe und Dankbarkeit an Fiona dafür, dass sie mich schon so viele Jahre erträgt und mir so viel über den menschlichen Geist beibringt, und an unsere lieben und strahlenden Kinder Deirdre, Ruairi und Niall, die mit entsetztem Stöhnen die folgenden, in harmonischer Einstimmigkeit gesungenen Worte wiedererkennen werden: »Bleib nicht stehen, gib nie auf ...«

Ian Robertson
Dublin, September 2011

Weiterführende Literatur

Robert B. Cialdini, Die Psychologie des Überzeugens. Ein Lehr-buch für alle, die ihren Mitmenschen und sich selbst auf die Schliche kommen wollen, Hans Huber, Zürich, 6. Aufl. 2009

Carol S. Dweck, Selbstbild. Wie unser Denken Erfolge oder Nie-derlagen bewirkt, Piper, München, 4. Aufl. 2012

Malcolm Gladwell, Blink! Die Macht des Moments, Piper, Mün-chen, 8. Aufl. 2012

Tim Kasser, The High Price of Materialism, The MIT Press, Cambridge/Mass., 2002

David Kipnis, The Powerholders, University of Chicago Press, Chicago, 1976

Annette Y. Lee-Chai und *John A. Bargh*, The Use and Abuse of Power, Taylor & Francis, New York, 2001

Michael G. Marmot, Status Syndrome: How Social Standing Affects Our Health and Longevity, Bloomsbury, London, 2004

Richard E. Nisbett, The Geography of Thought, Free Press, New York, 2005

Ian Robertson, Mind Sculpture, Bantam, London, 1999

Bertrand Russell, Macht, Europa-Verlag, Zürich, Neuausgabe 2010 (Erstveröffentlichung: Power. A New Social Analysis, George Allen & Unwin, London 1938)

Philip G. Zimbardo, Der Luzifer-Effekt. Die Macht der Umstände und die Psychologie des Bösen, Spektrum Akademischer Ver-lag, Heidelberg, Neuausgabe 2012

Anmerkungen

Vorwort

1 http://www.forbes.com/lists/2008/18/biz_2000global08_The-Global-2000_Assets.html.
2 *The Times,* London, 22. März 2009.
3 *The Times,* London, 20. Januar 2009.
4 *The Daily Telegraph,* London, 1. Februar 2010.
5 *The New York Daily News,* 13. Februar 2011.
6 *The New York Times,* 25. Februar 2011.
7 http://www.forbes.com/wealth/power-women/list.
8 *The New York Times,* 21. Mai 2009.
9 Shambora, Jessica: CNN Money, 22. Mai 2009. http://postcards.blogs.fortune.cnn.com/2009/05/22/xeroxs-next-ceo-ursula-burns/.

1 Das Geheimnis von Picassos Sohn

1 Picasso, M., in: *Picasso: My Grandfather,* London, 2001, S. 9.
2. Picasso, M., in: *Picasso: My Grandfather,* London, 2001, S. 11.
3 Gladwell, M., in: *Blink: The Power of Thinking Without Thinking,* New York, 2005, S. 86.
4 Bennedsen, M., et al., in: *The Quarterly Journal of Economics,* 2007, Bd. 122, S. 647–691.
5 Luthar, S. und D'Avanzo, K., in: *Development and Psychopathology,* 1999, Bd. 11, S. 845–867; Buss, D.M., in: *American Psychologist,* 2000, Bd. 55, S. 15–23.
6 Way, N., Stauber, H.Y., Nakkula, M.J. und London, P., »Depression and substance use in two divergent high school cultures: A quantitative

and qualitative analysis«, in: *Journal of Youth and Adolescence,* 1994,
Bd. 23, S. 331–357.

7 Luthar, S.S. und Becker, B.E., in: *Child Development,* 2002, 73,
S. 1593–1610.

8 Linder, S., in: *The Harried Leisure Class,* New York, 1970.

9 Kimmelman, M., Interview mit Pablo Picassos Witwe Françoise Gilot
und seinen noch lebenden Kindern Claude, Paloma und Maya, in: *The
New York Times,* 28. April 1996.

10 Langdon, Helen, in: *Caravaggio: A Life,* London, 1999, S. 382.

11 Graham-Dixon, Andrew, in: *Caravaggio: A Life Sacred and Profane,*
London, 2010, S. 420.

12 *The Times,* London, 12. November 1973.

13 *The Times,* London, 17. Dezember 1973.

14 Getty, J.P., in: *As I See It: The Autobiography of J. Paul Getty,*
Los Angeles, 2003, S. 335; siehe auch: http://blogs.forbes.com/
robertlenzner/2011/01/22/plutocracy-the-rich-elite-and-their-duty.

15 Interview mit Maura Egan, *The New York Times,* 23. September 2001.

16 Interview mit Maura Egan, *The New York Times,* 23. September 2001.

17 *The New York Times,* 7. Februar 2011.

18 Ray, J.J., in: *Australian Psychologist,* 1979, Bd. 14, S. 337–344.

19 Mizuno, K., et al., in: *NeuroImage,* 2008, Bd. 42, S. 369–378.

20 Maehr, M.L., Ames, R.E. und Ames, C.; in: *Research on Motivation in
Education,* New York, 1984, S. 115–144.

21 Fließbach, K., et al., in: *Science,* 2007, Bd. 318, S. 1305–1308.

22 Miner, J.B., et al., in: *Journal of Applied Psychology,* 1989, Bd. 74,
S. 554–560.

23 Ray, J.J. und Singh, S., in: *The Journal of Social Psychology,* 1980,
Bd. 112, S. 11–17.

24 *The Sunday Times,* London, 2. Juli 2006.

25 http://givingpledge.org.

26 McClelland, D.C., in: *The Achieving Society,* New York, 1961, S. 356.

27 O'Doherty, F., in: *Irish Medical News,* 27. September 2010, S. 44.

28 Crandall, V.C., Katkovsky, W. und Crandall, V.J., in: *Child
Development,* 1965, Bd. 36, S. 91–109.

29 Diener, C. und Dweck, C., in: *Journal of Personality and Social
Psychology,* 1978, Bd. 36, S. 451–462.

30 Diener, C. und Dweck, C., in: *Journal of Personality and Social
Psychology,* 1980, Bd. 39, S. 940–952.

31 Blackwell, L., et al., in: *Child Development,* 2007, Bd. 78, S. 246–263.
32 Covington, M., in: *Annual Review of Psychology,* 2000, Bd. 51, S. 171–200.
33 Mangels, J., et al., in: *Social Cognitive and Affective Neuroscience,* 2006, Bd. 1, S. 75–86.
34 Duckworth, A.L., in: *Journal of Personality and Social Psychology,* 2007, Bd.92, S. 1087–1101.
35 Bennett, D.A., et al., in: *Lancet Neurology,* 2006, Bd. 5, S. 406–412.
36 Dweck, C.S. und Leggett, E.L., in: *Psychological Review,* 1988, Bd. 95, S. 256–273.
37 Ericsson, K.A., et al., in: *Psychological Review,* 1993, Bd. 100, S. 363–406.

2 Kuckuckseier im Gehirn

1 Cashdan, E., in: *Aggressive Behavior,* 2003, Bd. 29, S. 107–115.
2 Bernhardt, P.C., et al., in: *Physiology and Behavior,* 1998, Bd. 65, S. 59–62.
3 *The Independent,* London, 25. September 1995.
4 William McIlvanney, *The Sunday Times,* London, 24. Dezember 1995.
5 Landau, H.G., in: *Bulletin of Mathematical Biophysics,* 1951, Bd. 13, S. 1–19.
6 Landau, H.G., in: *Bulletin of Mathematical Biophysics,* 1951, Bd. 13, S. 245–262.
7 McDonald, A.L., Heimstra, N.W. und Damkot, D.K., »Social modification of agnostic behaviour in fish«, in: *Animal Behavior,* 1998, Bd. 16, S. 437–441.
8 Mazur, A., Booth, A. und Dabbs, J. M.jr., »Testosterone and Chess Competition«, in: *Social Psychology Quarterly,* 1992, Bd. 55, S. 70–77.
9 Robins, L.N., Davis, D.H. und Nurco, D.N., »How permanent was Vietnam drug addiction?«, in: *American Journal of Public Health Supplement,* 1974, Bd. 64, S. 38–43.
10 Siegel, S., et al., in: *Science,* 1982, Bd. 216, S. 436f.
11 Hill, R.A. und Barton, R.A., »Red enhances human performance in contests: Signals biologically attributed to red colouration in males may operate in the arena of combat sports«, in: *Nature,* 2005, Bd. 435, S. 293.

12 Bellizzi, Joseph A. und Hite, Robert E., »Environmental colour, consumer feelings, and purchase likelihood«, in: *Psychology and Marketing,* 1992, Bd. 9, S. 347–363.

13 Pryke, S., »Is red an innate or learned signal of aggression and intimidation?«, in: *Animal Behaviour,* 2009, Bd. 78, S. 393–398.

14 Khan, S.A., et al., in: *Psychological Science,* 2011, Bd. 22, S. 1001ff.

15 http://www.maltavista.net/en/list/photo/1527.html.

16 Neave, N. und Wolfson, S., »Testosterone, territoriality, and the ›home advantage‹«, in: *Physiology and Behavior,* 2003, Bd. 78, S. 269–275.

17 Pollard, R., »Worldwide regional variations in home advantage in association football«, in: *Journal of Sports Sciences,* 2006, S. 231–240.

18 Brown, G. und Baer, M., »Location in negotiation: Is there a home field advantage?«, in: *Organizational Behaviour and Human Decision Processes,* 2011, S. 114 und 190–200.

19 Mayfield, J., Mayfield, M., Martin, D. und Herbig, P., »How location impacts international business negotiations«, in: *Review of Business,* 1998, Bd. 19, S. 21–24.

20 Schubert, T.W. und Koole, S.L., »The Embodied Self: Making a Fist Enhances Men's Power-related Self-conceptions«, in: *Journal of Experimental Social Psychology,* 2009, Bd. 45, S. 828–834.

21 *The Guardian,* London, 30. November 2010.

22 Carney, D.R., et al., in: *Psychological Science* (2010, Bd. 21, S. 1363.

23 http://money.cnn.com/magazines/furtune/fortune500/209/womenceos.

24 Plant, E.A., et al., »The Obama Effect: Decreasing Implicit Prejudice and Stereotyping«, in: *Journal of Experimental Social Psychology,* 2009, Bd. 45, S. 961–964.

25 Rudman, L.A., Greenwald, A.G. und McGhee, D.E., »Implicit Self-Concept and Evaluative Implicit Gender Stereotypes: Self and Ingroup Share Desirable Traits«, in: *Personality and Social Psychology Bulletin,* 2001, Bd. 27, S. 1164–1117.

26 Phelps, E.A., O'Connor, K.J., Cunningham, W.A., Funayama, E. S., Gatenby, J.C., Gore, J.C. und Banji, M., R., »Performance on indirect measures of race evaluation predicts amygdala activation«, in: *Journal of Cognitive Neuroscience,* 2000, Bd. 12, S. 729–738.

27 *The Miami Herald,* 12. August 2010.

28 *Journal of Personality and Social Psychology,* 1965, Bd. 2, S. 53–59.

29 Kiefer, A.K. und Sekaquaptewa, D., »Implicit stereotypes and women's math performance: How implicit gender-math stereotypes influence women's susceptibility to stereotype threat«, in: *Journal of Experimental Social Psychology,* 2007, Bd. 43, S. 825–832.

30 Bargh, J., et al., in: *Journal of Personality and Social Psychology,* 1996, Bd. 71, S. 230–244.

31 Hess, T.M., Hinson, J.T. und Statham, J.A., »Explicit and Implicit Stereotype Activation Effects on Memory: Do Age and Awareness Moderate the Impact of Priming?«, in: *Psychology and Aging,* 2004, Bd. 19, S. 495–505.

32 Hess, T.M., Auman, C., Colcombe, S.J. und Rahhal, T.A., »The Impact of Stereotype Threat in Age Differences in Memory Performance«, in: *Journal of Gerontology: Psychological Sciences, 2003,* Bd. 58B, S. 3–11.

3   Bill Clintons Freund

1   Halberstam, D., in: *War in a Time of Peace: Bush, Clinton and the Generals.* London, 2002, S. 423.

2   *The New York Times,* 25. Oktober 1993.

3   Mould, R.F., in: *Chernobyl Record: The Definitive History of the Chernobyl Catastrophe.* London, 2000. Siehe auch: http://www.world-nuclear.org/info/chernobyl/inf07.html.

4   Rosen, S. und Tesser, A., in: *Sociometry,* 1970, Bd. 33, S. 253–263.

5   Hofstede, G., in: *Culture's Consequences,* London, 2001, 2. Aufl., S. 79.

6   Hofstede, G., in: *Culture's Consequences,* London, 2001, 2. Aufl., S. 502.

7   Hofstede, G., in: *Culture's Consequences,* London, 2001, 2. Aufl., S. 500.

8   Powell, J., in: *The New Machiavelli: How to Wield Power in the Modern World,* London, 2010, S. 6, 60.

9   *The Guardian,* London, 2. Februar 2010.

10 Clarke, A.: *Barbarossa, in: The Russian-German Conflict 1941–45,* New York 1965.

11 Galinsky, A.D., et al., in: *Psychological Science,* 2006, Bd. 17, S. 1068–1074.

12 Fast, N.J., et al., in: *Psychological Science,* 2009, Bd. 20, S. 502–508.

13 Hermann, M.G., in: Post, J.M. (Hg.), *The Psychological Assessment of Political Leaders,* Ann Arbor, 2005, S. 315.

14 Dyson, S.B., in: *Foreign Policy Analysis,* 2006, Bd. 2, S. 289–306.

15 Campbell, A., in: *The Blair Years: Extracts from the Alastair Campbell Diaries*, London, 2007, S. 567.

16 Powell, Jonathan, in: *Great Hatred, Little Room: Making Peace in Northern Ireland*, London, 2008, S. 10.

17 Woodward, Bob, in: *The Washington Post*, 21. April 2004, S. A01; http://www.washingtonpost.com/wp-dyn/articles/A28170-2004Apr20.html.

18 Smith, P.K., et al:, in: *Psychological Science*, 2008, Bd. 19, S. 441–447.

19 Guinote, A., in: *Journal of Experimental Social Psychology*, 2007, Bd. 43, S. 685–697.

20 Mullins, C., Kirley, A., Gill, M. und Robertson, I.H., in: *Biological Psychiatry*, 2006, Bd. 60, S. 1039–1045; Greene, C.M., Bellgrove, M.A., Gill, M. und Robertson, I.H., in: *Neuropsychologia*, 2009, Bd. 47, S. 591–594.

21 Winter, D.G., in: *The Power Machine*, New York, 1973.

22 Hermann, M.G., in: Post, J.M. (Hg.): *The Psychological Assessment of Political Leaders*. Ann Arbor, 2005.

23 Wirth, M.M., et al., in: *Hormones and Behaviour*, 2006, Bd. 49, S. 346–352.

24 Schultheiss, O.C., et al., in: *Social Cognitive and Affective Neuroscience*, 2008, Bd. 3, S. 333–343.

25 Schultheiss, O.C., in: *Journal of Research in Personality*, 2003, Bd. 37, S. 224–230.

26 http://www.forbes.com/profile/dominique-strauss-kahn/.

27 http://www.nytimes.com/2011/05/17/world/europe/17fund.html?_r=1.

28 http://www.guardian.co.uk/world/2010/apr/29/vladimir-putin-polar-bear-arctic; http://www.guardian.co.uk/news/blog/2008/sep/01/russia.

29 http://www.forbes.com/profile/angela-merkel/.

4 Rote Teppiche

1 Bericht von Bob Thomas für Associated Press vom April 2008, archiviert unter http://web.archive.org/web/20080409211126/http://ap.google.com/article/ALeqM5hIhnqF6LygGpQ54CQdntp6c74tTwD8VSHEV81.

2 Zuerst geschildert wurde der Oscar-Effekt von Redelmeier, D.A. und Singh, S.M., in: *Annals of Internal Medicine*, 2001, Bd. 134, S. 955–962. Die statistische Methode wurde später kritisiert in Sylvestre, M.P., et

al., in: *Annals of Internal Medicine,* 2006, Bd. 145, S. 361ff., aber diese Kritik wurde von den Originalautoren widerlegt: Redelmeier, D.A. und Singh, S.M., in: *Annals of Internal Medicine,* 2006, Bd. 145, S. 392.

3 Rablen, M.D. und Oswald, A.J., in: *Journal of Health Economics,* 2008, Bd. 27, S. 1462–1471.

4 Smith, G.D., et al., in: *British Medical Journal,* 1992, Bd. 305, S. 1554–1557.

5 Rablen, M.D. und Oswald, A.J., in: *Journal of Health Economics,* 2008, Bd. 27, S. 1462–1471.

6 Meyer C., *DC Confidential,* London, 2005.

7 http://www.dtic.mil/cgi-bin/GetTRDoc?AD=ADA058122&Location= U2&doc=GetTRDoc.pdf.

8 Sapolsky, R.M., in: *Science,* 2005, Bd. 308, S. 648–665.

9 Zink, C.F., et al., in: *Neuron,* 2008, Bd. 58, S. 273–283.

10 Sapolsky, R.M., in: *Science,* 2005, Bd. 308, S. 648–665.

11 Marmot, M.G., et al., in: *The Lancet,* 1991, Bd. 337, S. 1387–1393.

12 *The Times,* London, 30. Mai 2006.

13 Moore, L.T., et al., in: *American Journal of Human Genetics,* 2006, Bd. 78, S. 334–338.

14 Marmot, M.G., et al., in: *The Lancet,* 1991, Bd. 337, S. 1387–1393.

15 Seligman, M.E.P., in: *Annual Review of Medicine,* 1972, Bd. 23, S. 407–412.

16 http://www.dtic.mil/cgi-in/GetTRDoc?Location=U2&doc=GetTR Doc.pdf&AD=ADA058122.

17 Collins, B.E., in: *Journal of Personality and Social Psychology,* 1974, Bd. 29, S. 381–391.

18 Pruessner, J.C., et al., in: *NeuroImage,* 2005, Bd. 28, S. 815–826.

19 Baumeister, R.F., in: *Journal of Personality and Social Psychology,* 1987, Bd. 52, S. 163–176.

20 Han, S., et al., in: *Social Neuroscience,* 2007, Bd. 3, S. 1–15.

21 Dickerson, S.S. und Kemeny, M.E., in: *Psychological Bulletin,* 2004, Bd. 130, S. 355–391.

22 Cole, S., et al., in: *Journal of Personality and Social Psychology,* 1997, Bd. 72, S. 320–336.

23 Dickerson, S., et al., in: *Journal of Personality,* 2004, Bd. 72, S. 1191–1216.

24 Levi, P., in: *If This Is a Man,* London, 1979, S. 85.

25 Pollak, D.D., et al., in: *Neuron,* 2008, Bd. 60, S. 149–161.

5 Fliegende Vorstandsvorsitzende

1 http://abcnews.go.com/Blotter/WallStreet/story?id=6285739&page=1.
2 http://www.msnbc.msn.com/id/28015687/ns/business-autos/t/
gm-ceo-heading-capitol-way-malibu/.
3 *The New York Times,* 2. November 2008.
4 *Business Week,* 15. Mai 2000; http://www.businessweek.
com/2000/00_20/b3681075.htm.
5 Jahresbericht der Enron Corporation 2000; http://picker.uchicago.
edu/Enron/EnronAnnualReport2000.pdf.
6 Tippmann-Peikert, M., et al., in: *Neurology,* 2007, Bd. 68, S. 301ff.
7 Dodd, M. Leann, et al., in: *Archives of Neurology,* 2007, Bd. 68,
S. 1377–1381.
8 Franken, I.H.A., in: *Progress in Neuro-Psychopharmacology and
Biological Psychiatry,* 2003, Bd. 27, S. 563–579.
9 *The New York Times,* 18. Januar 2011; *The Daily Telegraph,* London,
22. März 2011.
10 Zit. nach: Kets de Vries, M.F.R.: *Leaders, Fools, and Impostors.*
Lincoln, Nebraska 1993. S. 31.
11 Bellgrove, M.A., Chambers, C.D., Johnson, K.A., Daibhis,
A., Daly, M., Hawi, Z., Lambert, D., Gill, M. und Robertson, I.H.,
in: *Molecular Psychiatry,* 2007, Bd. 12, S. 786–792.
12 Bellgrove, M.A., Hawi, Z., Lowe, N., Kirley, A., Robertson, I.H.
und Gill, M., in: *American Journal of Medical Genetics Part B:
Neuropsychiatric,* 2005, Bd. 136B, S. 81–86.
13 Dreber, A., Rand, D.G., Wernerfelt, N., Garcia, J.R., Lum, J.K.
und Zeckhauser, R., in: »Dopamine and Risk Choices in Different
Domains: Findings Among Serious Tournament Bridge Players« in:
*Faculty Research Working Paper Series RWP10-034 der
Harvard Kennedy School,* July 2010.
14 Garavan, H., et al., in: *American Journal of Psychiatry,* 2000, Bd. 157,
S. 1789–1798.
15 Nestler, E.J., in: *Nature Neuroscience,* 2005, Bd. 8, S. 1445–1449.
16 Schultheiss, O.C., Dargel, A. und Rohde, W., in: *Journal of Research in
Personality,* 2003, Bd. 37, S. 224–230.
17 Lammers, J., et al., in: *Psychological Science,* 2011, Bd. 22, S. 1191–1197.
18 Bargh, J.A., Raymond, P., Pryor, J.B. und Strack, F., in: *Journal of
Personality and Social Psychology,* 1995, Bd. 68, S. 768–781.

19 *The Houston Chronicle*, 15. Februar 2004.

20 Für weitere Beispiele dieser Art siehe: Jackson, R. und Beilock, S.L., »Attention and performance«, in: Farrow, D., Baker, J. und MacMahon, C. (Hg.): *Developing Elite Sports Performers: Lessons from Theory and Practice*, New York, 2008, S. 104–118.

21 Mobbs, D., et al., in: *Psychological Science*, 2009, Bd. 20, S. 955–962.

22 http://money.cnn.com/2007/04/05/news/companies/ford_execpay.

23 Izuma, K., Saito, D.N. und Sadato, N., in: *Neuron*, 2008, Bd. 58, S. 284–294.

24 Kasser, T. und Sheldon, K.M., in: *Psychological Science*, 2000, Bd. 11, S. 348.

25 Erk, S., Spitzer, M., Wunderlich, A.P., Galley, L. und Walter, H., in: *NeuroReport*, 2002, Bd. 13, S. 2499–2503.

26 Keltner, D., et al., in: Paper Nr. 1669 der Stanford University Graduate School of Business Research, Dezember 2000.

27 Gruenfeld, D.H., et al., in: *Journal of Personality and Social Psychology*, 2008, Bd. 95, S. 111–127.

28 *The New York Times*, 10. April 2003; *DW-World* (Englischsprachiger Dienst der Deutschen Welle), 3. Oktober 2002.

29 Lammers, J. und Stapel, D.A., in: *Journal of Personality and Social Psychology*, 2009, Bd. 97, S. 279–289.

30 *The New York Times*, 13. Januar 2010.

31 http://www.time.com/time/covers/0,16641, 19870406,00.html.

32 Lammers, J., Stapel, D.A. und Galinsky, A.D., in: *Psychological Science*, 2010, Bd. 21, S. 737.

33 Fließbach, K., et al., in: *Science*, 2007, Bd. 318, S. 1305–1308.

34 http://www1.uni-hamburg.de/rz3a035//police101.html.

35 *The New York Times*, 15. November 1991.

36 Morris, M.W. und Peng, K., in: *Journal of Personality and Social Psychology*, 1994, Bd. 67, S. 949–971.

37 Kusari, F., in: *Predicting American Presidential Election Outcomes Based on Candidates' Power, Affiliation and Achievement Motives.* Dissertation zur Erlangung des Ph.D., Graduate School of Applied and Professional Psychology, Rutgers University, New Jersey, 2010.

38 Winter, D.G., in: *Journal of Personality and Social Psychology*, 1987, Bd. 52, S. 196–202.

39 McClelland, D.C., in: *Power: The Inner Experience.* New York 1975, S. 66f.

40 McClelland, D. C., in: *Journal of Studies on Alcohol*, Bd. 38, S. 142ff.

41 Magee, J.C. und Langner, C.A., in: *Journal of Research in Personality*, 2008, Bd. 42, S. 1547–1559.

42 Schultheiss, O.C., et al., in: *Hormones and Behaviour*, 1999, Bd. 36, S. 234–241.

43 Chusmir, L.,H. und Parker, B., in: *Sex Roles*, 1984, Bd. 11, S. 759–769.

6 Siegerhirn

1 Gottman, J., in: *The Mathematics of Marriage*, Cambridge, Mass. 2003.

2 Cialdini, R.B., in: *The Psychology of Influence and Persuasion*, New York, 2007.

3 Magno, E., Foxe, J.J., Molholm, S., Robertson, I.H. und Garavan, H., »The anterior cingulate and error avoidance«, in: *Journal of Neuroscience*, 2006, Bd. 26, S. 4769–4773.

4 Kochanska, G., et al., in: *Child Development*, 2009, Bd. 80, S. 1288– 1300.

5 *The New York Times*, 12. September 2007.

6 http://www.bbc.co.uk/pressoffice/pressreleases/stories/2005/10_october/06/bush/shtml.

7 Rogow, A.A. und Lasswell, H.D., in: *Power, Corruption, and Rectitude*. Westport, Conn., 1963.

8 Fast, N.J. und Chen, S., in: *Psychological Science*, 2009, Bd. 20, S. 1406–1413.

9 Peter, L.J. und Hull, R., in: *The Peter Principle: Why Things Always Go Wrong*, New York, 1969.

10 Weick, M. und Guinote, A., in: *Journal of Experimental Psychology*, 2010, Bd. 46, S. 595–604.

11 Robertson, I., in: *Mind Sculpture*, London, 1999.

12 Smith, P.K., in: *Journal of Personality and Social Psychology*, 2006, Bd. 90, S. 578–596.

13 Kasser, T., in: *The High Price of Materialism*, Cambridge, Mass., London, 2002.

14 Lea, S.E.G. und Webley, P., in: *Behavioural and Brain Sciences*, 2006, Bd. 29, S. 161–209.

15 *New Scientist*, 7. Mai 2011, S. 10f.

16 Nisbett, R.E., in: *The Geography of Thought*, New York, 2005.

Nachwort

1 Kipnis, D., in: Lee-Chai, A.Y. und Bargh, J.A., *The Use and Abuse of Power,* New York, 2001, S. 3–17.

2 Kasser, Z. und Ryan, R.M., »A dark side of the American dream: Correlates of financial success as a central life aspiration«, in: *Journal of Personality and Social Psychology,* 1993, Bd. 65, S. 410–422.

3 Keshet, S., et al., in: *European Journal of Social Psychology,* 2006, Bd. 36, S. 105–117.

4 Winston, R., in: *Charlemagne: From the Hammer to the Cross,* London, 1956, S. 280. Siehe auch: http://www.britannica.com/EBchecked/topic/293922/Irene.

Personenregister

Abe, Shinzo 286f., 289
Abler, Birgit 210f.
Ahern, Bertie 114
Akimov, Aleksandr 119
Alexander I., russ. Zar 88
Allaire, Paul 11
Allen, Barbara 102, 104, 107

Baer, Markus 88
Baggio, Roberto 69
Bakker, Jim 238f.
Bargh, John 104f., 314
Barton, Robert 83
al-Bashir, Omar 312
Baumeister, Roy 183, 314
Bellgrove, Mark 216
Bellizzi, Joseph 84
Bennedsen, Morten 20
Bennett, David 59
Berlusconi, Silvio 149, 213ff., 218, 220, 310
Bernhard von Clairvaux 182–186, 188ff., 194, 197, 248
Blackwell, Lisa 51
Blair, Tony 14, 111–115, 120, 122f., 129–132, 135, 137f., 140–144, 146ff., 151, 153, 165, 249, 252, 279

Borghese, Scipione 25
Bradley, Dan 170f., 314
Brown, Graham 88
Bruno, Frank 74, 76, 81
Brjukchanov, Viktor 119
Buffett, Warren 37
Burns, Ursula M. 10 – 13, 108
Burton, Richard 155f.
Bush, George H. W. 85–89
Bush, George W. 123, 131f., 135, 146, 153, 162ff., 166, 251f., 255, 288

Campbell, Alastair 121, 131f.
Caravaggio, Michelangelo Merisi da 23–26, 28f.
Carney, Dana 94
Carter, Jimmy 252, 255, 272
Cäsar, Gaius Julius 27ff., 40ff.
Cheney, Dick 131ff., 165
Churchill, Winston 133, 308
Cialdini, Robert 267
Clinton, Bill 14, 110–116, 118, 120–126, 128ff., 132, 138, 142ff., 148, 153, 252, 272
Clinton, Hillary 97, 111
Cole, Steve 193

Collins, Barry 179
Cook, Robin 122
Covington, Martin 53f.
Crandall, Virginia 44f., 50

Darwin, Charles 37, 72, 193
D'Avanzo, Karen 21
Davis, Kristin 219
Dickerson, Sally 191f., 194
Diener, Carol 44, 48, 52, 54
Dreber, Anna 216f.
Dschingis Khan 168–171
Duckworth, Angela 58
Dweck, Carol 44, 48–52, 61,
    161, 314
Djatlov, Anatolij 116, 118
Dyson, Stephen 130, 141f.

Einstein, Albert 41, 62
Einstein, Hans 41
Eisenhower, Dwight D. 133
Elizabeth I., engl. Königin
    170, 309
Ericsson, Anders 62
Erk, Susanne 230
Escobar, Andrées 69

Fast, Nathanael 128, 289
Fastow, Andrew 207, 243f.,
    249, 262
Feeney, Anne 96, 101
Festinger, Leon 272
Firestone, Laurie G. 85f., 88
Fließbach, Klaus 34, 241
Franklin, Benjamin 266f., 276f.
Frith, Christopher 224ff.
Fuxjager, Matthew 77f., 80f.,
    87, 314

al-Gaddafi, Muammar
    221, 262, 312
al-Gaddafi, Saif 262
Gäfgen, Magnus 233f.
Galinsky, Adam 126, 314
Garavan, Hugh 219
Gates, Bill 36
Getty, Balthazar 27ff.
Getty, J. Paul sen. 27f., 40ff.
Getty, J. Paul jun. 26, 62f.
Getty, John Paul III. 26ff.
Gilot, Françoise 22
Goldwyn, Samuel 38
Goodwin, Fred 9f., 12,
    14, 223
Gorbatschow, Michail
    85–87, 89
Gorman, Marvin 238
Gottman, John 264
Gowers, Thimothy 296f.
Graham-Dixon, Andrew 24
Gruenfeld, Deborah 128, 232f.
Guinote, Ana 135, 293, 314
Guo, Guang 215

Halberstam, David 112, 114, 123
Han, Shihui 188
Harris, Gail 26f.
Hawthorne, Nathaniel 157
Hearst, Patty 271f., 274
Hermann, Margaret 129f., 141f.
Hess, Thomas 105f.
Heston, Charlton 155f., 158
Hicks, Wayland 11
Hill, Russell 83
Hitler, Adolf 72, 123–127, 129, 136,
    198, 222, 299f.
Hofstede, Geert 117

Izuma, Keise 225

Johann Ohneland, engl.König 287

Kasser, Tim 229, 296
Katharina die Große,
    russ. Zarin 309
Katz, Irwin 103
Keltner, Dacher 231, 314
Kennedy, John F. 256f.
Keshet, Shira 308
Khan, Sara 84
Kimmelman, Michael 22
King, Don 71, 73–76, 87
King, Martin Luther 308
Kipnis, David 307
Kissinger, Henry 15, 220
Kochanska, Grazyna 283
Koole, Sander 90
Kusari, Fatos 251ff., 255

Lammers, Joris 234f., 239f., 314
Landau, H. G. 72–75
Langner, Carrie 257
Lauterbur, Paul 187
Lay, Kenneth 207, 243f., 249, 262
Lea, Stephen 296
Leary, Timothy 187
Levi, Primo 190f., 198
Lewinsky, Monica 111
Linder, Staffan 22
Luthar, Suniya 21ff., 28
Luther, Martin 186ff., 197

Magee, John 256f.
el-Mahroug, Karima 213
Mandela, Nelson 96, 101
Mangels, Jennifer 54

Mansfield, Peter 187
Marmot, Michael 167, 172
Marx, Karl 294
Mathis, Buster jun. 71, 75, 81
Mazarakis, Thomas 236
Mazur, Alan 76
McCain, John 175, 180, 252, 255
McClelland, David 254f.
McDonald, Arthur 74
McIlvane, Thomas 245ff.
McIlvanney, William 71
McLeish, Henry 163 f., 177, 193
McNeeley, Peter 70f., 75, 81
Mead, George Herbert 195
Meir, Golda 309
Merkel, Angela 150, 279
Metzler, Jakob von 233
Meyer, Christopher 162f.
Milošević, Slobodan 112
Miner, John 34
Mizuno, Kei 30, 34
Mohammed VI., marokk. König 92
Morris, Colin 184
Morris, Michael 246f.
Mubarak, Husni 221
Mugabe, Robert 222, 290,
    301, 308
Mulally, Alan 203, 225, 249
Mulcahy, Anne 12
Murdoch, Lachlan 41
Murdoch, Rupert 132f., 310

Nagy, Piroska 150
Napoleon Bonaparte 124ff.,
    129, 136
Nardelli, Robert 203, 249
Neave, Nick 87
Nelson, Horatio 198

Obama, Barack 40, 97, 100, 107, 153, 242, 251f., 255, 266
O'Doherty, Fiona 42, 62, 313
Oswald, Andrew 159, 161

Peng, Kaiping 246f.
Phelps, Elizabeth 100
Picasso, Marina 18, 41
Picasso, Pablito 18, 41
Picasso, Pablo 18f., 21, 23, 39f., 42, 61, 63
Picasso, Paulo 18ff., 29, 32, 36f., 39, 41f.
Plant, E. Ashby 97, 99f., 107
Powell, Jonathan 121, 131, 279
Prescott, John 165f.
Pryke, Sarah 84
Putin, Wladimir 150, 279

Rablen, Matthew 159, 161
Ray, J. J. 30, 35
Robinson, Tim 169
Roero, Giovanni 24
Roosevelt, Franklin D. 308
Rotter, Julian 179
Routledge, Paul 163
Rudman, Laurie 98f.
Russell, Bertrand 109, 292, 317

Sapolsky, Robert 164
Sarkozy, Nicolas 92ff.
Schubert, Thomas 90
Schultheiss, Oliver 145, 220, 258, 314
Seligman, Martin 173
Sheldon, Kennon 229
Short, Claire 121ff.
Siegel, Shepard 78ff.

Silva, Lula da 308
Skilling, Jeffrey K. 205ff., 218, 222, 235–238, 240, 243f., 249f., 262
Smith, George Davey 158
Smith, Pamela 134, 295, 314
Solís, Odlanier 82, 108
Stalin, Josef 72, 88, 222, 309
Strauss-Kahn, Dominique 149f.
Sujev, Viktor 82
Swaggart, Jimmy 238ff.

Tao, Terence 296f.
Tarantino, Quentin 171
Taylor, Elizabeth 156
Thatcher, Margaret 308
Timberg, Robert 175
Toptunov, Leonid 119
Tyson, Mike 70f., 74ff., 80ff.

Van Veen, Vincent 270ff.
Vohs, Kathleen 227ff.

Wagoner, Rick 203, 249
Watkins, Sherron 244, 251f., 258, 260
Weber, Max 197
Webley, Paul 296
Weick, Mario 293
Welch, Jack 108
Wilson, Michael 10f.
Winter, David 252, 314
Winter, D. G. 139f.
Wirth, Michelle 143f.
Wolfson, Sandy 87
Woods, »Tiger« 223ff.

Zink, Caroline 165f.
Zuckerberg, Mark 37